WiSo-KURZLEHRBÜCHER
Reihe Betriebswirtschaft
—
Weinert, Organisation

Organisation

Organisationsgestaltung, Organisationsmethodik
Fallklausuren

von

Prof. Dr. Peter Weinert

Universität der Bundeswehr München

Verlag Franz Vahlen München

Die Deutsche Bibliothek – CIP-Einheitsaufnahme

Weinert, Peter:
Organisation : Organisationsgestaltung, Organisationsmethodik
Fallklausuren / von Peter Weinert. - München : Vahlen, 2002
(WiSo-Kurzlehrbücher : Reihe Betriebswirtschaft)
ISBN 3-8006-2838-4

ISBN 3 8006 2838 4

© 2002 Verlag Franz Vahlen GmbH, Wilhelmstraße 9, 80801 München
Satz: DTP-Vorlagen des Autors
Druck und Bindung: Nomos, In den Lissen 12, 76547 Sinzheim
Gedruckt auf säurefreiem, alterungsbeständigem Papier
(hergestellt aus chlorfrei gebleichtem Zellstoff)

Vorwort

Dieses Buch ist von der Überlegung getragen, dass es ein zentrales Ziel organisatorischer Ausbildung in betriebswirtschaftlichen Studiengängen sein muss, die Studierenden bestmöglich auf konkrete praktische Aufgabenstellungen vorzubereiten.

Eine qualifizierte Bearbeitung derartiger Aufgaben kann nur erfolgen, wenn die Bearbeiter über gesicherte Kenntnisse in den Bereichen Organisationsgestaltung und Organisationsmethodik verfügen. Anders formuliert, müssen angehende Organisatoren wissen, wie Organisationen zweckmäßig gestaltet werden können und welche Bearbeitungsschritte und welche Techniken eingesetzt werden können, um auf einem methodisch sinnvollen Wege zu einer geeigneten organisatorischen Lösung zu gelangen.

Die "klassische Methode" der Vermittlung von Lehrinhalten reicht jedoch nicht aus, um Studierende adäquat auf die Praxis vorzubereiten. Sie muss zwingend durch andere Lehrmethoden wie Projektstudium oder Fallklausuren, die von den Studierenden eine eigenständige Bearbeitung praxisbezogener Fragestellungen verlangen, erweitert werden. Mit diesem Buch soll der Versuch einer Synthese aus eher theoretischen Lehrinhalten und der praktischen Bearbeitung von Fällen unternommen werden.

Organisationslehre beinhaltet stets eine Erklärungsdimension und eine Gestaltungsdimension. Im Hinblick auf das verfolgte Ziel der Befähigung zur Lösung praktischer organisatorischer Aufgabenstellungen wurde in diesem Buch dem Gestaltungsaspekt Vorrang gegenüber dem Erklärungsaspekt eingeräumt. Für die theoretische Fundierung wurde daher ein relativ einfacher pragmatisch-praxeologischer Ansatz verwendet, der hinsichtlich der Grundkonzeption eines Modells der organisatorischen Gestaltung und der verwendeten Organisationsvariablen auf einem erweiterten situativen Ansatz basiert.

Bei aller berechtigter Detail- und Fundamentalkritik am situativen Ansatz müssen Organisationen nach wie vor situationsadäquat gestaltet werden. Das von den Vertretern des situativen Ansatzes entwickelte System relativ unabhängiger organisatorischer Gestaltungsvariablen entspricht exakt den Gestaltungsdimensionen der praktischen Organisationsarbeit. Durch Kombination dieser Organisationsvariablen lassen sich im Grundsatz beliebige Organisationsformen gestalten, auch vermeintlich revolutionäre.

Vor dem Hintergrund, dass Organisationen trotz begrenzter theoretischer Erkenntnisse gestaltet werden müssen, wurde bewusst darauf verzichtet, nur solche Aussagen zu treffen, die im Rahmen empirischer Untersuchungen wissenschaftlich belegt worden sind. Vielmehr wurden auch solche Aussagen aufgenommen, die nach derzeitigem Stand organisatorischen Handelns als pragmatisch vernünftig angesehen werden können.

Die praktische Gestaltung von Organisationen ist vom Wesen her ohnehin mehr "Handwerk" als Wissenschaft. Ein Lehrbuch, das sich im Kern mit derartigen Fragestellungen beschäftigt, stellt insoweit auch den "Stand der Kunst" dar.

Neubiberg, im März 2002 *Peter Weinert*

Inhaltsverzeichnis

Vorwort V
Verzeichnis der Übungen XIII
Verzeichnis der Fallklausuren XV
Verzeichnis der Abbildungen XIX
Verzeichnis der Abkürzungen XXV

1. Zur Konzeption dieses Buches 1

2. Grundlagen 5

2.1 Organisationsbegriff 5
2.2 Modell der organisatorischen Gestaltung 8
Literatur zu Kapitel 2 11

3. Organisationsvariablen 13

3.1 Spezialisierung 13
Übung 1: Spezialisierung 18
Übung 2: Spezialisierung 21
3.2 Konfiguration 24
   3.2.1 Kontrollspanne und Gliederungstiefe 25
   3.2.2 Leitungssysteme 26
Übung 3: Kontrollspanne 30
3.3 Delegation 32
Übung 4: Delegation 34
3.4 Koordination 37
Übung 5: Koordination 43
3.5 Formalisierung 45
Übung 6: Formalisierung 48
Literatur zu Kapitel 3 50

4. Organisatorische Gestaltung 51

4.1 Gestaltung der Aufbauorganisation 51
    4.1.1 Grundmodelle der aufbauorganisatorischen Gestaltung 51
        4.1.1.1 Wahl des dominierenden Spezialisierungskriteriums – Funktionale Organisation oder Spartenorganisation 51
        4.1.1.2 Matrixorganisation 56
        4.1.1.3 Produktmanagement (Exkurs) 60

Übung 7: Rahmenstruktur 64

    4.1.2 Organisation von Funktionsbereichen 66
        4.1.2.1 Einbindung betrieblicher Funktionen in die Funktionale Organisation 66
        4.1.2.2 Einbindung betrieblicher Funktionen in die Spartenorganisation 68
        4.1.2.3 Einbindung betrieblicher Funktionen in die Matrixorganisation 71
        4.1.2.4 Organisation betrieblicher Funktionen 72
    4.1.3 Organisation internationaler Unternehmen 75
    4.1.4 Konzernorganisation und Einheitsgesellschaft 79

4.2 Organisation von Kooperationen 87

4.3 Gestaltung der Ablauforganisation 90

4.4 Tendenzen organisatorischer Gestaltung 93

Literatur zu Kapitel 4 97

5. Organisationsmethodik 99

5.1 Grundlagen 99

5.2. Grundprinzipien für die Gestaltung des Organisationsprozesses 99

5.3 Vorgehensmodelle 102
    5.3.1 Teilzyklisches Vorgehensmodell 103
    5.3.2 Abwandlungen des teilzyklischen Vorgehensmodells 105
    5.3.3 Versionenkonzept 107
    5.3.4 Prototyping mit Testbetrieb 108

5.4 Planung 109
    5.4.1 Zielbildung 109

Übung 8: Zielformulierung 111

    5.4.2 Erhebung 115
        5.4.2.1 Dokumentenauswertung 115
        5.4.2.2 Befragung 116

5.4.2.3 Beobachtung 119
5.4.2.4 Kombination von Erhebungstechniken 126
Übung 9: Auswahl von Erhebungstechniken 126
5.4.3 Analyse 130
5.4.4 Alternativensuche 137
Übung 10: Auswahl von Techniken der Alternativensuche .. 138
Übung 11: Morphologischer Kasten 140
5.4.5 Alternativenbeurteilung 141
5.5 Realisation 147
5.5.1 Systembau 147
5.5.2 Implementierung 155
Übung 12: Implementierung 159
5.6 Kontrolle 162
5.7 Exkurs – Business-Reengineering 162
Literatur zu Kapitel 5 164

6. Projektorganisation und Projektmanagement 167

6.1 Aufbauorganisation von Projekten 167
6.2 Gestaltungsträgerschaft 170
6.3 Erstellung von Angeboten 172
6.4 Projektplanung und -steuerung 176
6.5 Projektmarketing 178
Literatur zu Kapitel 6 181

7. Fallklausuren 183

7.1 Herkunft der Fallklausuren und verwendete Fallmethode 183
7.2 Auswahl der Fälle 184
7.3 Hinweise zur Bearbeitung der Fallklausuren 186
Fallklausur 1: Rahmenstruktur eines Chemiekonzerns 189
    Einführung 189
    Falltext 190
    Beispiellösung 191
Fallklausur 2: Aufbauorganisation eines mittelständischen Industrieunternehmens 195
    Einführung 195
    Falltext 196
    Beispiellösung 200

Fallklausur 3: Prozessoptimierung der Teilprozesse Wareneingang, Qualitätskontrolle, Rechnungsbearbeitung und Zahlungsdurchführung 205
Einführung 205
Falltext 206
Beispiellösung 212

Fallklausur 4: Entwicklung eines Fragebogens zum Risikomanagement 217
Einführung 217
Falltext 218
Beispiellösung 220

Fallklausur 5: Geschäftsprozessoptimierung 229
Einführung 229
Falltext 230
Beispiellösung 231

Fallklausur 6: Bankorganisation 235
Einführung 235
Falltext 236
Beispiellösung 237

Fallklausur 7: Reorganisation Neuwagenvertrieb 242
Einführung 242
Falltext 243
Beispiellösung 244

Fallklausur 8: Unternehmensfusion 248
Einführung 248
Falltext 249
Beispiellösung 250

Fallklausur 9: Spartenorganisation 255
Einführung 255
Falltext 256
Beispiellösung 258

Fallklausur 10: Konzernorganisation 267
Einführung 267
Falltext 268
Beispiellösung 270

Fallklausur 11: Erstellung eines Angebotes 275
Einführung 275
Falltext 276
Beispiellösung 277

Fallklausur 12: Matrixorganisation 281
Einführung 281
Falltext 283
Beispiellösung 283

Literaturverzeichnis 289

Stichwortverzeichnis 297

Verzeichnis der Übungen

Übung 1: Spezialisierung... 18
Für eine Gruppe von Sekretariatsarbeitsplätzen sind alternative Spezialisierungen zu erarbeiten. Grundlage ist eine Erhebung des Ist-Zustandes mit artikulierten Schwachstellen und den Ergebnissen einer Aktivitätenanalyse.

Übung 2: Spezialisierung... 21
Für drei Wohnungsunternehmen sind situationsadäquate Spezialisierungsmöglichkeiten zu entwickeln und zu beurteilen. Grundlage ist eine Klassifikation der Unternehmen im Hinblick auf die Qualifikation der Mitarbeiter und die Häufigkeit funktionsinterdependenter Vorgänge.

Übung 3: Kontrollspanne... 30
Drei Abteilungen sind hinsichtlich der realisierbaren Kontrollspanne miteinander zu vergleichen. Grundlage ist eine Kurzbeschreibung der Abteilungen hinsichtlich Aufgaben, Risiken und Qualifikation von Geführten und Führendem.

Übung 4: Delegation... 34
Für die Einkaufsabteilung eines Industrieunternehmens ist ein Vorschlag für die Delegation der Unterschriftsrechte zu erarbeiten. Grundlage ist im Wesentlichen das Mengen- und Wertgerüst der Bestellungen.

Übung 5: Koordination... 43
Ein Automobilunternehmen und eine Beratungsgesellschaft sind hinsichtlich der Eignung alternativer Koordinationsinstrumente zu vergleichen. Grundlage ist eine Kurzbeschreibung der Rahmenbedingungen, denen die jeweiligen Kernprozesse unterliegen.

Übung 6: Formalisierung... 48
Für vier Unternehmen ist der Bedarf an Strukturformalisierung und Aktenmäßigkeit abzuleiten. Grundlage sind Kurzbeschreibungen der Unternehmen hinsichtlich wesentlicher Risiken, der Neuartigkeit und Stabilität der Prozesse, der Mitarbeiterqualifikation und der Fluktuation.

Verzeichnis der Übungen

Übung 7: Rahmenstruktur 64

Für ein mittelständisches Unternehmen sind alternative Vorschläge für die Wahl des Leitungssystems und des dominierenden Spezialisierungskriteriums zu entwickeln und zu beurteilen. Grundlage ist eine Kurzbeschreibung des Unternehmens hinsichtlich Größe, Diversifikation, Vertriebswegen, Nutzung der Fertigungsanlagen, Wettbewerbssituation etc..

Übung 8: Zielformulierung 111

Für die Projekte "Einführung eines Spracherkennungsmoduls" und "Reorganisation der Logistik" sind geeignete Ziele zu formulieren. Grundlage ist jeweils eine Kurzbeschreibung des Projektvorhabens und der Ausgangssituation.

Übung 9: Auswahl von Erhebungstechniken 126

Für die Projekte "Organisationsuntersuchung Mittelstand", "Grobkonzept einer Spartenorganisation", "Analyse des Montageprozesses" und "Erhebung der Arbeitszufriedenheit" ist ein geeigneter Mix an Erhebungstechniken auszuwählen. Grundlage ist jeweils eine Kurzbeschreibung der Ausgangssituation, der Aufgabenstellung und des Projektbudgets.

Übung 10: Auswahl von Techniken der Alternativensuche 138

Für die Projekte "Grobkonzept einer Spartenorganisation" und "radikales Redesign von Prozessen in einem Krankenhaus" sind alternative Techniken der Alternativensuche auszuwählen. Grundlage sind Kurzbeschreibungen der Projekte.

Übung 11: Morphologischer Kasten 140

Für ein Projekt "Grobkonzept einer Spartenorganisation" sind alternative Gestaltungsmöglichkeiten mit Hilfe eines morphologischen Kastens aufzuzeigen. Grundlage ist eine Auflistung von Gestaltungsdimensionen der Spartenorganisation.

Übung 12: Implementierung 159

Für die Projekte "Einführung einer Finanzbuchhaltung in einem mittelständischen Unternehmen", "Einführung einer umfassenden, modularen kaufmännischen Software in einem diversifizierten und dislozierten Konzern" und "Verlegung eines Großflughafens" sind geeignete Implementierungsstrategien zu entwickeln.

Verzeichnis der Fallklausuren

Fallklausur 1: Rahmenstruktur eines Chemiekonzerns..... 189

Für einen diversifizierten, global tätigen Chemiekonzern sind, vor dem Hintergrund der in relativ überschaubarer Form dargestellten Unternehmenssituation, alternative Möglichkeiten für die Gestaltung der organisatorischen Rahmenstruktur des Unternehmens zu entwickeln und zu beurteilen.

Fallklausur 2: Aufbauorganisation eines mittelständischen Industrieunternehmens............ 195

Für ein mittelständisches, diversifiziertes Unternehmen sind alternative aufbauorganisatorische Gestaltungsmöglichkeiten zu entwickeln und zu beurteilen. Grundlage ist eine Sammlung relativ umfangreichen Datenmaterials zur internen und externen Situation des Unternehmens sowie seiner bisherigen Organisation.

Fallklausur 3: Prozessoptimierung der Teilprozesse Wareneingang, Qualitätskontrolle, Rechnungsbearbeitung und Zahlungsdurchführung............ 205

Für ein mittelständisches Unternehmen sind, auf der Grundlage einer umfangreichen Datensammlung, bestehende Prozesse zu analysieren und zu beurteilen. Hierauf aufbauend sind erste, grob spezifizierte Maßnahmen zur Verbesserung der Prozesse im Hinblick auf Durchlaufzeit und Kosten zu entwickeln.

Fallklausur 4: Entwicklung eines Fragebogens zum Risikomanagement............ 217

Für ein global tätiges, nach Sparten organisiertes Unternehmen ist ein Fragebogen zur Erhebung der an den einzelnen Standorten implementierten Elemente eines Risikomanagements zu entwickeln. Kenntnisse zum Befragungsgegenstand müssen ggf. durch Literaturstudium erworben werden.

Fallklausur 5: Geschäftsprozessoptimierung............ 229

Für ein Industrieunternehmen ist eine geeignete Methodik zur Optimierung von Geschäftsprozessen im administrativen Bereich vorzuschlagen und der Untersuchungsbereich ist zu definieren. Grundlagen sind eine Kurzbeschreibung eines Akquisitionsgespräches und ein Organigramm.

Fallklausur 6: Bankorganisation... 235

Für eine Bank, die eine Reduzierung der Geschäftsstellenanzahl um rund 30% beabsichtigt, ist eine geeignete Vorgehensweise für die Auswahl der zu schließenden Geschäftsstellen und die Erprobung und Umsetzung der Neuorganisation zu entwickeln. Grundlage ist eine Kurzbeschreibung des Projektvorhabens.

Fallklausur 7: Reorganisation Neuwagenvertrieb............... 242

Für einen Automobilhersteller, der eine Reduzierung der Anzahl von Vertragshändlern, kombiniert mit der Errichtung eigener Verkaufsstandorte und Internetverkauf plant, ist ein geeignetes Vorgehensmodell zu wählen. Hierzu sind eigenständige Vorgehensweisen für Planung und Implementierung zu entwickeln sowie idealtypische Vorgehensmodelle auf ihre Eignung hin zu beurteilen und erforderlichenfalls an die Aufgabenstellung anzupassen.

Fallklausur 8: Unternehmensfusion...................................... 248

Für die beabsichtigte Fusion zweier Großunternehmen ist darzustellen, wie die Erarbeitung eines Fusionskonzeptes vor dem Hintergrund der Komplexität, der Geheimhaltungsproblematik und des damit verbundenen Zeitdrucks organisiert werden kann. Grundlage ist eine Beschreibung des Projektauftrages mit einer Auflistung der im Einzelnen zu beantwortenden Fragen.

Fallklausur 9: Spartenorganisation....................................... 255

Für die beabsichtigte Einführung einer Spartenorganisation in einem größeren Industrieunternehmen ist die methodische Konzeption für eine Vorstudie zu entwickeln, die die Machbarkeit einer Spartenorganisation klärt, die Grundstruktur der Spartenorganisation erarbeitet und weitergehenden Untersuchungsbedarf definiert. Grundlage ist eine Beschreibung des Projektauftrages mit einer Auflistung der im Einzelnen zu beantwortenden Fragen.

Fallklausur 10: Konzernorganisation.................................... 267

Für eine Gruppe von zehn im Eigentum der selben Muttergesellschaft stehende Dienstleistungsunternehmen ist die methodische Konzeption für eine Vorstudie zu entwickeln. Diese Vorstudie soll in einer Grobkonzeption münden, die die Gestaltungsmöglichkeiten der Zusammenarbeit zwischen den Gesellschaften, die zu erwartenden Synergie- und Skaleneffekte, sowie die Risiken der verschiedenen Gestaltungsalternativen in Form eines konkreten Gestaltungsvorschlages aufzeigt.

Verzeichnis der Fallklausuren   XVII

Fallklausur 11: Erstellung eines Angebotes................. 275

Für die in Fallstudie 10 aufgezeigte Vorstudie zur Erarbeitung einer Grobkonzeption für die Zusammenarbeit einer Gruppe von zehn Schwestergesellschaften aus dem Dienstleistungsbereich ist ein Angebot zu erstellen. Gegenstand des potentiellen Auftrages und des Angebotes sollen darüber hinaus die Analyse der Stärken und Schwächen der einzelnen Gesellschaften sowie die Beurteilung der steuer- und gesellschaftsrechtlichen Konsequenzen der Gestaltungsalternativen sein.

Fallklausur 12: Matrixorganisation........................... 281

Für die beabsichtigte Einführung einer Matrixorganisation in einem Industrieunternehmen ist ein Projektablauf zu konzipieren, der die Arbeitsschritte von der Prüfung der Sinnhaftigkeit der Matrixorganisation bis zur Planung der konkreten Gestaltung umfasst. Zu den einzelnen Arbeitsschritten sind jeweils Informationsbedarf, Informationsquellen und die einzusetzenden Techniken darzustellen.

Verzeichnis der Abbildungen

Abbildung 1: Organisation, Disposition und Improvisation 6

Abbildung 2: Organisationsgrade 7

Abbildung 3: Modell der organisatorischen Gestaltung 8

Abbildung 4: Situationsvariablen 9

Abbildung 5: Organisatorische Ziele 10

Abbildung 6: Organisationsvariablen 11

Abbildung 7: Arten der Spezialisierung 14

Abbildung 8: Spezialisierungsgrad 16

Abbildung 9: Aktivitätenübersicht Sekretariat 18

Abbildung 10: Sekretariatsorganisation Alternative 2 20

Abbildung 11: Sekretariatsorganisation Alternative 3 21

Abbildung 12: Merkmale verschiedener Wohnungsunternehmen 22

Abbildung 13: Auswirkungen von Vorgängen auf Funktionsbereiche eines Wohnungsunternehmens 22

Abbildung 14: Kontrollspanne und Gliederungstiefe 26

Abbildung 15: Einliniensystem 27

Abbildung 16: Stab-Linien-System 29

Abbildung 17: Mehrliniensystem 29

Abbildung 18: Bestellvolumen in einer Einkaufsabteilung 35

Abbildung 19: ABC-Analyse des Bestellvolumens einer Einkaufsabteilung 36

Abbildung 20: Koordinationsinstrumente 39

Abbildung 21: Instrumente der Formalisierung 45

Abbildung 22: Funktionale Organisation 52

Abbildung 23: Spartenorganisation 52

Abbildung 24: Matrixorganisation mit Funktionen als Linien- und Objektbereichen als Matrixinstanzen 57

Abbildung 25: Matrixorganisation mit Objektbereichen als Linieninstanzen und Funktionen als Matrixinstanzen 58

Abbildung 26: Matrixorganisation mit Regionalbereichen als Linieninstanzen und Produktbereichen und zentraler F&E als Matrixinstanzen 58

Abbildung 27: Bereichsungebundenes Stabs-Produktmanagement 63

Abbildung 28: Bereichsungebundenes Matrix-Produktmanagement 63

Abbildung 29: Bereichsgebundenes Linien-Produktmanagement 63

Abbildung 30: Beschaffung als eigenständiger Funktionsbereich in der Funktionalen Organisation 67

Abbildung 31: Dezentrale Einbindung der F&E in der Spartenorganisation 69

Abbildung 32: Zentrale Eingliederung der F&E in der Spartenorganisation 70

Abbildung 33: Gemischte Eingliederung der F&E in der Spartenorganisation 71

Abbildung 34: Objektbereiche als Matrixinstanzen 72

Abbildung 35: Funktionen als Matrixinstanzen 73

Abbildung 36: Funktionale Gliederung des Absatzes 73

Abbildung 37: Objektgliederung der Beschaffung 74

Abbildung 38: Matrixorganisation des Absatzes 75

Abbildung 39: "Lose" Anbindung ausländischer Tochtergesellschaften 75

Abbildung 40: International-Division 76

Abbildung 41: Integrierte internationale Organisation als Funktionale Organisation 77

Abbildung 42: Integrierte internationale Organisation mit Produktdivisionen 77

Abbildung 43: Integrierte internationale Organisation mit Gebietsdivisionen 78

Abbildung 44: Integrierte internationale Matrix mit Produktdivisionen und funktionalen Zentralbereichen 78

Abbildung 45: Integrierte internationale Matrixorganisation mit regionalen Divisionen und funktionalen Zentralbereichen ... 79

Abbildung 46: Gestaltungsmöglichkeiten internationaler Organisation 80

Abbildung 47: Segregierter Konzern ohne Zwischeneinheiten 81

Verzeichnis der Abbildungen XXI

Abbildung 48: Segregierter Konzern mit Zwischeneinheiten 82

Abbildung 49: Integrierter Konzern 82

Abbildung 50: Methodikeinsatz in Abhängigkeit vom Problemtyp 100

Abbildung 51: Phasen des Organisationsprozesses 102

Abbildung 52: Idealtypischer Verlauf des Organisationsprozesses 104

Abbildung 53: Teilzyklisches Vorgehensmodell 105

Abbildung 54: Phasenmodell mit überlappenden Phasen 106

Abbildung 55: Zeitversetzte Bearbeitung von Teilprojekten 106

Abbildung 56: Versionenkonzept 107

Abbildung 57: Prototyping 108

Abbildung 58: Zielbaum für ein Projekt zur Prozessoptimierung 110

Abbildung 59: Frageformen und Skalenniveaus einer schriftlichen Befragung 117

Abbildung 60: Teilausgefüllter Erhebungsbogen für eine Multimomentstudie 122

Abbildung 61: Teilausgefüllter Laufzettel 123

Abbildung 62: Durchlaufzeitendiagramm 124

Abbildung 63: Tagesbericht für Selbstaufschreibung 125

Abbildung 64: Organigramm eines mittelständischen Unternehmens 127

Abbildung 65: Prüffragenkatalog 132

Abbildung 66: Schema einer Prüfmatrix 132

Abbildung 67: ABC-Analyse 135

Abbildung 68: Portfolio zur Auswahl der zu standardisierenden Prozesse 136

Abbildung 69: Morphologischer Kasten (Besetzung der obersten Führungsebene) 138

Abbildung 70: Morphologischer Kasten - Spartenorganisation. 141

Abbildung 71: Verbale Bewertung 142

Abbildung 72: Argumentationstabelle 143

Abbildung 73: Punktebewertungsverfahren 144

Abbildung 74: Optimale Geschäftsstellenzahl als Ergebnis einer Simulationsrechnung 146

Abbildung 75: Stellenbeschreibung ... 149

Abbildung 76: Funktionendiagramm ... 151

Abbildung 77: Unterschriftenregelung ... 151

Abbildung 78: Kette ... 153

Abbildung 79: UND-Verzweigung ... 153

Abbildung 80: UND-Verknüpfung ... 153

Abbildung 81: ODER-Verzweigung ... 154

Abbildung 82: ODER-Verknüpfung ... 154

Abbildung 83: ODER-Rückkopplung ... 155

Abbildung 84: Sachstrategie und Funktionsrisiko ... 159

Abbildung 85: Matrix-Projektorganisation auf Unternehmensebene ... 168

Abbildung 86: Balkendiagramm (schematisch) ... 177

Abbildung 87: Alternative 1 – Produktbereiche als dominierendes Organisationskriterium ... 192

Abbildung 88: Alternative 2 – Regionen als dominierendes Organisationskriterium ... 193

Abbildung 89: Alternative 1 – Produktbereiche mit Zentralabteilungen ... 194

Abbildung 90: Alternative 2 - Gebietsdivisionen mit Zentralabteilungen ... 194

Abbildung 91: Alternative A mit fünf Produktdivisionen und ungeklärter Zuordnung der Produktion ... 202

Abbildung 92: Alternative B mit zwei Produktdivisionen und dezentralisierter Produktion ... 203

Abbildung 93: Alternative C mit fünf Kundendivisionen und zentralisierter F&E und Produktion ... 204

Abbildung 94: Alternative D mit zwei Kundendivisionen und zentraler Produktion ... 204

Abbildung 95: Minimale und durchschnittliche Durchlaufzeit bei der Rechnungsbearbeitung ... 208

Abbildung 96: MM-Durchlaufzeit bei der Rechnungsbearbeitung ... 209

Abbildung 97: Durchschnittliche Durchlaufzeit in der Rechnungsbearbeitung (simuliert) nach Reorganisation ... 216

Abbildung 98: Organigramm eines mittelständischen Unternehmens ... 230

Verzeichnis der Abbildungen

Abbildung 99: Portfolio für die Auswahl von Prozessen 232
Abbildung 100: ABC-Einteilung zur Auswahl von Prozessen ... 233
Abbildung 101: Ertragsmaximale Geschäftsstellenzahl 238
Abbildung 102: Aufbauorganisation des Teilprojektes „Grobkonzeption" 254
Abbildung 103: Morphologischer Kasten für die Gestaltungsdimensionen einer Matrixorganisation 287

Verzeichnis der Abkürzungen

AD	Aussendienst
AGB	Allgemeine Geschäftsbedingungen
AL	Abteilungsleiter
AT	Arbeitstage
Aufl.	Auflage
Bestellpos.	Bestellpositionen
BL	Bereichsleiter
c.p.	ceteris paribus
D	Disposition
DLZ	Durchlaufzeit
F&E	Forschung und Entwicklung
FEH	Facheinzelhandel
ff	fortfolgende
GF	Geschäftsführer
GL	Geschäftsleitung
h	Stunden
Hrsg.	Herausgeber
I	Improvisation
i.e.S.	im engeren Sinne
i.w.S.	im weiteren Sinne
ID	Innendienst
KH	Kaufhaus
Koordinationsinstr.	Koordinationsinstrument(e)
kum.	kumuliert
Kundenmgmt.	Kundenmanagement
M&A	Mergers and Akquisitions
MA	Mitarbeiter
ME	Mengeneinheiten
Mgmt.	Management

min	Minuten
Mio.	Millionen
MIT	Massachusetts Institute of Technology
MK	Mannkapazitäten
Mrd.	Milliarden
n.a.	not applicable (nicht zutreffend)
Nr.	Nummer
O	Organisation
p.a.	per annum
Personalverw.	Personalverwaltung
PG	Produktgruppe
PM	Produktmanagement, Produktmanager
Produktmgmt.	Produktmanagement
rechn.	rechnerische(e)
Rechnungsprüfg.	Rechnungsprüfung
Rechnungsw.	Rechnungswesen
S.	Seite, Seiten
sachl.	sachlich(e)
SB/CC	Selbstbedienungs- und Cash-and-Carry-Märkte
SBA	Sachbearbeiter
Sp.	Spalte
Stck.	Stück
Tsd.	Tausend
UL	Unternehmensleitung
VS	Vorstand
WE	Wohneinheiten
wg.	wegen
WH	Warenhaus
Z.	Ziele
ZA	Zentralabteilung

1. Zur Konzeption dieses Buches

Das vorliegende Buch wendet sich primär an Studierende der **Organisationslehre**. Es soll auf kompakte Weise

- Kenntnisse der Grundlagen organisatorischen Handelns und der relevanten organisatorischen Gestaltungsvariablen, Gestaltungsmuster, Methoden und Techniken vermitteln, bzw. vorhandene Kenntnisse auffrischen
- mit Hilfe von Übungen und Fallklausuren auf die Anwendung des erworbenen Wissens hinführen
- auf die Bearbeitung von Examensklausuren in Form von Fallklausuren vorbereiten.

Dieses Buch ist in erster Linie zur **begleitenden Lektüre** während des Studiums sowie zur gezielten **Examensvorbereitung** gedacht. Es beinhaltet mit den Schwerpunkten "Organisationsvariablen", "Organisatorische Gestaltung" und "Organisationsmethodik" die zentralen Elemente organisatorischen Anwendungswissens. Das Buch setzt darüber hinaus auf die konsequente Anwendung von **Übungen und Fallklausuren**, die es den Studierenden ermöglichen sollen, ihre theoretischen Kenntnisse auf praktische Problemfälle anzuwenden. Den Übungen und Fallklausuren wird mit mehr als vierzig Prozent des Umfanges ein großer Teil des Werkes gewidmet.

Von der breit angelegten, aber kompakten Darstellung des relevanten anwendungsbezogenen Organisationswissens und den in den Lösungen zu den Fallklausuren aufgezeigten Gestaltungs- und Vorgehensmustern dürften sich jedoch auch Praktiker angesprochen fühlen.

Nachfolgend wird der Aufbau des Buches kurz beschrieben.

Mit den **Kapiteln 2, 3** und **4** dieses Buches sollen zunächst die notwendigen Grundlagen geschaffen werden. Hierzu dienen knapp gehaltene Darlegungen zum **Organisationsbegriff** und zu einem **Modell organisatorischer Gestaltung** (Kapitel 2), Darstellungen der **Organisationsvariablen** mit ihren Ausprägungen (Kapitel 3) sowie Beschreibungen der idealtypischen aufbauorganisatorischen Gestaltungsmuster **Funktionale Organisation**, **Spartenorganisation** und **Matrixorganisation** (Kapitel 4).

Kapitel 4 beschäftigt sich anschließend mit der Einbindung der betrieblichen **Funktionen** in die Funktionale Organisation, die Spartenorganisation und die Matrixorganisation sowie mit der inneren Gestalt der betrieblichen Funktionen. Darüber hinaus werden die Gestaltungsmöglichkeiten der **Konzernorganisation** sowie der **Organisation internationaler Unternehmen** dargestellt. Die Kenntnis dieser Themenbereiche ist Voraussetzung für eine praktische Beschäftigung mit Fragen der organisatorischen Gestaltung. Ergänzend wird auf die aktuellen Fragen der **Organisation unternehmensübergreifender Zusammenarbeit** in strategischen Allianzen und Unternehmensnetzwerken eingegangen.

Im weiteren Verlauf des Kapitels 4 wird die **Gestaltung der Ablauforganisation** bearbeitet. Kapitel 4 schließt mit einem Ausblick auf aktuelle **Tendenzen organisatorischer Gestaltung.**

Kapitel 5 beschäftigt sich mit Fragen der **Organisationsmethodik**. Hier werden verschiedene Vorgehensmodelle und Organisationstechniken dargestellt. Dem Organisator soll damit gewissermaßen ein „Werkzeugkoffer" für die praktische Arbeit zur Verfügung gestellt werden.

Kapitel 6 enthält ausgewählte Aspekte der **Projektorganisation und des Projektmanagement**. Der "Werkzeugkoffer" aus Kapitel 5 erfährt hier seine Vervollständigung.

Um zum einen eine höhere Anschaulichkeit der durchaus abstrakten Thematik zu erzielen und zum anderen eine Hinführung auf die im Hauptstudium notwendige Beschäftigung mit praktischen Organisationsproblemen zu erreichen, wird das dargebotene theoretische Wissen der Kapitel 2 bis 5 anhand relativ einfacher, praxisbezogener **Übungen** vertieft. Die Übungen orientieren sich inhaltlich stark am Stoff der jeweiligen Lerneinheit und sind schwerpunktmäßig auf eine eher reproduzierende Anwendung der erworbenen theoretischen Kenntnisse auf typisierte Fallbeispiele aus der Organisationspraxis gerichtet.

In **Kapitel 7** sollen die Inhalte der Kapitel 2 bis 6 in komplexeren **Fallklausuren** angewendet werden. Die Fallklausuren sind darauf ausgerichtet, konkrete Aufgabenstellungen aus der Praxis unter Anwendung des erworbenen Wissens methodisch und/oder gestalterisch zu lösen. Sie unterscheiden sich von den Übungen darüber hinaus durch höhere Komplexität und Schwierigkeit und größeren Umfang.

Zu den einzelnen **Übungen** und **Fallklausuren** werden jeweils **Beispiellösungen** angeboten, die den Studierenden eine Beurteilung der Qualität ihrer eigenen Lösung ermöglichen sollen. Der Verfasser folgt mit der bewussten Verwendung des Begriffs „Beispiellösung" der Überzeugung, dass in der Organisationspraxis stets verschiedene Möglichkeiten der organisatorischen und methodisch/technischen Gestaltung bestehen, deren Vor- und Nachteile à priori nicht qualifiziert beurteilt werden können.

1. Zur Konzeption dieses Buches

Die Übungen und Fallklausuren sollen die Studierenden zunächst anleiten, ihr theoretisches Wissen auf einen praktischen Fall anzuwenden und sie so mit dem Umgang mit ihrem „Handwerkszeug", aber auch mit konkreten praktischen Aufgabenstellungen vertraut machen. Sie dienen insoweit der Vorbereitung auf die künftige Berufspraxis als Organisator. Daneben erfüllen die Übungen, insbesondere aber die Fallklausuren den ebenso wichtigen Zweck der Vorbereitung auf das Examen. Sie dienen der Sicherung des vorhandenen Wissens sowie der Vertiefung der Anwendungskenntnisse und bereiten nicht zuletzt auch auf die Bearbeitung von Examensklausuren vor, die über rein reproduzierende Aufgabenstellungen hinaus gehen.

Der weitaus überwiegende Teil der Übungen und Fallklausuren ist bereits von mehreren Studentengenerationen erprobt.

2. Grundlagen

2.1 Organisationsbegriff

Unternehmen sind künstliche, d.h. von Menschen geschaffene Gebilde. Ihr Zweck besteht allgemein gesprochen in der Versorgung von Märkten mit Gütern oder Dienstleistungen. Diesen Zweck verfolgen Unternehmen, um ihrerseits bestimmte Ziele wie Gewinnstreben, Machtstreben, Überlebenssicherung oder Wachstum realisieren zu können. Aus der so durch Zweck und Ziel beschriebenen Aufgabe von Unternehmen ergeben sich verschiedene Teilaufgaben: Forschung und Entwicklung, Beschaffung, Produktion und Absatz als so genannte primäre Aufgaben, also Aufgaben, die unmittelbar der Erfüllung des Unternehmenszweckes dienen sowie sekundäre Aufgaben, die dem Unternehmenszweck nur mittelbar dienen, wie z.b. Finanzierung, Rechnungswesen, Personalverwaltung etc..

Zur Erfüllung ihrer Aufgaben bedienen sich Unternehmen verschiedener Mittel: Menschen, Sachmittel und Informationen. Diese Mittel stehen zueinander und zu den Aufgaben des Unternehmens in keiner natürlichen Beziehung. Diese Beziehungen müssen vielmehr erst künstlich geschaffen werden.

Organisation ist eine spezifische Möglichkeit, wie diese Beziehungen zwischen Aufgaben, Menschen, Informationen und Sachmitteln gestaltet werden können, um Unternehmenszweck und –ziele bestmöglich zu erreichen. Durch Organisation werden soziale Systeme strukturiert, und die Aktivitäten der zum System gehörenden Menschen sowie die Beziehungen aller zum System gehörenden Elemente (Menschen, Aufgaben, Sachmittel und Informationen) werden dauerhaft geordnet (vgl. Hill/Fehlbaum/Ulrich 1989). Mit Organisation wird sowohl die Tätigkeit des Organisierens bezeichnet, als auch das Ergebnis dieser Tätigkeit.

Organisation kann wie folgt von den verwandten Begriffen Improvisation und Disposition abgegrenzt werden (vgl. Bühner 1996):

- **Improvisation** bezeichnet eine spontane Regelung von Sachverhalten bei nicht vorhersehbarem Regelungsbedarf, in Form einer reaktiven Handlung. Die Improvisation ist immer eine Einzelfallregelung.

- **Disposition** ist das Treffen einer Einzelfallregelung bei vorhersehbarem Regelungsbedarf. Die Regelung wird in dem Zeitpunkt vorgenommen, in dem der Regelungsbedarf auftritt.

2. Grundlagen

Die Regelung wird an den jeweiligen Regelungsbedarf angepasst.

- **Organisation** ist dagegen die vorherige, antizipierende Festlegung von Regelungen. Die Regelungen werden für definierte, vorhersehbare Regelungsbedarfe allgemein und dauerhaft getroffen, also nicht mehr an den jeweiligen Einzelfall angepasst.

Es ist offensichtlich, dass Improvisation die einzig mögliche Reaktion auf unvorhergesehene Regelungsbedarfe ist. Je mehr unvorhergesehene Regelungsbedarfe auftreten, um so mehr muss improvisiert werden. Disposition ermöglicht im Gegensatz zu Organisation eine Anpassung der Entscheidung an den konkreten Regelungsbedarf, sie ist flexibler als Organisation. Disposition eignet sich also insbesondere dann, wenn Regelungsbedarfe bestehen, die zwar ihrer Art nach vorhersehbar sind, aber dennoch eine individuelle Regelung benötigen. Sie ist darüber hinaus auch dann effizient, wenn sich wegen geringer Häufigkeit der Aufgaben eine relativ teurere organisatorische Regelung nicht lohnt.

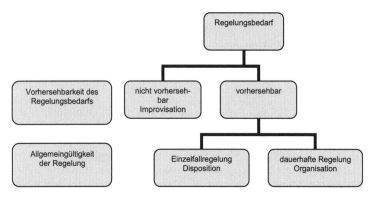

Abbildung 1: Organisation, Disposition und Improvisation

Organisation ist im Vergleich zur Disposition vergleichsweise teuer. Sie ist nur dann effizient, wenn die getroffene Regelung mehrfach angewendet werden kann. Je höher der Aufwand für eine organisatorische Regelung ist, desto häufiger muss sie, um effizient zu sein, angewendet werden. Bei häufiger Anwendung besteht jedoch die Möglichkeit, die Regelung hinsichtlich Effektivität und Effizienz, ggf. revolvierend, zu überprüfen und zu verbessern. Organisation trifft dauerhafte Regelungen, eine Anpassung an wechselnde Sachverhalte ist nicht vorgesehen. Sie ist weniger flexibel als Disposition und erfordert damit gleichförmige Regelungsbedarfe. Allerdings sind organisatorische Regelungen im Allgemeinen besser durchdacht als Dispositionen und führen

2.1 Organisationsbegriff

damit bei häufigen und gleichförmigen Aufgaben zu mehr Effizienz und Effektivität.

Improvisation, Disposition und Organisation schließen einander nicht aus, sondern werden, je nach Aufgabentypus nebeneinander angewendet. Je häufiger und je gleichförmiger betriebliche Aufgaben sind, um so mehr wird Disposition durch Organisation ersetzt (**Substitutionsprinzip** der Organisation). Je mehr unvorhergesehene Aufgaben auf ein Unternehmen zukommen, also je veränderlicher insbesondere die Anforderungen der Umwelt an ein Unternehmen sind, desto mehr Improvisation ist notwendig. Organisation und Disposition können sogar bezüglich bestimmter Aufgaben unmittelbar verzahnt werden: Während im Zeitablauf gleich bleibende Arbeitsschritte einer Aufgabe dauerhaft geregelt (also organisiert) werden, werden diejenigen Arbeitsschritte derselben Aufgabe, die eine Anpassung an den konkreten Sachverhalt erfordern, per Einzelfallentscheidung (also durch Disposition) gelöst.

Das Verhältnis der durch Organisation auf der einen Seite und Improvisation und Disposition auf der anderen Seite getroffenen Regelungen wird als **Organisationsgrad** bezeichnet. Welches Ausmaß an Organisation für ein Unternehmen optimal ist, wird durch die Unternehmenssituation bestimmt. Dabei sind insbesondere die o.g. Merkmale „Häufigkeit und Gleichförmigkeit der Aufgaben" sowie „Dynamik der Umwelt" von Bedeutung. Nachstehende Abbildung zeigt alternative Organisationsgrade.

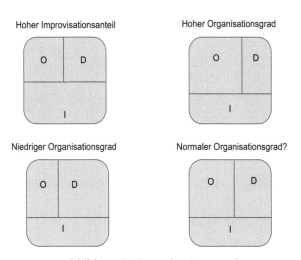

Abbildung 2: Organisationsgrade

2.2 Modell der organisatorischen Gestaltung

Organisation entsteht in einem organisatorischen **Gestaltungsprozess**. Rahmenbedingungen für diesen Gestaltungsprozess sind so genannte **Situationsvariablen**, also Größen, die für den Gestaltungsprozess als gegeben hingenommen werden und die für die organisatorische Gestaltung von Bedeutung sind (unabhängig davon, ob die jeweilige Größe bei entsprechender Anstrengung verändert werden könnte). Dieser Prozess wird gesteuert durch die **Ziele** der an ihm beteiligten Entscheider und die Chance der verschiedenen Entscheidergruppen (z.B. Management, Mitarbeiter, Eigen- und Fremdkapitalgeber, Kunden), ihre Ziele in diesem Prozess durchzusetzen. Für diese Chance sind die vorhandenen Machtkonstellationen sowie die **institutionellen Gestaltungsbedingungen**, also Art, Zeitpunkt und Umfang der Beteiligung der verschiedenen Interessensgruppen am Organisationsprozess maßgeblich.

Zur Erzielung einer geeigneten organisatorischen Gestaltung, also einer Organisation, die bei gegebenen Situationsvariablen zu einer bestmöglichen Erreichung der verfolgten Ziele führt, werden **Organisationsvariablen** (auch organisatorische Gestaltungsvariablen genannt) eingesetzt. Die Organisationsvariablen haben die Funktion eines Mittels zur Erreichung der mit Organisation verfolgten Ziele. Insgesamt ergibt sich das nachstehende **Modell der organisatorischen Gestaltung** (nach Kieser/Kubicek 1992):

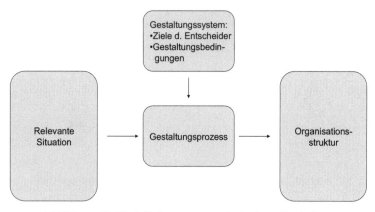

Abbildung 3: Modell der organisatorischen Gestaltung

Die Situationsvariablen werden in Variablen

- der innerbetrieblichen,
- der marktlichen und

2.2 Modell der organisatorischen Gestaltung

- der außermarktlichen Umwelt

eingeteilt (vgl. z.B. Kieser/Kubicek 1992, Schanz 1994).

Zu den Variablen der **innerbetrieblichen Umwelt** zählen insbesondere die Situationsvariablen „Größe", „Qualifikation der Mitarbeiter", und „Diversifikation" (also Umfang und Heterogenität des Leistungsprogrammes und der bedienten Märkte). Diese Variablen sind im Rahmen von Organisationsprozessen nicht unmittelbar gestaltbar. Die Situationsvariablen "Fertigungstechnologie" und "Informationstechnologie" haben im Vergleich dazu einen anderen Charakter. Sie werden im Rahmen von Strukturgestaltungen und -veränderungen bewusst als (nicht-organisatorisches) Gestaltungsmittel eingesetzt. Organisation und Technologieeinsatz sind intensiv aufeinander abzustimmen. Ob neuartige Technologien Veränderungen der Organisation zur Folge haben, oder ob organisatorische Veränderungsnotwendigkeiten zu Anpassungen der Technologie führen, kann dabei offen bleiben.

Die Situationsvariablen der **marktlichen Umwelt** ergeben sich aus der Struktur, den Erwartungen und Werthaltungen und den Aktionen der Marktteilnehmer. Von besonderer Bedeutung ist dabei die Situationsvariable „Dynamik der Märkte". Situationsvariablen der **außermarktlichen Umwelt** sind die rechtlichen, politischen und gesellschaftlichen Rahmenbedingungen, die auf die Organisationsgestaltung wirken oder von ihr unmittelbar erfüllt werden müssen.

Situationsvariablen		
innerbetriebliche Umwelt	marktliche Umwelt	aussermarktliche Umwelt
Größe	Wettbewerber	rechtliche Rahmenbedingungen
Qualifikation der Mitarbeiter	Kunden	politische Rahmenbedingungen
Diversifikation	Dynamik der Märkte	gesellschaftliche Rahmenbedingungen
Fertigungstechnologie	Komplexität der Märkte	wissenschaftliche Rahmenbedingungen
Informationstechnologie		

Abbildung 4: Situationsvariablen

In der Literatur existieren umfangreiche Kataloge der mit Organisation verfolgten Ziele, die nach verschiedensten Kriterien kategorisiert sind. Exemplarisch genannt werden sollen hier die Kategorien der „personalwirtschaftlichen Ziele" (z.B. Verringerung des

Absentismus), der „Anpassungsziele" (z.B. schnelles Erkennen von Veränderungen, schnelle Reaktion auf Veränderungen), der "Integrationsziele" (z.b. Wertekongruenz) und der „ergebnisorientierten Ziele" (z.b. Gewinnstreben, Wirtschaftlichkeit, Produktivität, Effizienz). In nachfolgender Abbildung werden ausgewählte Ziele in tabellarischer Form dargestellt (nach Scholz 1992a).

Organisatorische Ziele			
personalwirtschaftliche Ziele	Anpassungsziele	Integrationsziele	Ergebnisziele
persönliche Entwicklung	Flexibilität	Wertekongruenz	Gewinn
Arbeitsbedingungen	Wachstum	Motivation	Rentabilität
Partizipation und Einfluss	Kontrolle	Arbeitsmoral	Kosten
Fluktuation	Markt- und Kundennähe	Zielkonsens	Effizienz
Absentismus	Freiheitsgrade	Kohäsion	Ressourcennutzung
Konfliktreduzierung		Stressfreiheit	Produktivität
Leistungssteigerung		Überschaubarkeit	Stabilität
Unfallhäufigkeit			Überleben

Abbildung 5: Organisatorische Ziele

Die für die organisatorische Gestaltung zur Verfügung stehenden Organisationsvariablen

- Spezialisierung
- Konfiguration
- Delegation
- Koordination und
- Formalisierung

(Kieser/Kubicek 1992) werden in Kapitel 3 ausführlicher dargestellt. An dieser Stelle erfolgt lediglich eine erste Arbeitsdefinition in Tabellenform (Abbildung 6).

Die einzelnen Organisationsvariablen müssen aufeinander abgestimmt werden. Darüber hinaus müssen auch Organisationsstruktur, Unternehmensstrategie und Unternehmenskultur (oder Organisationskultur) aufeinander abgestimmt sein. Eindeutige Befunde dazu, ob die Strategie die Struktur determiniert oder die Struktur Voraussetzung für die Formulierung und Umsetzung einer bestimmten Strategie darstellt, liegen nicht vor. Auch zwischen Organisationskultur und Organisationsstruktur bestehen keine monokausalen Zusammenhänge: einerseits erleichtert Organisationskultur die Koordination von Organisationen (vgl. 3.4), andererseits gelingt es durch geeignete Gestaltung von Organisationsstrukturen am ehesten, negative Organisationskulturen positiv zu verändern.

Organisationsvariablen	
Spezialisierung	artenteilige Verteilung der Aufgaben auf die Organisationsmitglieder
Konfiguration	äußere Gestalt des Abteilungs- und Stellengefüges sowie der Informations- und Weisungsbeziehungen
Koordination	Ausrichten der Aktivitäten der Organisationsmitglieder an der Gesamtaufgabe
Delegation	Vergabe von Entscheidungs- und Weisungsbefugnissen
Formalisierung	schriftliche Fixierung organisatorischer Regelungen

Abbildung 6: Organisationsvariablen

In Kapitel 4 wird die Eignung verschiedener grundlegender organisatorischer Gestaltungsmöglichkeiten bei unterschiedlichen Rahmenbedingungen beurteilt werden. Dabei zeigt sich, dass die Situationsvariablen „Diversifikationsgrad", „Dynamik der Märkte" und nicht zuletzt „Größe" von herausragender Bedeutung für die Wahl der Organisationsform sind. Darüber hinaus wird sich zeigen, dass die Wichtigkeit der Ziele „optimale Ressourcennutzung", "Markt- und Kundenorientierung" und „Flexibilität" besonders hohen Einfluss auf die grundlegende Gestaltung einer Organisation hat.

Literatur zu Kapitel 2

Bühner, R., Betriebswirtschaftliche Organisationslehre; 8. Aufl., München, Wien 1996

Hill, W., Fehlbaum, R., Ulrich, P., Organisationslehre, Bd. 1, 4. Aufl., Bern 1989

Kieser, A., Kubicek, H., Organisation, 3. Aufl., Berlin, New York 1992

Schanz, G., Organisationsgestaltung, 2. Aufl., München 1994

Scholz, C., Effektivität und Effizienz, organisatorische, in: Frese, E., Hrsg., Handwörterbuch der Organisation, 3. Aufl., Stuttgart 1992 (a), Sp. 533-552

3. Organisationsvariablen

3.1 Spezialisierung

Spezialisierung entsteht durch die Verteilung verschiedenartiger Aufgaben auf die Organisationsmitglieder. Die Gesamtaufgabe des Unternehmens wird hierzu in einzelne, artmäßig verschiedene Teilaufgaben (z.b. Einkauf, Produktion, Verkauf, Rechnungswesen bzw. Teilaufgaben hieraus) zerlegt und einzelnen Mitarbeitern zugeordnet. Grund für die Spezialisierung ist, dass die Gesamtaufgabe des Unternehmens im Allgemeinen zu komplex ist, als dass eine rein mengenteilige Aufteilung der Aufgaben auf die Mitarbeiter zweckmäßig wäre.

Das Ausmaß der Spezialisierung kann in dem Kontinuum zwischen einer mäßigen Spezialisierung, in der den Mitarbeitern umfangreichere, und für sich alleine sinnvolle Teilaufgaben zugeordnet werden und einer extremen Spezialisierung, in der den Mitarbeitern nur noch einzelne Handgriffe zugewiesen werden, variiert werden. Das Ausmaß an Spezialisierung wird mit Hilfe des so genannten Spezialisierungsgrades ausgedrückt. Dieser ist (gleiche Organisationsgröße vorausgesetzt) um so höher, je mehr Stellen mit artmäßig unterschiedlichen Aufgaben betraut sind.

Die Zerlegung und Zuordnung der Aufgaben zu Organisationsmitgliedern kann nach verschiedenen Kriterien vorgenommen werden:

- Bei der Spezialisierung nach Objekten werden den Organisationsmitgliedern Teilaufgaben übertragen, die sich auf spezifische Objekte, also z.b. verschiedene Materialien, Lieferanten, Produkte, Kunden oder Regionen beziehen.

- Die Spezialisierung nach Verrichtungen oder Funktionen überträgt den Organisationsmitgliedern Teilaufgaben, die sich auf verschiedene Verrichtungen, also z.B. einkaufen, produzieren, verkaufen oder drehen, fräsen, bohren beziehen.

- Die Spezialisierung nach der Zweckbeziehung trennt primäre Aufgaben, also Aufgaben, die unmittelbar mit der Erfüllung des Unternehmenszweckes zu tun haben (wie Einkauf, Produktion, Verkauf), von sekundären Aufgaben, die nur mittelbar dem Unternehmenszweck dienen (also z.b. Rechnungswesen, Verwaltung). Sie hat mehr theoretische als praktische Bedeutung, da sie eine Spezialform der Spezialisierung nach Funktionen darstellt.

- Bei der Spezialisierung nach dem Rang werden ausführende und dispositive d.h. entscheidende Tätigkeiten voneinander getrennt.
- Die Spezialisierung nach der Phase trennt planende, ausführende und überwachende Tätigkeiten.

Die Aufgaben einer Stelle ergeben sich meist durch eine Kombination verschiedener Spezialisierungsmerkmale. Stellen verrichten also bestimmte Verrichtungen an bestimmten Objekten und haben einen definierten Umfang an ausführenden und dispositiven Aufgaben.

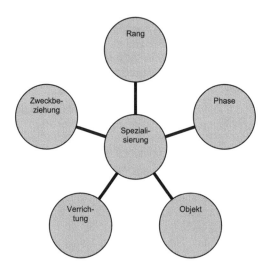

Abbildung 7: Arten der Spezialisierung

Die Spezialisierung erfolgt innerhalb eines Unternehmens im Allgemeinen nicht durchgängig nach dem gleichen Kriterium, vielmehr werden auf verschiedenen Hierarchieebenen und in verschiedenen Teilbereichen der Organisation meist verschiedene Spezialisierungskriterien angewandt.

Generalisierende Aussagen zur Vorteilhaftigkeit der einzelnen Spezialisierungsformen lassen sich nicht treffen. Allerdings führt, gleicher Spezialisierungsgrad vorausgesetzt, die Spezialisierung nach Objekten tendenziell zu höheren Qualifikationsanforderungen und Personalkosten, schlechterer Ressourcennutzung, aber geringerem Koordinationsaufwand, höherer Flexibilität und besserer Markt- und Kundenorientierung als die Spezialisierung nach Funktionen (vgl. Kieser/Kubicek 1992). Die geeignete Spezialisierungsform muss im Einzelfall unter Berücksichtigung der Situation und der erwarteten Zielbeiträge geprüft werden.

3.1 Spezialisierung

Durch die Spezialisierung können folgende Vorteile erzielt werden (vgl. Hill/Fehlbaum/Ulrich 1989):

- Die Komplexität der Teilaufgaben nimmt ab, sie sind durch weniger umfassend qualifiziertes und im Allgemeinen auch weniger kostenintensives Personal bearbeitbar.
- Einarbeitungszeiten können reduziert werden.
- Die Häufigkeit, mit der die einzelnen Teilaufgaben bearbeitet werden, nimmt zu. Durch die eintretenden Lern- und Routinisierungseffekte nimmt die Bearbeitungszeit ab, Fehler werden vermieden und die Qualität der Erzeugnisse steigt.
- Tätigkeiten mit extrem hoher Wiederholfrequenz sind einer systematischen Standardisierung und Rationalisierung zugänglich. Hierdurch können Kosten gesenkt und die Effizienz verbessert werden.

Die Spezialisierung führt jedoch auch zu negativen Effekten (vgl. Hill/Fehlbaum/Ulrich 1989). Generell steigen mit zunehmender Spezialisierung die Anforderungen an die Koordination und der Koordinationsaufwand. Ein zu hoher Spezialisierungsgrad (also eine zu weit getriebene Spezialisierung) führt allerdings zu erheblichen Nachteilen. So hat eine Reduzierung der Aufgabeninhalte auf das Niveau elementarer Handgriffe unter anderem Unterforderung, einseitige physische Belastungen, Ermüdung, Steigerung der Unfallhäufigkeit, Erhöhung der Fehlerquote und Verminderung der Qualität sowie die Steigerung von Krankenstand, Absenzquote und Fluktuation zur Folge.

Der ideale **Spezialisierungsgrad** ist abhängig von der Unternehmenssituation und damit stets unternehmensindividuell:

- Stabile Unternehmensumwelten, geringe Flexibilitätsanforderungen, hohe Mengenvolumina, geringe Produktdiversifikation, langfristig gleich bleibende Produkte und Produktionsverfahren ermöglichen eine hohe Spezialisierung. Sind die Umwelten dagegen dynamisch, Produkte und Produktionsverfahren schnelllebig, so führt ein hoher Spezialisierungsgrad zu hohen Kosten und Reibungsverlusten bei den häufig erforderlichen Anpassungsmaßnahmen.
- Niedrig qualifizierte Mitarbeiter erzwingen förmlich eine hohe Spezialisierung, hochqualifizierte Mitarbeiter sind dagegen bei einem hohen Spezialisierungsgrad suboptimal eingesetzt und werden unterfordert (mit demotivatorischen Wirkungen).

Den Zusammenhang zwischen Spezialisierung und Wirtschaftlichkeit zeigt Abbildung 8.

Die Spezialisierung spiegelt sich in der Stellen- und Abteilungsbildung wieder.

3. Organisationsvariablen

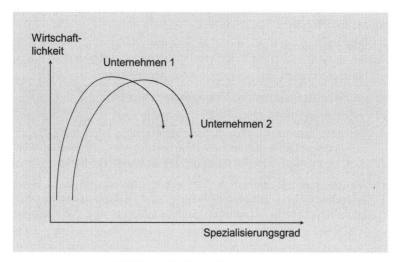

Abbildung 8: Spezialisierungsgrad

Stellen sind die kleinsten selbstständig handelnden organisatorischen Einheiten. Sie entstehen durch die dauerhafte Zuordnung von Teilaufgaben zu einem gedachten Aufgabenträger, sind also in der Regel unabhängig von konkreten Personen (vgl. z.B. Bühner 1996, Thom 1992). Bei der Stellenbildung ist regelmäßig eine Aufteilung der von der Stelle zu erfüllenden Aufgaben auf den Aufgabenträger Mensch und die den Menschen unterstützenden Sachmittel (im Wesentlichen Fertigungstechnologie und Informationstechnologie) vorzunehmen. Die Stellenbildung wird insoweit stark durch die verfügbaren und für zweckmäßig gehaltenen Technologien bestimmt. Durch zunehmende Automatisierung können Teilaufgaben, die zuvor durch Menschen oder Mensch-Maschine-Kombinationen wahrgenommen wurden, vollständig auf Maschinen übertragen werden. Rein theoretisch kann eine Stelle deshalb auch ausschließlich aus einem Sachmittel bestehen.

Für die **Stellenbildung** gelten folgende Regeln:

- Die einer Stelle zugeordneten Aufgaben müssen von den für die Stellenart vorgesehenen Mitarbeitern auch erfüllbar sein. Insoweit muss bei der Stellenbildung die Qualifikation des (im Unternehmen oder am Arbeitsmarkt) vorhandenen Personals bereits berücksichtigt werden.

- Die Stellen müssen so gebildet werden, dass die Koordination der Stellen mit vertretbarem Aufwand möglich ist.

- Aufgaben, Kompetenzen und Verantwortung einer Stelle müssen übereinstimmen (Kongruenzprinzip).

3.1 Spezialisierung

Als **Abteilungen** werden alle organisatorischen Einheiten bezeichnet, die mehr als eine Stelle umfassen und die über eine eigene Leitungsstelle (Instanz) verfügen und zwar unabhängig von der konkreten Bezeichnung (als Gruppe, Abteilung, Bereich etc.) und der hierarchischen Einordnung dieser Organisationseinheiten. Anlass für die Abteilungsbildung ist primär eine wachstumsinduzierte Überforderung der Leitungskapazität eines Unternehmens. Ab einer bestimmten Unternehmensgröße reicht die Kapazität der Unternehmensleitung nicht mehr aus, um die gewachsene Zahl an Stellen zu koordinieren. Es werden daher Abteilungen eingerichtet, die gleichartige Stellen unter eigenen, der Unternehmensleitung nachgeordneten Instanzen zusammenfassen. Damit entsteht eine zusätzliche Hierarchieebene.

Durch die **Abteilungsbildung** entstehen unterschiedliche **Stellenarten** (vgl. Bühner 1996):

- **Instanzen** (synonym: **Leitungsstellen**) sind Stellen, die Leitungsaufgaben übernehmen und mit der Befugnis ausgestattet sind, nachgeordneten Stellen Weisungen zu erteilen. Instanzen sind Linienstellen. Die Gesamtheit aller Instanzen bildet die Unternehmensleitung.

- **Ausführungsstellen** sind Stellen auf der untersten Hierarchieebene, die anderen Stellen keine Weisungen erteilen können. Ausführungsstellen sind Linienstellen.

- **Stäbe** dienen als **Leitungshilfsstellen** der Unterstützung der Instanzen. Sie übernehmen anspruchsvolle, dauerhafte Aufgaben in den Bereichen Entscheidungsvorbereitung, Kontrolle und Administration. Stäbe verfügen über keine Weisungsbefugnisse gegenüber Linienstellen. Stabsmitarbeiter sind im Allgemeinen Spezialisten in ihrem Arbeitsgebiet.

- **Assistentenstellen** sind wie Stäbe Leitungshilfsstellen, übernehmen aber im Zeitablauf wechselnde Aufgaben. Die Assistententätigkeit erfordert eine generalistische Qualifikation. Assistentenstellen verfügen über keine eigenen Weisungsbefugnisse.

Die **Abteilungsbildung** (vgl. Kieser 1992) soll so erfolgen, dass Aufgaben mit hoher Interdependenz zusammengefasst werden, um so den Koordinationsbedarf zwischen den Abteilungen möglichst gering zu halten. Gleichzeitig werden möglichst wesensgleiche Aufgaben zu Abteilungen zusammengefasst, um die Instanz fachlich nicht zu überfordern. Die Abteilungsbildung sollte darüber hinaus die kritischen Erfolgsfaktoren (z.B. Kundenorientierung vs. Produktorientierung oder Orientierung an den Regionen) auf einer möglichst hohen Hierarchieebene zum Ausdruck bringen und gleichzeitig eine effiziente Ressourcennutzung ermöglichen.

3. Organisationsvariablen

Generell gilt, dass die Abteilungen in sich möglichst homogen und untereinander möglichst heterogen sein sollten. Die für die Abteilungsbildung verwendeten Methoden und Modelle (z.B. Transaktionskostenansatz, kommunikationsorientierte Abteilungsbildung, Verfahren der mehrdimensionalen Skalierung) sind allerdings praktisch und theoretisch unbefriedigend. Die Abteilungsbildung muss daher letztlich unter Einsatz des gesunden Menschenverstandes vorgenommen werden.

Übung 1: Spezialisierung

Ein Beratungsunternehmen mit rund 150 Beratern beklagt sich über hohe Durchlaufzeiten, hohe Fehlerquoten und uneinheitliches Layout der von den eigenen Sekretariaten erstellten Berichte und Präsentationen. Termintreue, kurze Durchlaufzeiten, Fehlerfreiheit und Layout der Schriftstücke sind aufgrund der Art des Geschäftes wesentlicher Erfolgsfaktor am Markt.

Die Sekretariate sind derzeit einzelnen Abteilungen mit unterschiedlichen Beratungsschwerpunkten zugeordnet. Neben den Schreibarbeiten nehmen die Sekretärinnen während der (häufigen) Abwesenheit der Berater eingehende Telefonanrufe entgegen und organisieren in vergleichsweise geringem Umfang Dienstreisen und Besprechungen.

Eine über einen „repräsentativen" Zeitraum von einem Monat durchgeführte Aktivitätenanalyse zeigt folgendes Tätigkeitsprofil für den „durchschnittlichen" Sekretariatsarbeitsplatz an einem „durchschnittlichen" Tag:

Aktivität	Aktivitäten/Tag	Zeitbedarf/ME	Zeitbedarf gesamt
Berichte schreiben	15 S.	6 min/S.	90 min
Berichte korrigieren	15 S.	2 min/S.	30 min
Präsentationen schreiben	5 S.	18 min/S.	90 min
Präsentationen korrigieren	5 S.	6 min/S.	30 min
Eingangstelefonate entgegennehmen	100 Stck.	2 min/Stck.	200 min
Sonstiges (Ablage, Kopieren u. Binden)			40 min
Gesamt			480 min

Abbildung 9: Aktivitätenübersicht Sekretariat

Die Leitung des Beratungsunternehmens ist sich darüber im Klaren, dass der Arbeitsanfall in den Sekretariaten sehr ungleichmäßig ist. Partielle Unterauslastung bei gleichzeitiger Überlastung anderer Sekretariate ist nicht selten.

3.1 Spezialisierung 19

Die Fachterminologie der einzelnen Beratungsabteilungen (z.B. Marketing, Informationstechnologie) ist extrem anspruchsvoll und unterscheidet sich zwischen den Abteilungen zum Teil erheblich.

In dem Unternehmen sind zur Zeit fünfzehn Sekretärinnen für fünf Abteilungen beschäftigt. Darüber hinaus verfügen die Leiter der Abteilungen jeweils über persönliche Sekretärinnen, die aber nicht in die Reorganisation einbezogen werden sollen.

Worin sehen Sie Problematiken dieses Tätigkeitsprofils (unabhängig davon, ob Sie die benötigten Zeiten je Mengeneinheit für angemessen halten)? Erarbeiten Sie alternative Vorschläge zur Spezialisierung (inklusive Stellen- und Abteilungsbildung) für den Sekretariatsbereich dieses Unternehmens. Mit welchen Konsequenzen wären diese verbunden? Geben Sie zusammenfassend eine Gestaltungsempfehlung.

Beispiellösung

Problemanalyse

- Einhundert eingehende Telefonate pro Tag bedeuten, dass im Durchschnitt alle fünf Minuten ein zweiminütiger Anruf erfolgt. Die Zeit für Berichtsschreibung und Präsentationserstellung besteht demnach aus fragmentierten Zeitblöcken. Konzentrationsmängel, hohe Fehlerquoten und Durchlaufzeiten sind die Folge dieser Tatsache.

- Das uneinheitliche Layout kann durch Schulungen und Standard-Layouts verhindert werden. Eine Veränderung der Spezialisierung ist insoweit nicht erforderlich.

- Die Zuordnung der Sekretariate zu den einzelnen Abteilungen erscheint sowohl im Hinblick auf die unterschiedliche Fachterminologie der Abteilungen als auch im Hinblick auf eine größtmögliche räumliche Nähe von Sekretariat und Beratern sinnvoll. Dagegen spricht der ungleichmäßige Arbeitsanfall für eine Zusammenfassung der Sekretariatsarbeitsplätze zu einer größeren Organisationseinheit. Hierdurch wäre eine bessere Ressourcennutzung möglich.

Alternative Gestaltungsmöglichkeiten

Das Hauptproblem besteht in der fehlenden Trennung von Schreib- und Telefondienst. Es erfolgt deshalb eine Spezialisierung nach Verrichtungen. 6 Sekretärinnen übernehmen den Telefondienst, die übrigen 9 Sekretärinnen schreiben und korrigieren nunmehr störungsfrei.

Folgende Möglichkeiten der Abteilungsbildung bestehen:

1. Die Sekretärinnen und Telefonistinnen bleiben weiterhin den Abteilungen zugeordnet. Durch die Spezialisierung können

die Schreibarbeiten nunmehr relativ ungestört vorgenommen werden. Die Vorteile der Ausrichtung auf die einzelne Abteilung (Kenntnis der jeweiligen Fachterminologie, Informiertheit über die Terminsituation und erhöhte Auskunftsbereitschaft gegenüber den Mandanten) bleiben erhalten. Nachteilig ist die gegenüber einer Zusammenfassung der Sekretariate ungünstigere Ressourcennutzung. Die Ressourcennutzung kann wegen zu erwartender Abteilungsegoismen nur begrenzt dadurch verbessert werden, dass die Sekretariate bei Unterauslastung Aufgaben anderer Sekretariate übernehmen müssen. Es wäre rein zufällig, wenn die Verteilung der verschiedenen Tätigkeitsarten in allen Abteilungen so wäre, dass jeweils eine ganzzahlige Anzahl von Sekretärinnen ausschließlich mit Telefon bzw. Schreibarbeiten beschäftigt werden könnte.

2. Die Sekretariate (bzw. Telefondienste) werden in einer eigenständigen Organisationseinheit Sekretariat (bzw. Telefondienst) mit eigener Instanz zusammengefasst. Hierdurch ist ein Kapazitätsausgleich besser möglich. Um der Problematik des ausreichenden Informationsflusses und der heterogenen Fachterminologie Rechnung zu tragen, müsste die Spezialisierung der Stellen so vorgenommen werden, dass sie primär für eine Beratungsabteilung zuständig sind und bei ungleichem Arbeitsanfall Aufgaben für eine andere Beratungsabteilung übernehmen. Es ergibt sich folgende Organisation:

Abbildung 10: Sekretariatsorganisation Alternative 2

Der Kapazitätsausgleich setzt jedoch eine räumliche Zusammenfassung der Sekretärinnen bzw. Telefonistinnen voraus. Aufgrund der räumlichen Entfernung zu den Beratungsabteilungen wird sich jedoch zwangsläufig ein Informations- und Flexibilitätsverlust ergeben. Zudem wird die Identifikation der Sekretärinnen bzw. Telefonistinnen mit den jeweiligen Beratungsabteilungen verringert.

3. Die Sekretariate und Telefondienste werden für 2 bzw. 3 räumlich benachbarte Abteilungen zusammengelegt und mit einer eigenen Instanz (die jedoch selbst Sekretariatsaufgaben

übernimmt) ausgestattet. Innerhalb der so gebildeten Gruppen sind die Sekretärinnen und Telefonistinnen primär für eine Abteilung zuständig, übernehmen aber bei Unterauslastung Aufgaben für die andere Abteilung. Hierdurch kann sowohl die Ressourcenauslastung verbessert werden als auch eine zufriedenstellende räumliche und fachliche Nähe zu den Beratungsabteilungen erreicht werden (vgl. Abbildung 11).

Abbildung 11: Sekretariatsorganisation Alternative 3

Zusammenfassend erscheint Lösung 3 bei gegebenem Informationsstand am ehesten geeignet. Die Qualität der Lösung müsste jedoch im konkreten Fall weiter analysiert werden. Sofern die Ziele Flexibilität und Service im Vordergrund stehen und die Effizienz der Ressourcennutzung von geringerem Gewicht ist, wäre Alternative 1 zu präferieren.

Übung 2: Spezialisierung

Wohnungsunternehmen besitzen größere Wohnungsbestände, die sie an Privatleute vermieten. Wesentliche Funktionen sind

- Neuvermietung (Inserate, Wohnungsbesichtigung mit den potentiellen Mietern, Mieterauswahl, Vertragsabschluß, Übergabe der Wohnung an den Mieter)
- Mietenberechnung, Mietänderungen, Mietminderungen
- Pflege der Stammdaten (Wohnungs- und Mieterstammdaten)
- Laufende Mieterbetreuung (Entgegennahme von Mieterbeschwerden, Veranlassung des weiteren Vorgehens, Abmahnung von Mietern, Durchführung von Kündigungen etc.)
- Einzug von Betriebskostenvorauszahlungen und Mieten, Pflege Mieterkonten (Mietenbuchhaltung), Mahn- und Klagewesen

3. Organisationsvariablen

- Jährliche mieterbezogene Abrechnung von Betriebskostenvorauszahlungen und angefallenen Betriebskosten, Festlegung künftiger Betriebskostenvorauszahlungen
- Instandhaltung.

Zwischen den Funktionen bestehen erhebliche Interdependenzen. Die Bearbeitung der einzelnen Funktionen erfordert funktionsspezifisches Wissen, das jedoch relativ leicht erworben werden kann, wenn ein Sachbearbeiter Standardfälle zu bearbeiten hat. Drei Wohnungsunternehmen seien durch folgende Situation gekennzeichnet:

Merkmal	Unternehmen A	Unternehmen B	Unternehmen C
Anzahl Wohnungen (WE)	10 000	10 000	1 500
Mitarbeiter	28	40	3
Mitarbeiterqualifikation	funktional gut	niedrig	funktionsübergreifend gut
Auszüge p.a.	300	1000	30
Mietänderungen wg. Sanierung und Modernisierung p.a.	20	800	10
Mietminderungen p.a.	40	1200	5
Neuvermietungen p.a.	300	800	30
Mieter mit Mietrückständen	1000	3000	50

Abbildung 12: Merkmale verschiedener Wohnungsunternehmen

Die genannten Vorgänge haben Auswirkungen auf folgende Funktionen:

Funktion \ Vorgang	Neuvermietung	Stammdatenpflege	Mietenberechnung	Mieterbetreuung	Mietenbuchhaltung	Betriebskostenabrechnung
Auszüge/ Neuvermietungen	X	X		X	X	X
Mietänderungen		X	X	X	X	
Mietminderungen		X	X	X	X	
Mietrückstände				X	X	X

Abbildung 13: Auswirkungen von Vorgängen auf Funktionsbereiche eines Wohnungsunternehmens

Die Abläufe in Unternehmen A und C sind eingespielt und weitgehend fehlerfrei, die Abläufe in Unternehmen B sind uneinheitlich, suboptimal und fehlerbehaftet.

Zeigen Sie mögliche Spezialisierungen mit den jeweiligen Vor- und Nachteilen und Anwendungsvoraussetzungen auf und diskutieren Sie die Eignung der verschiedenen Spezialisierungsmöglichkeiten für die dargestellten Modellunternehmen.

Beispiellösung

Mögliche Spezialisierungen

Möglich ist entweder eine Spezialisierung nach Verrichtungen oder eine Spezialisierung nach Objekten (Wohnungen). Bei der Spezialisierung nach Objekten sind zwei Formen möglich:

- die vollständige Übernahme aller Funktionen durch einen Mitarbeiter (integrierte Sachbearbeitung)

- oder die Übernahme eines definierten Wohnungsbestandes durch eine Gruppe von Mitarbeitern, wobei die einzelnen Mitarbeiter der Gruppe funktional spezialisiert sind.

Die Verrichtungsspezialisierung ermöglicht niedrigere Qualifikationsanforderungen, niedrigere Personalkosten und tendenziell höhere Leistungsmenge. Allerdings steigen Koordinationsbedarf, Transportbedarf, Handlingvorgänge, Übertragungsfehler und Durchlaufzeiten (insbesondere wenn die Vorgänge nicht mittels eines integrierten Workflow-Management-Systems gesteuert werden). Die Möglichkeiten zur Verrichtungsspezialisierung sind insbesondere in kleineren Unternehmen aufgrund der geringen Anzahl verfügbarer Mitarbeiter eingeschränkt (Ganzzahligkeitsproblematik, Vertretungsproblematik).

Die Objektspezialisierung führt dagegen zu höheren Qualifikationsanforderungen und Personalkosten, erleichtert jedoch die Koordination.

Die Wahl der Spezialisierungsart ist situationsabhängig.

- Bei niedrigem Koordinationsbedarf (geringe Interdependenzen zwischen Funktionen) und geringerer Mitarbeiterqualifikation ist eher eine Verrichtungsspezialisierung vorzuziehen.

- Bei hohem Koordinationsbedarf und hoher Qualifikation der Mitarbeiter ist eher die Objektspezialisierung geeignet.

Eignung der Gestaltungsalternativen für die Modellunternehmen

Unternehmen A ist im Vergleich zu Unternehmen B durch vergleichsweise geringe Fallzahlen funktionsinterdependenter Vorgänge gekennzeichnet. Der Koordinationsbedarf ist deshalb vergleichsweise niedrig. Die Mitarbeiter sind funktional gut ausgebildet. Die Mitarbeiterzahl ist ausreichend groß, um auch bei funktionaler Spezialisierung Vertretungsmöglichkeiten zu gewährleisten.

Die Koordination kann dadurch erleichtert werden, dass die Funktionsspezialisten jeweils für einen definierten Wohnungsbestand zuständig sind, der funktionsübergreifend nach den gleichen Kriterien abgegrenzt wird. Auf diese Weise läßt sich die Anzahl der Ansprechpartner in den anderen Funktionen verringern.

Unternehmen B ist demgegenüber durch sehr hohe Fallzahlen funktionsinterdependenter Vorgänge charakterisiert. Gleichzeitig ist die Qualifikation der Mitarbeiter niedrig und die Abläufe sind instabil und störanfällig, so dass bei einer funktionalen Spezialisierung erhebliche Koordinationsprobleme und hohe Fehlerraten zu erwarten sind.

Eine reine Objektspezialisierung in Form einer integrierten Sachbearbeitung würde die Mitarbeiter jedoch überfordern. Die Lösungsmöglichkeit besteht darin, objektorientierte Gruppen zu bilden, die einen definierten Wohnungsbestand bearbeiten. Innerhalb dieser Gruppen erfolgt dann eine Funktionsspezialisierung der einzelnen Mitarbeiter. Bei dieser Lösung wird die Koordination durch die organisatorische und räumliche Zusammenfassung der für einen Wohnungsbestand zuständigen Funktionsspezialisten erleichtert.

Unternehmen C weist eine geringe Anzahl funktionsinterdependenter Vorgänge bei guter funktionsübergreifender Qualifikation der Mitarbeiter auf. Die unter Koordinationsaspekten mögliche Verrichtungsspezialisierung ist wegen der guten Mitarbeiterqualifikation nicht empfehlenswert, da die Mitarbeiter in dieser Organisationsform suboptimal eingesetzt werden und unterfordert werden würden. Auf Dauer würde dies zu einem Verlust nicht genutzter Kenntnisse bei den Mitarbeitern führen. Wegen der geringen Mitarbeiterzahl würde dies auf Sicht auch die Vertretungsmöglichkeiten bei Urlaub oder Krankheit der Funktionsspezialisten einschränken. Es wird deshalb eine objektorientierte Organisation empfohlen, bei der jeder Mitarbeiter einen definierten Wohnungsbestand funktionsübergreifend bearbeitet.

3.2 Konfiguration

Konfiguration bezeichnet das äußere Bild des Stellen- und Abteilungsgefüges einer Organisation einschließlich der Informations- und Weisungswege. Die Konfiguration kann im Grundsatz aus Organigrammen abgelesen werden.

3.2 Konfiguration

Die Organisationsvariable Konfiguration umfasst im Einzelnen die Dimensionen

- Kontrollspanne, also die Zahl der von einer Instanz direkt zu führenden Stellen,
- die Gliederungstiefe, also die Anzahl der Hierarchieebenen einer Organisation und
- das Leitungssystem.

Die Spezialisierung der in Organigrammen enthaltenen Stellen und Abteilungen ist für die Konfiguration ohne Belang.

3.2.1 Kontrollspanne und Gliederungstiefe

Während in der älteren Organisationsliteratur von einer idealen Kontrollspanne ausgegangen wurde, nach der von einer Instanz idealerweise 6 bis 7 Mitarbeiter geführt werden können, wird heute die Auffassung vertreten, dass die Kontrollspanne situationsabhängig festgelegt werden muss. Dabei ist von folgenden Überlegungen auszugehen (vgl. Hill/Fehlbaum/Ulrich 1989):

- Im Zeitablauf stabile und einfache Aufgaben ermöglichen ein hohes Standardisierungspotential und erfordern in geringerem Maße Eingriffe der Instanz als häufig veränderliche und komplexe Aufgaben. Stabile und wenig komplexe Aufgaben erlauben somit eine höhere Kontrollspanne.

- Homogene Aufgaben der einer Instanz zugeordneten Stellen ermöglichen eine Spezialisierung der Instanz und erlauben somit eine höhere Kontrollspanne, als heterogene Aufgaben.

- Durch technische Koordinations- und Steuerungsmittel, also Pläne und Programme wird die Weisungsintensität der Instanz reduziert. Die Instanz kann also eine höhere Anzahl von Stellen führen, als wenn personale Koordinationsmittel (insbesondere persönliche Weisungen) vorherrschen.

- Professionalisierte Mitarbeiter können ihre Aufgaben weitgehend selbstständig erfüllen, ohne dass bei Routineaufgaben Eingriffe der Instanz erforderlich sind. Das Vorhandensein gut qualifizierter Mitarbeiter erhöht somit die realisierbare Kontrollspanne.

- Nicht zuletzt hängt die realisierbare Kontrollspanne auch von der Instanz ab. Je entlastender der realisierte Führungsstil und je besser die Qualifikation der Instanz ist, um so größer kann die Kontrollspanne sein.

Zwischen der Gliederungstiefe und der Kontrollspanne besteht ein unmittelbarer Zusammenhang. Je kleiner die realisierte Kontrollspanne ist, desto höher ist bei gleicher Größe der Organisation die erforderliche Anzahl der Hierarchieebenen.

Mit der Anzahl der Hierarchieebenen steigt die Anzahl der erforderlichen Instanzen sprunghaft an, was zu Kostensteigerungen führt. Gleichzeitig wird die Länge der Informations- und Weisungswege vergrößert, der Zeitbedarf für die Übermittlung von Informationen und Weisungen steigt. Eine Organisation mit höherer Gliederungstiefe kann somit weniger schnell auf Veränderungen der Umwelt reagieren, als eine Organisation mit flacherer Hierarchie, sie ist weniger flexibel.

Den Zusammenhang zwischen Kontrollspanne und Gliederungstiefe zeigt Abbildung 14.

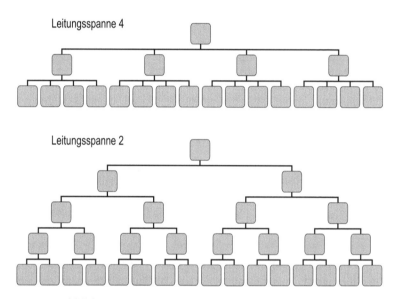

Abbildung 14: Kontrollspanne und Gliederungstiefe

3.2.2 Leitungssysteme

Als Leitungssystem wird das System der Informations- und Entscheidungswege in einer Organisation bezeichnet. Gebräuchliche Leitungssysteme sind das Einliniensystem, das Stab-Linien-System und das Mehrliniensystem.

Im **Einliniensystem** ist der Grundsatz der einheitlichen Auftragserteilung oberstes Gestaltungsprinzip. Jede Instanz kann nur direkt untergeordneten Instanzen oder Ausführungsstellen Weisungen erteilen. Auch ein Überspringen von Instanzen, durch Erteilung von Weisungen an Stellen, die einer Instanz nicht direkt sondern nur indirekt (über eine nachgeordnete Instanz) unterstellt sind, ist nicht zulässig. Der Informationsfluss (von „Oben nach Unten" und von „Unten nach Oben") erfolgt auf den selben

3.2 Konfiguration

Wegen, auf denen Weisungen erteilt werden. Das Leitungssystem hat die Form eines Instanzen- oder Dienstweges. Weisungen und Informationen fließen ausschließlich vertikal, Informationsflüsse und Abstimmprozesse außerhalb dieses Dienstweges sind grundsätzlich nicht vorgesehen.

Eine Ausnahme bildet die so genannte **Fayolsche Brücke**, nach der Abstimmungen zwischen nebeneinander gelagerten Stellen (auf beliebiger Ebene der Hierarchie) ausdrücklich zugelassen sind. Lediglich die diesen Stellen jeweils direkt übergeordneten Instanzen sind anschließend über das Ergebnis des Abstimmprozesses zu informieren. Zweck der Fayolschen Brücke ist die Entlastung der Instanzen.

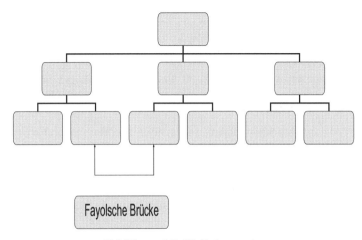

Abbildung 15: Einliniensystem

Die Gestaltung des Weisungsflusses im Einliniensystem stellt sicher, dass jede Stelle nur von einer, genau festgelegten Instanz Weisungen entgegennehmen muss. Auf diese Weise werden widersprüchliche Weisungen, die zu Irritation und im Gefolge zu Untätigkeit oder dysfunktionalem Verhalten des Weisungsempfängers führen können, vermieden.

Grundsätzlich hat das Einliniensystem jedoch den Nachteil, die Instanzen stark mit Informationsbeschaffungs- und -weiterleitungs- sowie Weisungsaufgaben zu belasten.

Dieser Nachteil wirkt sich um so stärker aus, je höher der durch persönliche Weisungen zu befriedigende Koordinationsbedarf ist. Dieser ist tendenziell hoch, wenn ein Unternehmen Funktional gegliedert ist (vgl. 4.1.1) und auf technokratische Koordinationsinstrumente wie Pläne und Programme (vgl. 3.4) nicht zurückgegriffen wird oder wegen geringer Vorhersehbarkeit der zu treffenden Entscheidungen nicht zurückgegriffen werden kann. Auch die Größe und Diversifikation des Unternehmens und die Komplexität und Dynamik seiner Umwelt sind mit dem Koordinationsbedarf positiv korreliert. Der Zeitbedarf für Informationssuche und -weitergabe steigt wie der Koordinationsbedarf mit der Größe und Diversifikation und der Komplexität und Dynamik der Umwelt eines Unternehmens.

Insbesondere in großen, diversifizierten Unternehmen mit komplexen und dynamischen Umwelten birgt das Einliniensystem somit die Gefahr der Überforderung der Instanzen, insbesondere der obersten Instanz. Hierdurch kann es zu Entscheidungsverzögerungen kommen, so dass die erforderlichen Anpassungsmaßnahmen der Unternehmung nicht rechtzeitig erfolgen.

Auch die Länge der Informations- und Weisungswege beeinflusst die Flexibilität der Unternehmung. Mit zunehmender Länge dieser Wege steigt der Zeitbedarf für die Informationsweitergabe, Informationen über Störungen erreichen die Instanzen zeitverzögert, die notwendigen Anpassungsentscheidungen erfolgen verzögert und werden mit weiterem Zeitverlust sukzessive von „Oben nach Unten" kommuniziert.

Trotz dieser grundsätzlichen, aber eher theoretischen Nachteile erfreut sich das Einliniensystem (bzw. seine Variante, das Stab-Linien-System) auch bei ungünstigen Situationsfaktoren in der Praxis weiter Verbreitung. Dies liegt daran, dass die dargestellten theoretischen Nachteile durch intensiven Einsatz von Plänen und Programmen deutlich reduziert werden können. Auch die Querabstimmung im Rahmen der Fayolschen Brücke wirkt sich in erheblichem Maße entlastend aus. Durch Einrichtung von Abstimmgremien lassen sich Informationsflüsse und Entscheidungswege erheblich beschleunigen. Schließlich führt auch die moderne Informationstechnologie zu einer verringerten Belastung durch Informationssuche und -verarbeitung und zu einer Beschleunigung der Informationsflüsse, so dass der grundsätzliche Mangel des Einliniensystems insgesamt beherrschbar ist.

Durch die Zuordnung von Stabsstellen zu Instanzen entsteht aus dem Einliniensystem ein **Stab-Liniensystem**. Die Stabsstellen dienen der Entlastung der Instanzen. Sie erheben Informationen, bewerten diese und bereiten Entscheidungen für die Instanz vor, verfügen aber formal über keinerlei eigene Weisungsbefugnisse. Tatsächlich kommt es durch den erheblichen Wissensvorsprung spezialisierter Stäbe zur so genannten faktischen Macht von Stäben. Diese besteht darin, dass der Entscheidungsvorschlag des Stabes häufig von der Instanz übernommen wird.

Im **Mehrliniensystem** wird der Grundsatz der einheitlichen Auftragserteilung aufgegeben. Eine Stelle kann nunmehr Weisungen von verschiedenen Instanzen erhalten, die nach unterschiedlichen Kriterien spezialisiert sind. Die Weisungsbefugnisse bezüglich einer Stelle liegen somit nicht wie im Einliniensystem in einer Hand, sie sind vielmehr auf verschiedene Instanzen mit verschiedenen Aufgaben aufgeteilt. Solche, auf die spezifische Aufgabe (oder Funktion) der jeweiligen Instanz beschränkte Weisungsbefugnisse nennt man funktionale Weisungsbefugnisse. Der Weisungsweg ergibt sich in Form eines Funktionenweges.

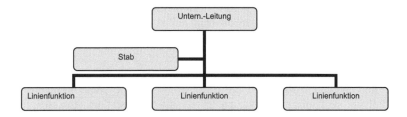

Abbildung 16: Stab-Linien-System

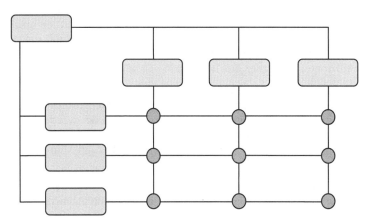

Abbildung 17: Mehrliniensystem

Zweck des Mehrliniensystems ist es, eine Stelle durch unterschiedlich spezialisierte Instanzen gleichzeitig nach mehreren Organisationsdimensionen (also z.B. Funktion, Objekt, Region) zu koordinieren. Damit können die Belange verschiedener Organisationsdimensionen simultan berücksichtigt werden, ohne dass eine Aufteilung der Ressourcen (beispielsweise durch Aufteilung der Funktionen einer Funktionalen Organisation auf neu gebildete Sparten, vgl. 4.1.1.1) notwendig wird. Durch die **Mehrfachun-**

terstellung unter spezialisierte Instanzen soll zusätzlich eine Verbesserung der Entscheidungs- und Weisungsqualität erreicht werden.

Dem angestrebten Zweck stehen jedoch verschiedene Gefahren der Mehrfachunterstellung gegenüber. Erhält eine Stelle widersprüchliche Weisungen von verschiedenen Instanzen, so besteht die Gefahr fehlerhaften Verhaltens dieser Stelle. Dauerhaft widersprüchliche Weisungen können schließlich zu Anarchie führen. Darüber hinaus besteht die Gefahr, dass es zwischen den Instanzen zu Kompetenzstreitigkeiten und kontraproduktiven Konflikten kommt oder dass Scheinprobleme gelöst werden, um Konflikten aus dem Wege zu gehen. Hieraus können erhebliche Entscheidungsverzögerungen resultieren.

Den Problemen einer Mehrfachunterstellung kann auf verschiedenen Wegen entgangen werden. So kann die Mehrfachunterstellung auf höhere Instanzen beschränkt werden, um durch höhere Qualifikation von Weisungsgebern und Weisungsempfängern die Risiken widersprüchlicher Weisungen zu verringern. Durch exakte Festlegung und Formalisierung der Kompetenzen der jeweiligen Instanzen kann die Gefahr von Kompetenzstreitigkeiten verringert werden. Eine gleichartige Wirkung erzielt eine Regelung, die einer der Instanzen eine höhere Entscheidungskompetenz zuspricht. Das Konfliktpotential kann darüber hinaus dadurch verringert werden, dass die Doppelunterstellung auf wesentliche Entscheidungen beschränkt wird und Routineentscheidungen von einer der Instanzen getroffen werden.

Zusätzlich können dysfunktionale Wirkungen des Mehrliniensystems dadurch begrenzt werden, dass Mehrfachunterstellungen auf wenige Bereiche der Organisation beschränkt werden. Hierdurch entstehen Mischformen aus Ein- und Mehrliniensystem. Nicht zuletzt wird die personelle Weisungsbefugnis im Mehrliniensystem nur einer Instanz zugeordnet.

Eine Grundvoraussetzung für funktionierende Mehrliniensysteme ist jedoch zweifelsohne eine ausgeprägte Organisationskultur.

Übung 3: Kontrollspanne

In einem Unternehmen wird die Frage der Angemessenheit der Kontrollspannen in verschiedenen Abteilungen diskutiert.

In der **Kreditorenbuchhaltung** werden bereits kontierte Lieferantenrechnungen erfasst, Lieferantenstammdaten angelegt und die Lieferantenkonten gepflegt. Der Arbeitsablauf ist für alle Mitarbeiter gleich, relativ einfach, hochgradig standardisiert und wird mit Hilfe eines Workflow-Management-Systems systemseits vorgege-

3.2 Konfiguration

ben. Die Fehlerquote ist gering, auftretende Fehler haben nur geringe Auswirkungen. Der Abteilungsleiter ist fachlich und persönlich hervorragend für seine Aufgabe qualifiziert. Die Mitarbeiter sind ausgebildete Buchhalter mit langjähriger Erfahrung in der Kreditorenbuchhaltung.

Die Abteilung **Marketing** ist durch ein sehr heterogenes, komplexes und anspruchsvolles Aufgabenspektrum (Werbung, Öffentlichkeitsarbeit, Produktgestaltung, Planung von Neuprodukteinführung und Produktelimination, Preisgestaltung, Marketingplanung) gekennzeichnet. Zur Unterstützung der Aufgabendurchführung steht ein hochmodernes Marketinginformationssystem zur Verfügung, das neben einer umfassenden Datenbasis auch eine umfangreiche Modell- und Methodendatenbank umfasst. Gleichwohl können bei der Anwendung dieses Systems (beispielsweise bei der Auswahl der verwendeten Marketingmodelle und der benützten Daten) erhebliche Fehler gemacht werden. Eventuelle Fehler der Mitarbeiter sind für die Führungskräfte nicht ohne weiteres erkennbar, können aber im Extremfall unternehmensgefährdende Folgen haben. Der Abteilungsleiter verfügt über langjährige Berufserfahrung mit Schwerpunkt im Bereich der Werbung, gilt jedoch (auch im Umgang mit Mitarbeitern) als exzentrisch. Die Mitarbeiter verfügen überwiegend über einen einschlägigen Hochschulabschluss, aber nur zum Teil über längere Berufspraxis. Sie sind funktional spezialisiert, durchgängig hochmotiviert, zum Teil aber auch sehr konfliktbereit.

Im **Verkaufsinnendienst** des Unternehmens werden Kundenanfragen bearbeitet und kundenindividuelle Angebote erstellt. Hierzu werden Preise ermittelt, Liefertermine geklärt und teilweise auch technische Klärungen vorgenommen. Die Abläufe sind teilweise EDV-gestützt (Musterbriefe, Preisdateien, Kalkulationsschemata, Zugriff auf Lagerbestandsdaten und geplante Fertigungsaufträge), aber nicht in einen integrierten Workflow eingebunden. Die Fehlerhäufigkeit (z.B. fehlerhafte Kalkulationen) ist relativ gering, auftretende Fehler sind hinsichtlich der finanziellen Auswirkungen begrenzt, können aber (z.B. bei Lieferterminverzögerungen) negative Auswirkungen auf die Kundenzufriedenheit haben. Die Sachbearbeiter des Verkaufsinnendienstes verfügen auf der Basis einer kaufmännischen Lehre über unterschiedlich lange (teils sehr kurze) Erfahrungen in der Abteilung. Der Leiter des Verkaufsinnendienstes ist fachlich und hinsichtlich seiner Führungsqualitäten nicht unumstritten, mehrere Versuche, die Position neu zu besetzen, sind jedoch an den Gehaltsvorstellungen der Bewerber gescheitert.

Beurteilen Sie den Umfang der in den verschiedenen Abteilungen realisierbaren Kontrollspanne vergleichend. Begründen Sie Ihre Meinung.

Beispiellösung

In der **Kreditorenbuchhaltung** sprechen die Homogenität und Standardisiertheit der Aufgaben, die Qualifikation des Abteilungsleiters und der Mitarbeiter und die geringe Fehlerhäufigkeit und das geringe Schadenspotential bei eintretenden Fehlern für eine relativ hohe Kontrollspanne.

In der **Marketingabteilung** sprechen die Heterogenität und Komplexität der Aufgaben sowie die funktionale Spezialisierung der Mitarbeiter zunächst für eine niedrigere Kontrollspanne. Die Notwendigkeit einer niedrigeren Kontrollspanne wird durch die nicht umfassende fachliche Qualifikation und möglicherweise eingeschränkte Führungsqualifikation des Abteilungsleiters verstärkt. Auch die hohe Konfliktbereitschaft der Mitarbeiter führt zu einer erheblichen Belastung der Führungskräfte und verdeutlicht die Erfordernis einer niedrigen Kontrollspanne. Die potenziell unternehmensgefährdenden Folgen fehlerhafter Entscheidungen im Marketing (bei durchaus vorhandenen Fehlerquellen) erzwingen letztlich eine niedrige Kontrollspanne.

Die Homogenität der Aufgaben im **Verkaufsinnendienst** des Unternehmens lässt zunächst eine höhere Kontrollspanne zu. Die relativ geringe Fehlerquote und die im Vergleich zum Marketing begrenzten Auswirkungen von Fehlern sprechen für eine höhere bis mittlere Kontrollspanne. Unter Berücksichtigung der zum Teil geringen Berufserfahrung der Geführten sowie der nicht unumstrittenen fachlichen und persönlichen Qualifikation des Abteilungsleiters erscheint insgesamt eine mittlere Kontrollspanne geboten.

Die Kontrollspanne in der Kreditorenbuchhaltung könnte damit beispielsweise dreißig Mitarbeiter betragen, die des Verkaufsinnendienstes fünfzehn Mitarbeiter und die des Marketing zehn Mitarbeiter

3.3 Delegation

Als Delegation wird die Übertragung von Entscheidungs- und Weisungsbefugnissen an nachgeordnete Organisationseinheiten verstanden. **Entscheidungsbefugnis** ist das Recht, nach Innen oder Aussen für die Organisation verbindliche Festlegungen zu treffen. **Weisungsbefugnis** ist das Recht, anderen Organisationsmitgliedern verbindliche Weisungen zu erteilen. Dabei geht einer Weisung stets eine Entscheidung voraus (vgl. z.B. Hill/Fehlbaum/Ulrich 1989, Kieser/Kubicek 1992, Steinle 1992).

Die Delegation geht in unserer Rechtsordnung von den Kapitaleignern eines Unternehmens aus, die das Direktionsrecht gegen-

3.3 Delegation

über den im Unternehmen Beschäftigten und das Verfügungsrecht über das Vermögen der Organisation besitzen. Sie delegierten diese Rechte (bzw. Teile davon) an die mit der Führung der Geschäfte betrauten Organe, also z.b. den Vorstand einer AG oder die Geschäftsführung einer GmbH. Diese Organe delegieren wiederum Teile der auf sie übertragenen Kompetenzen auf nachrangige Organisationseinheiten. Dabei gilt der Grundsatz, dass niemand mehr Befugnisse auf andere delegieren kann, als er selbst besitzt.

Für die Delegation gilt das Prinzip, dass jede Entscheidung von der rangniedrigsten Stelle getroffen werden sollte, die die dazu erforderliche Qualifikation besitzt und über die notwendigen Informationen und den erforderlichen Überblick verfügt. Diese Regel wird **Subsidiaritätsprinzip** genannt. Die Einhaltung des Subsidiaritätsprinzips ermöglicht einerseits eine Entlastung ranghöherer Stellen von Aufgaben, die auch von nachgeordneten Stellen erledigt werden können und führt andererseits dazu, dass die Potentiale der Mitarbeiter so weit als möglich genutzt werden. Zugleich werden Motivation und berufliche Entwicklung der Mitarbeiter gefördert.

Zusätzlich gilt es bei der Delegation auch das **Kongruenzprinzip** zu beachten: Jeder Stelle sind diejenigen Entscheidungs- und Weisungsbefugnisse zuzuordnen, die sie zur Erfüllung ihrer Aufgaben benötigt.

Die Delegation führt zwangsläufig zur Frage der Verantwortlichkeit des Delegierenden für Fehler seiner Untergebenen. Offensichtlich ist, dass der Delegierende für die Richtigkeit der von ihm getroffenen Entscheidungen und die Klarheit und Verständlichkeit der hierauf beruhenden Weisungen verantwortlich ist. Darüber hinaus ist der Delegierende verpflichtet, durch ausreichende Kontrolle die richtige Umsetzung seiner Weisungen durch seine Untergebenen zu überwachen. Falls dennoch Fehler geschehen, sind diese dem Vorgesetzten zunächst nicht anzulasten. Allerdings ist dies nur auf Fehler mit vergleichsweise geringer Auswirkung und Häufigkeit anzuwenden. Bei Fehlern mit erheblichen Auswirkungen (also z.B. hohen Vermögensschäden für die Organisation oder wesentlichen Beeinträchtigungen der Umwelt) wird in der Praxis meist davon ausgegangen, dass der Delegierende seiner Organisations- und Aufsichtspflicht nicht in ausreichendem Maße nachgekommen ist – der Fehler wäre ansonsten nicht aufgetreten.

Der Umfang der Delegation ist um so höher, je mehr Kompetenzen die rangniedrigeren Stellen einer Organisation besitzen. Der **Delegationsumfang** wird tendenziell um so höher sein,

- je höher die Qualifikation der nachgeordneten Stellen ist,

- je geringer die mit einer bestimmten Art von Entscheidung verbundenen Risiken sind,
- je häufiger und gleichförmiger (und damit standardisierbarer) bestimmte Arten von Entscheidungen sind,
- oder je mehr die zu treffende Entscheidung spezifisches Know-How und spezifische Informationen erfordert, über die nur nachrangige Instanzen verfügen,
- je höher die Belastung der delegierenden Instanz ist,
- je geringer die relativen Anspruchsniveaus an die Zielerreichung sind
- und je höher die Delegationsbereitschaft der Instanz ist.

Übung 4: Delegation

In einem Industrieunternehmen werden rund 4 000 unterschiedliche Materialien (Zeichnungsteile, Normteile) beschafft. Insgesamt finden rund 12 000 Beschaffungsvorgänge p.a. statt. Nach dem altersbedingten Ausscheiden des bisherigen, sehr kontrollorientierten Abteilungsleiters hat der neue Leiter der Einkaufsabteilung nach kurzer Zeit den Eindruck, dass er zu sehr mit administrativen Routinevorgängen belastet ist.

Entsprechend der geltenden Organisationsanweisungen gilt für alle Bestellvorgänge folgende Aufgabenteilung zwischen Sachbearbeitern und Gruppenleitern des Einkaufs einerseits und dem Abteilungsleiter andererseits:

Sachbearbeiter/Gruppenleiter:

- Vorbereitung der Auftragsvergabe (Lieferantenauswahl, Bemusterung, Klärung Preis- und Konditionen, Festlegung Bestellmenge und Liefertermin, Vorbereitung Auftragsschreiben)
- Bestellverfolgung bei zeitkritischen Bestellungen oder Lieferanten mit geringer Termintreue

Abteilungsleiter:

- Vergabeentscheidung und Unterschrift bis zu einem Bestellwert von 50 000,00 € (darüber Unterschrift zusammen mit einem Geschäftsführer; bei Beträgen über 200 000,00 € Unterschrift beider Geschäftsführer)
- Freigabe aller von der Rechnungsprüfungsstelle sachlich und rechnerisch geprüften Rechnungen.

Die Gruppenleiter sind qualifizierte Facheinkäufer und langjährige Mitarbeiter der Firma; die Einkäufer verfügen über geringere Berufserfahrung, sind aber qualifiziert und zuverlässig.

3.3 Delegation

1. Diskutieren Sie die Problematik dieses Delegationsumfanges.
2. Entwickeln Sie alternative Vorschläge für eine Neuregelung der Delegation, wenn Ihnen zusätzlich die in Abbildung 18 enthaltenen Daten bekannt sind.

Bestellarten	Anzahl Bestellungen	Bestellwert/Bestellung (€)
Routinebestellungen Bis 250,00 €	9 000	110,00
250,01 bis 1 000,00 €	1 000	780,00
1 000,01 bis 10 000,00 €	700	6 500,00
Über 10 000,00 €	500	65 000,00
Bestellungen mit höherem Schwierigkeitsgrad (Neuteile, neue Lieferanten, neue Produkte)	800	1 000,00

Abbildung 18: Bestellvolumen in einer Einkaufsabteilung

3. Wie kann der Abteilungsleiter auch nach der Erhöhung des Delegationsumfanges seiner Verantwortung für die gesamte Abteilung nachkommen?

Beispiellösung

Der bestehende Delegationsumfang weist folgende Problematik auf:

- Einkäufer und Gruppenleiter haben keine Kompetenzen, damit besteht das Risiko fehlender Motivation, der Verkümmerung/Nichtentwicklung von Fähigkeiten, sowie mangelnder Verantwortungsübernahme.

- Der Leiter der Einkaufsabteilung ist zu stark mit Routineaufgaben belastet. Damit besteht das Risiko mangelnder Mitarbeiterführung und zu geringer Beschäftigung mit Marketingaufgaben (z.B. Lieferantenauswahl und -entwicklung, Zusammenarbeit mit der Forschung und Entwicklung bei Neuprodukten).

- Durch Überlastung des Abteilungsleiters kann es zu Entscheidungsverzögerungen kommen.

- Bei Abwesenheit des Einkaufsleiters werden Bestellungen verzögert ausgeführt.

Die mengen- und wertmäßige Konzentration der einzelnen Bestellungen in bestimmten Wertklassen kann durch eine so genannte ABC-Analyse (vgl. hierzu 5.4.3) deutlich gemacht werden. Hierzu werden den kumulierten Bestellmengen die kumulierten Bestellwerte gegenübergestellt. Die Bestellungen in den einzelnen Wertklassen werden mit Hilfe dieser Daten mit den Buchstaben A, B oder C klassifiziert.

Diese Klassifikation besagt folgendes:

- A-Klassifikation:
  Die Bestellungen dieser Kategorie haben bei geringem Anteil an der Anzahl der Bestellungen den überwiegenden Anteil am gesamten Bestellwert
- B-Klassifikation:
  Die Bestellungen dieser Kategorie haben bei mittlerem Anteil an der Anzahl der Bestellungen einen mittleren Anteil am gesamten Bestellwert
- C-Klassifikation:
  Die Bestellungen dieser Kategorie haben bei überwiegendem Anteil an der Anzahl der Bestellungen einen unbedeutenden Anteil am gesamten Bestellwert.

Vorgänge der Kategorie A werden wegen ihrer höheren wertmäßigen Bedeutung grundsätzlich mit höherer Sorgfalt bearbeitet, als Vorgänge der Kategorien B oder C. Auch Vorgänge mit besonderer Schwierigkeit werden im Allgemeinen mit besonderer Sorgfalt behandelt. Die Bestellungen mit höherem Schwierigkeitsgrad wurden deshalb in der nachfolgenden Tabelle in die Kategorie A eingeordnet.

Bestellarten	Bestellungen (% kum.)	Bestellwert (Tsd. €)	Bestellwert (% kum.)	A B C
Routinebestellungen bis 250,00 €	75,0	990	2,5	C
250,01 bis 1 000,00 €	83,3	780	4,5	C
1 000,01 bis 10 000,00 €	89,2	4.550	16,0	B
Über 10 000,00 €	93,3	32.500	98,0	A
Bestellungen mit höherem Schwierigkeitsgrad (Neuteile, neue Lieferanten, neue Produkte)	100,0	800	100,0	A

Abbildung 19: ABC-Analyse des Bestellvolumens einer Einkaufsabteilung

Die Tabelle zeigt, dass 83 % der Bestellungen lediglich 5% des Bestellwertes verursachen. Diese Bestellungen sind gleichzeitig

Routinebestellungen. Damit wird deutlich, dass ein wesentlich größerer Delegationsumfang im Bereich der Routinebestellungen zu einer drastischen mengenmäßigen Entlastung des Abteilungsleiters führt, ohne dass hierdurch wertmäßig bedeutsame Risiken in Kauf genommen werden müssen. Gleichzeitig würde durch eine umfangreichere Delegation die Motivation und Verantwortungsbereitschaft von Gruppenleitern und Sachbearbeitern gefördert.

Exemplarisch könnte zukünftig folgender Delegationsumfang festgelegt werden:

- **Abteilungsleiter**: Routinebestellungen über 10 000,00 € und Bestellungen mit höherem Schwierigkeitsgrad

- **Gruppenleiter**: Routinebestellungen von 2 500,01 € bis 10 000,00 €

- **Sachbearbeiter**: Routinebestellungen bis 2 500,00 €.

Die Gesamtverantwortung des Abteilungsleiters bei erhöhtem Delegationsumfang kann durch folgende Maßnahmen sichergestellt werden:

- durch organisatorische Maßnahmen (bei Abweichen von den im Materialstammsatz hinterlegten Lieferanten, Preisen, Konditionen und Bestellmengen ist unabhängig vom Bestellbetrag die Unterschrift des Abteilungsleiters erforderlich)

- durch stichprobenweise Kontrolle einzelner Bestellvorgänge

- durch Maßnahmen der Innenrevision (Überprüfung der Einhaltung organisatorischer Regeln).

3.4 Koordination

In arbeitsteiligen Organisationen bestehen vielfältige Abhängigkeiten zwischen den verschiedenen Organisationseinheiten. So ist in Industrieunternehmen beispielsweise die Produktion auf Informationen über den erwarteten Absatz angewiesen, wenn sie marktgerecht produzieren will. Ebenso benötigt der Einkauf für eine bedarfsgerechte Materialbereitstellung Informationen über das geplante Produktionsprogramm. Der Absatz kann die geplanten Umsatzerlöse schließlich nur erzielen, wenn die zur Befriedigung der Kundenbedarfe notwendigen Güter in der richtigen Art, Qualität und Menge und zum richtigen Zeitpunkt von der Produktion bereitgestellt werden. Die Liste der Abhängigkeiten oder Interdependenzen läßt sich nahezu unbegrenzt fortsetzen.

Zur Bewältigung dieser Abhängigkeiten müssen die Aktivitäten aller Organisationsmitglieder so aufeinander abgestimmt werden, dass die Organisationsziele bestmöglich erreicht werden. Diesen Abstimmungsprozess nennt man Koordination.

Das Ausmaß der **Interdependenzen** nimmt mit der Größe einer Organisation und dem Spezialisierungsgrad zu. Darüber hinaus steigen die Abhängigkeiten auch mit zunehmendem Diversifikationsgrad eines Unternehmens. Je größer die Interdependenzen sind, desto größer ist auch der aus ihnen resultierende Koordinationsbedarf.

Zur Bewältigung der Interdependenzen können verschiedene **Koordinationsinstrumente**, wie persönliche Weisungen, Selbstabstimmung, Pläne, Standardisierung, etc. eingesetzt werden, die nachfolgend näher dargestellt werden.

Ein Unternehmen kann jedoch auch versuchen, das Ausmaß der bestehenden Abhängigkeiten zu verringern (vgl. Kieser/Kubicek 1992). So dient beispielsweise die Einrichtung von Material- und Fertigwarenlägern der Entkoppelung der Funktionen Beschaffung, Produktion und Absatz, die Einrichtung von Zwischenlägern in der Produktion der Entkoppelung verschiedener Fertigungsstufen.

Kleinere Unabgestimmtheiten in der Zusammenarbeit der Funktionen, beispielsweise durch nicht zeitgerechte Bereitstellung von Informationen, Materialien, Halbfabrikaten und Fertigwaren werden nun durch die Lagerbestände abgepuffert, ohne dass die Erreichung der Unternehmensziele grundlegend in Frage gestellt wird. Eine ähnliche Wirkung wie die Einrichtung von Lägern hat die Schaffung von Kapazitätspuffern. Auch hierdurch werden die Abhängigkeiten zwischen den Organisationseinheiten und damit der Koordinationsbedarf verringert.

Allerdings wird die **Verringerung des Koordinationsbedarfes** in beiden Fällen durch erhöhte Kosten erkauft. Auch durch eine Verringerung der Anspruchsniveaus (also z.B. der Akzeptanz einer niedrigeren Gewinnhöhe) läßt sich der Koordinationsbedarf verringern; kleinere Koordinationsmängel, die zu einer Verringerung des Zielerreichungsgrades führen, werden bewusst in Kauf genommen.

Die Koordinationsinstrumente werden in verschiedene Gruppen eingeteilt (vgl. Kieser/Kubicek 1992, ähnlich Schanz 1994):

- **personale Koordinationsinstrumente** (persönliche Weisungen, Selbstabstimmung)
- **technokratische Koordinationsinstrumente** (Pläne und Programme)
- **nicht-strukturelle Koordinationsinstrumente** (Unternehmenskultur, organisationsinterne Märkte, Rollen).

3.4 Koordination

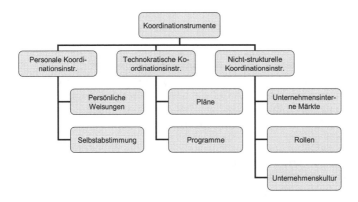

Abbildung 20: Koordinationsinstrumente

Bei der Koordination durch **persönliche Weisungen** erfolgt die Koordination durch die für einen bestimmten Bereich zuständige Instanz. Diese erteilt den Organisationseinheiten in ihrem Bereich Weisungen, die aufeinander abgestimmt sind. Dabei sind die Formen der Vorauskoordination und der Feedbackkoordination voneinander zu unterscheiden (vgl. Kieser/Kubicek 1992).

Bei der **Vorauskoordination** werden Weisungen erteilt, die auf ein abgestimmtes zukünftiges Handeln der Organisationsmitglieder gerichtet sind. Die auf höheren Hierarchieebenen zunächst noch relativ abstrakten Weisungen werden auf den nachfolgenden Hierarchieebenen zunehmend konkretisiert, bis sie auf Ausführungsebene schließlich in konkrete Handlungsanweisungen münden.

Bei der **Feedbackkoordination** erhält eine Instanz die Information, dass in ihrem Bereich ein Abstimmungsmangel vorliegt und versucht zunächst diesen mittels persönlicher Weisungen zu beheben. Falls dies nicht möglich ist, wird der Abstimmungsmangel an die nächsthöhere Instanz berichtet, die dann ihrerseits versucht, den Abstimmungsmangel zu beheben.

Die Koordination durch persönliche Weisungen stellt ein außerordentlich flexibles Koordinationsinstrument dar, da mit ihr auf beliebige Problemstellungen situationsgerecht und zeitnah reagiert werden kann. Sie führt allerdings zu einem hohen Kapazitätsbedarf für die Koordinationsleistungen der Instanzen und damit zu hohen Kosten durch einen entsprechend hohen Personalbedarf im Instanzenbereich.

Bei gegebener Instanzenkapazität kann der überwiegende Einsatz persönlicher Weisungen zur Überlastung der Instanz führen, was Entscheidungsverzögerungen und einen Verlust an Flexibilität zur Folge haben kann. Der Einsatz persönlicher Weisungen sollte deshalb auf die Fälle beschränkt werden, in denen dieses Instrument wegen hoher Flexibilitätsanforderungen tatsächlich notwendig ist.

Die **Koordination durch Selbstabstimmung** setzt auf eine direkte Abstimmung nebeneinandergelagerter Organisationseinheiten. Dabei werden die Fälle der Selbstabstimmung nach eigenem Ermessen, die themenspezifische Selbstabstimmung und die institutionalisierte Selbstabstimmung unterschieden (vgl. hierzu und nachfolgend Kieser/Kubicek 1992).

Bei der **Selbstabstimmung nach eigenem Ermessen** sind die Organisationsmitglieder verpflichtet, Sachverhalte, die sie für abstimmungsbedürftig halten, mit den relevanten anderen Organisationseinheiten abzustimmen. Diese Form der Selbstabstimmung setzt voraus, dass die Organisationsmitglieder ein ausreichendes Interesse an der Erreichung der Organisationsziele haben und in der Lage sind, abstimmungsrelevante Sachverhalte als solche zu identifizieren. Anderenfalls besteht die Gefahr, dass die notwendigen Abstimmungen unterbleiben.

Bei der **themenspezifischen Selbstabstimmung** werden den Organisationsmitgliedern kritische Sachverhalte vorgegeben, bei deren Eintreten eine Selbstabstimmung vorgenommen werden muss. Zugleich wird geregelt, wie der Abstimmprozess durchzuführen ist und wie Entscheidungen im Abstimmprozess zu treffen sind.

Es ist offensichtlich, dass das Risiko unterbleibender Abstimmungen gegenüber der Selbstabstimmung nach eigenem Ermessen deutlich verringert ist. Andererseits besteht jedoch die Problematik, dass gerade neuartige Fragestellungen nur schwer antizipiert werden können. Damit sind Sachverhalte, die in besonderem Maße Abstimmungen erfordern würden, mit hoher Wahrscheinlichkeit nicht in Katalogen mit abstimmungspflichtigen Sachverhalten enthalten.

Bei der **institutionalisierten Selbstabstimmung** werden Koordinationsorgane für spezifische Fragestellungen (z.B. die Einführung neuer Produkte) eingerichtet und Entscheidungsverfahren festgelegt.

Alle aufgeführten Verfahren der Selbstabstimmung entlasten die oberen Instanzen, führen jedoch auf niedrigeren Ebenen zu einem höheren Zeitbedarf für die Koordination, der allerdings durch Schulungen und Routinisierungsprozesse abgemildert werden kann.

Bei der **Standardisierung durch Programme** werden für häufige und gleich bleibende Prozesse die durchzuführenden Aktivitäten und deren Reihenfolge im Voraus, dauerhaft und allgemeingültig

3.4 Koordination

auf der Grundlage systematischer Untersuchungen festgelegt. Dabei sind drei Grade der Standardisierung zu unterscheiden (Hill/Fehlbaum/Ulrich 1989):

- bei der vollständigen Programmierung werden den Aufgabenträgern alle Aktivitäten vollständig und im Detail vorgegeben, es besteht kein Handlungsspielraum mehr

- bei der Rahmenprogrammierung wird eine vorgegebene Grundstruktur des Prozesses individuell ergänzt

- die Nichtprogrammierung verzichtet auf die Vorgabe von Prozessstrukturen und ermöglicht so eine vollständig individuelle Aufgabenbearbeitung.

Die Standardisierung zielt zunächst auf die systematische Auswahl und Festlegung eines „besten Weges" zur Durchführung eines Prozesses. Zugleich wird durch die häufige Wiederholung des standardisierten Prozesses eine effizienzsteigernde Routinisierung der Mitarbeiter erreicht. Standardisierung ist damit ein wesentliches Instrument einer systematischen **Rationalisierung**.

Weitere positive Folgen der Standardisierung sind die Verringerung des zur Koordination erforderlichen Informationsaustausches und die reduzierte Belastung der Instanzen. Die Standardisierung verringert zugleich die Unsicherheit der Mitarbeiter und reduziert subjektive Einflüsse auf ein Minimum, da die Art der Aufgabendurchführung präzise definiert ist. Darüber hinaus kann sich die Kontrolle der Aufgabendurchführung auf die Kontrolle der Einhaltung der Standards beschränken. Die Standardisierung ist wegen ihrer fehlervermeidenden Wirkungen in den letzten Jahren zu einem wesentlichen Instrument des **Qualitätsmanagement** geworden.

Anwendungsvoraussetzungen für die Standardisierung sind häufige und gleichförmige Prozesse, die im Zeitablauf stabil sind. Nur unter diesen Voraussetzungen kann der für die Standardisierung entstehende Aufwand amortisiert werden. Die Standardisierung ist zumeist eng mit bestimmten Technologien verbunden. So ermöglichte die Technologie der Fließfertigung die erhebliche Standardisierung in der Automobilproduktion zu Beginn der industriellen Fertigung. Zur Zeit tragen aktuelle Informations- und Kommunikationstechnologien, insbesondere so genannte Work-Flow-Management-Systeme erheblich zur Standardisierung informationsverarbeitender Prozesse im Büro bei. Ob im Einzelfall der Wunsch nach Standardisierung zur Entwicklung einer bestimmten Technologie führt, oder die Invention einer Technologie zu einem Standardisierungsprozess führt, kann dabei offen bleiben.

Neben den dargestellten positiven Wirkungen der Standardisierung bestehen jedoch auch Risiken. Ein zu hohes Maß an Standardisierung führt ähnlich wie ein zu hoher Spezialisierungsgrad zu einer Unterforderung der Mitarbeiter und einem Verkümmern ungenutzter (insbesondere geistiger) Fähigkeiten. Initiative und Motivation der Mitarbeiter nehmen ab, Qualität und Leistungsmenge sinken.

Ein zu hohes Maß an Standardisierung führt darüber hinaus zu einem Verlust an Flexibilität, der in dynamischeren Umwelten problematisch ist. Die Organisation wendet dann auch zur Bearbeitung neuartiger Sachverhalte starre Regeln an, die für diese Fragestellungen nicht oder nur unzureichend geeignet sind. Sofern in der Organisation das Muster verfestigt ist, dass sich Probleme am besten durch Standardisierung lösen lassen, wird die Organisation nun den Versuch unternehmen, den neuartigen Fragestellungen mit neuen, zusätzlichen Standards zu begegnen. Statt den Standardisierungsgrad zu verringern und damit die Flexibilität zu erhöhen, wird der Standardisierungsgrad sukzessive erhöht, es entsteht ein „Teufelskreis der Überstandardisierung".

Pläne enthalten Zielvorgaben für die Organisationsmitglieder, die für einen bestimmten, vorher definierten Zeitraum gültig sind. Sie werden in einem institutionalisierten Planungsprozess erarbeitet (Kieser/Kubicek 1992). Das Ausmaß der durch einen Plan zu erreichenden Koordinationswirkung ist um so größer, je konkreter und detaillierter der Plan ist. So ist die Koordinationswirkung einer pauschalen Umsatzplanung wesentlich geringer als die Wirkung einer produktbezogenen Absatz- und Umsatzplanung, aus der eine Produktionsplanung und nachfolgend eine Beschaffungsplanung abgeleitet wird. Pläne sind wesentlich flexibler als Programme, da sie zum einen nur für einen begrenzten Zeitraum gelten und zum anderen relativ leicht geändert werden können.

Unternehmensinterne Märkte (vgl. z.B. Frese 1998) erreichen eine Koordinationswirkung durch die Mechanismen von Angebot und Nachfrage. So werden für die Leistungen, die verschiedene Sparten eines Unternehmens voneinander beziehen, keine Mengenplanungen erstellt, es wird lediglich ein System von Verrechnungspreisen etabliert. Die Leistungsströme zwischen den verschiedenen Sparten ergeben sich dann im Rahmen von Vereinbarungen zwischen den Sparten, wobei die Höhe der Verrechnungspreise Angebot und Nachfrage steuert. Eine ähnliche Koordinationswirkung erzielen unternehmensinterne Kapitalmärkte, wobei der Zinssatz die Funktion des Verrechnungspreises erfüllt.

Die Koordinierungswirkung der **Unternehmenskultur** beruht auf den gleichartigen Werten, Normen, Handlungs- und Verhaltensmustern der Organisationsmitglieder, die von diesen im Verlaufe ihrer Mitgliedschaft in einer Organisation entwickelt und adaptiert werden. Organisationsmitglieder, die über ein ausgeprägtes gleichartiges Set von Werten, Normen, Handlungs- und Verhaltensmustern verfügen, werden sich in komplexen, schlecht vorhersehbaren Aufgaben, die arbeitsteilig bewältigt werden müssen, eher abgestimmt verhalten, als Individuen, die nur über ein schwach ausgeprägtes derartiges Set verfügen (vgl. Frese 1998).

Wegen der vergleichsweise wenig konkreten Koordinationswirkung der Unternehmenskultur ist ihre Anwendung als bevorzugtes Koordinationsinstrument auf komplexe Aufgabenstellungen mit hoher Ungewissheit in dynamischen Umwelten zu beschränken.

Rollen erzielen ihre Koordinationswirkung auf ähnliche Weise wie Unternehmenskultur. Allerdings werden hier im Rahmen von Ausbildungssystemen bestimmte Verhaltensweisen erworben, die dann sogar organisationsübergreifend eingesetzt werden.

Übung 5: Koordination

Unternehmen 1 ist ein großes Automobilunternehmen mit begrenzter Typenvielfalt. Allerdings bestehen zwischen den einzelnen Kraftfahrzeugen erhebliche Unterschiede (Motorisierung, Farbe, Ausstattungsvarianten) etc., die im Montageprozess und bei der Materialbereitstellung berücksichtigt werden müssen.

Auf der Grundlage erwarteter Absatzmengen werden Rahmenvereinbarungen mit den Lieferanten über die Beschaffungsmengen getroffen und die Produktionsmengen von Eigenfertigungsteilen abgeleitet. Die einzelnen Kundenbestellungen bilden die Basis für die Festlegung des Montageprogrammes. Die Lieferabrufe an die Lieferanten bzw. an die eigene Vorfertigung erfolgen mit einem Vorlauf von vierundzwanzig Stunden auf Basis des dann bereits feststehenden Montageprogrammes. Die Teile und Baugruppen werden zum richtigen Zeitpunkt an das Montageband gesteuert.

Unternehmen 2 ist ein Beratungsunternehmen. Die Beratungsleistung wird von kleinen Teams im unmittelbaren Kontakt mit den Mitarbeitern der Mandanten erbracht. Die Beratungssituationen sind komplex aber nicht exakt planbar; Aufgaben, Auftragsstörungen und Konflikte kommen auf die Berater häufig unerwartet zu. Die Vorgehensweisen zur Bearbeitung der Aufträge bzw. der in ihnen enthaltenen Teilaufgaben sind nur bis zu einem gewissen Grad ex ante definierbar. In den Angeboten werden allerdings die einzelnen Beratungsschritte, Mengengerüste, Soll-Ergebnisse der Beratungsschritte, Budget- und Zeitvorgaben detailliert dargestellt. Der Wiederholgrad gleichartiger Beratungsaufträge ist gering.

Die Beratungsteams bestehen i.d.R. aus einem ständig vor Ort anwesenden Projektleiter mit mindestens fünfjähriger Berufserfahrung und zwei bis drei jüngeren Beratern. Die Berater stehen üblicherweise dem Kunden alleine gegenüber. Für die Bearbeitung der Beratungsaufträge ist zudem ein erfahrener Partner zuständig, der jedoch nur selten vor Ort ist. Der Beratungserfolg ist in hohem Maße von der fachlichen und persönlichen Akzeptanz der Berater bei den Mandanten abhängig.

Stellen Sie dar, welche Koordinationsinstrumente in den Kernprozessen der beiden Unternehmen vorrangig zum Einsatz kommen und begründen Sie Ihre Einschätzung.

Beispiellösung

Unternehmen 1:

Der Leistungserstellungsprozess ist gleichförmig und bleibt über einen längeren Zeitraum (d.h. bis zum Auslaufen eines Modells) unverändert. Die einzelnen Aktivitäten sind durch hohen Wiederholgrad charakterisiert. Damit liegen die Voraussetzungen für eine Standardisierung vor. Gleichzeitig bestehen umfangreiche Erfahrungen mit der Technologie der Fließfertigung, die zur Standardisierung des Montageprozesses genutzt werden kann. Die Standardisierung eignet sich daher gut zur Koordination des Montageprozesses. Aufgrund verbesserter Ausbildung und gestiegener Erwartungen der Mitarbeiter werden den Mitarbeitern im Vergleich zum Taylorismus jedoch deutlich mehr Freiheitsgrade zugestanden.

Die Steuerung des Einkaufs und der eigenen Vorfertigung erfolgt auf der Grundlage von Plänen. Die Pläne werden auf der Basis erwarteter Absatzmengen zunächst grob erstellt (Rahmenplanung). Bei Vorlage der tatsächlichen Kundenbestellungen werden zeitgenaue Pläne für den Montageprozess und die Materialbereitstellung erstellt. Da der Ablauf der Planerstellung durch häufige Wiederholung und Gleichförmigkeit charakterisiert ist und über lange Zeiträume stabil bleibt, wird der Prozess der Planerstellung standardisiert. Dabei wird auf geeignete EDV-Programme zurückgegriffen.

Unternehmen 2:

Der Leistungserstellungsprozess ist nur grob planbar (Angebote mit Arbeitsschritten, Zeitplan, Kostenbudgets) und kaum standardisierbar/programmierbar (Vorgehensweisen nur bis zu gewissem Grad beschreibbar, geringer Wiederholgrad). Pläne, Standardisierung/Programmierung spielen deshalb nur eine geringe Rolle als Koordinationsinstrumente.

Grundlegende Weichenstellungen im Projektablauf erfolgen per Vorauskoordination durch den Projektleiter bzw. den Partner mittels persönlicher Weisungen. Auftretende Probleme (Auftragsstörungen, erkennbare Budgetüberschreitungen, schleichende Auftragsänderungen, nicht realisierbare Arbeitsergebnisse) die von den Mitarbeitern nicht gelöst werden können, werden durch Feed-Back-Koordination mittels persönlicher Weisungen behandelt. Die Mitarbeiter haben in diesen Fällen die Pflicht, den Projektleiter (bzw. dieser den Partner) zu informieren. Darüber hinaus erfolgt eine Koordination durch Projektleiter und Partner in Form eines periodischen Abfragens von Zwischenergebnissen, Zeit- und Budgetverbräuchen, Schwierigkeiten bei der Auftragsbearbeitung etc., mit anschließenden persönlichen Weisungen.

In der täglichen Arbeit sind die Berater auf sich allein gestellt. Um Akzeptanz zu erzielen, müssen sie kurzfristig im direkten Kundenkontakt Aussagen und Entscheidungen treffen. Die Aufgabenstellungen sind komplex und wenig überschaubar. Die Unternehmenskultur spielt deshalb eine wichtige Rolle als Koordinationsinstrument. Unterstützt wird die Koordinationswirkung der Unternehmenskultur durch verhaltensbezogene und fachliche Schulungen.

3.5 Formalisierung

Formalisierung umfasst die schriftliche Fixierung getroffener organisatorischer Regelungen (Strukturformalisierung), die Dokumentation des Informationsflusses (Aktenmäßigkeit) und den Einsatz einer schriftlichen Leistungsmessung und -beurteilung (Leistungsbeurteilung) (Kieser/Kubicek 1992).

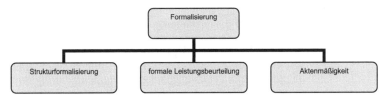

Abbildung 21: Instrumente der Formalisierung

Der Formalisierungsgrad eines Unternehmens ist um so höher, je intensiver diese Instrumente eingesetzt werden. Nachfolgend werden Strukturformalisierung und Aktenmäßigkeit weiter betrachtet.

Wesentliche Instrumente der **Strukturformalisierung** sind Geschäftsordnungen, Organigramme, Stellenbeschreibungen, Funktionendiagramme, Unterschriftenregelungen, Arbeitsablaufbeschreibungen und Ablaufdiagramme. Inhalte und Gestaltung dieser Instrumente werden in Kapitel 5.5.1 behandelt.

Nachteile der Strukturformalisierung sind:

- hohe Kosten für Erstellung und Pflege
- schnelle Überalterung und damit mangelnde Aktualität der getroffenen Regelungen
- unnötige Einschränkung der Freiheitsgrade der Mitarbeiter und dadurch Risiko einer eingeschränkten Nutzung der Mitarbeiterpotentiale sowie des Verlusts an Initiative und Motivation
- Behinderung des notwendigen organisationalen Wandels und Einschränkung der Flexibilität.

Dem stehen vielfältige Vorteile gegenüber:

- Strukturformalisierung erleichtert die Einarbeitung neuer Mitarbeiter und das Erlernen grundlegend neu gestalteter Organisationen. Sie ist bei radikalen Veränderungen der Organisation (z.B. im Rahmen eines Business-Reengineering) unverzichtbar.

- Strukturformalisierung erhöht die Transparenz der Organisation und erleichtert die Abstimmung verschiedener Organisationseinheiten.

- Die Routinisierung von Prozessen setzt im Allgemeinen deren schriftliche Fixierung voraus. Strukturformalisierung ist insoweit notwendige Voraussetzung, um die mit Standardisierung verbundenen Vorteile (insbesondere Fehlerreduzierung, Qualitätserhöhung, Steigerung der Leistungsmenge, Effizienzerhöhung) nutzen zu können.

- Die eindeutige schriftliche Fixierung der getroffenen organisatorischen Regelungen ist Voraussetzung dafür, dass deren Einhaltung ex post überprüft werden kann. Strukturformalisierung ist insoweit Voraussetzung jeglicher Innenrevision, die ihrerseits nicht nur eine fehleraufdeckende Wirkung sondern auch eine wesentliche generalpräventive Funktion gegen Untreuehandlungen (Betrug, Unterschlagung, sonstige Schädigung des Unternehmensvermögens) hat.

- Der Strukturformalisierung kommt darüber hinaus ein eigenständiges Gewicht im Rahmen der Organisationspflicht des Geschäftsherrn zu. Eine mangelhafte Strukturformalisierung kann bei spektakulären negativen Ereignissen zu der Frage führen, ob Vorstände oder Geschäftsführer dieser Organisationspflicht ausreichend nachgekommen sind.

3.5 Formalisierung

Gerade die beiden letzten Aspekte erhalten vor dem Hintergrund sich mehrender, spektakulärer (Beinahe-)Zusammenbrüche von Unternehmen und rapide ansteigender Wirtschaftskriminalität und der damit verbundenen intensiven Diskussion um die Kontrolle von Unternehmen zunehmende Bedeutung. Ein Mindestmaß an schriftlich fixierten organisatorischen Regelungen ist insoweit zwingend. Regelungen sind für alle Risikobereiche, insbesondere für geldnahe Bereiche, also z.b. den Einkauf, die Ausschreibung und Vergabe von Bauleistungen, den Finanzbereich und den Warenterminhandel zu treffen. Darüber hinaus erscheint es zweckmäßig, Regelungen in Bereichen mit hohen Haftungsrisiken sowie, zur Sicherstellung der Datenqualität, im Rechnungswesen schriftlich zu fixieren.

Im Hinblick auf die hohen Kosten der Strukturformalisierung und die potentiell entstehenden Flexibilitätsverluste sollte die Anwendung der Strukturformalisierung grundsätzlich auf das notwendige Maß beschränkt bleiben.

Eine über die genannten Risikobereiche hinaus gehende Strukturformalisierung kann im Zusammenhang mit der Standardisierung häufiger, gleichförmiger und langfristig gleich bleibender Prozesse zweckmäßig sein. Zusätzlich kann eine starke Personalfluktuation bei komplexen Abläufen sowie eine radikale Neuorganisation eine weit reichende Strukturformalisierung notwendig machen. Kleine, überschaubare Unternehmen, bei denen primär das Koordinationsinstrument der persönlichen Weisungen zum Einsatz kommt, haben dagegen im Allgemeinen keine hohe Notwendigkeit zur Strukturformalisierung.

Strukturformalisierung wird in der Praxis mit unterschiedlicher Intensität angewendet. Während manche Unternehmen umfassende Organisationshandbücher angelegt haben und diese laufend weiterentwickeln, besitzen andere Unternehmen lediglich ein Minimum schriftlich getroffener organisatorischer Regelungen (meist Geschäftsordnung und Unterschriftenregelung sowie Geschäftsanweisungen für kritische Bereiche), die häufig nicht mehr aktuell sind. Die unterschiedliche Handhabung der Strukturformalisierung ist dabei nicht nur auf unterschiedliche Unternehmenssituationen zurückzuführen, sondern stark von unterschiedlichen Einstellungen des Managements geprägt.

Auch hinsichtlich der **Aktenmäßigkeit** unterscheidet sich die Unternehmenspraxis erheblich. Manche Organisationen erstellen Gesprächsprotokolle über jedes interne und externe Gespräch, während andere Unternehmen nur das gesetzlich vorgeschriebene Mindestmaß an Unterlagen aufbewahren. Dies ist zum einen unterschiedlichen Einstellungen zur Aktenmäßigkeit geschuldet, hat zum anderen aber auch sachliche Gründe. Zunächst verringert eine hohe Aktenmäßigkeit die Effizienz. Sie vermindert aber gleichzeitig Risiken für die Organisation oder ihre Mitglieder, indem die mit Dritten getroffenen Vereinbarungen gerichtsfest dokumentiert werden. Die Aktenmäßigkeit ist deshalb zweckmäßigerweise um so höher, je risikobehafteter die Branche, das Unternehmen bzw. ein Geschäftsvorfall oder Vorgang ist.

Übung 6: Formalisierung

Unternehmen 1 ist ein kleines inhabergeführtes Unternehmen mit ca. 30 Mitarbeitern. Die Zuständigkeiten und Abläufe sind eingespielt, Zweifelsfragen werden (eher einmal zu oft als einmal zu wenig) an den Inhaber herangetragen und von diesem entschieden. Der Inhaber ist über Geschäftsablauf, Geschäftsverlauf und mögliche Risiken hervorragend informiert. Die Belegschaft besteht aus erfahrenen Mitarbeitern, die Fluktuation ist niedrig, für alle Stellen stehen eingearbeitete Vertreter bereit. Mit der Art des Geschäftes sind keine besonderen Haftungsrisiken (Produkthaftung, Umwelthaftung) verbunden.

Unternehmen 2 ist eine kleine, relativ neu gegründete Vertriebstochter eines ausländischen Herstellers von Unterhaltungselektronik. Die Abläufe sind zum Teil „chaotisch", die Fluktuation ist extrem hoch.

Unternehmen 3 ist ein großer Industriekonzern mit Geschäftsfeldern in Chemie und Pharmazie. Nach Durchführung einer Reengineering-Studie mit externem Benchmarking wurden die industriellen Kernprozesse radikal neu gestaltet.

Unternehmen 4 ist eine große Beratungsgesellschaft. Tätigkeiten mit hohem Wiederholgrad und gleichförmigem Ablauf liegen ausschließlich im administrativen Bereich. Der eigentliche Leistungserstellungsprozess ist von inhaltlich stark variierenden Aufträgen geprägt. Wesentlicher Erfolgsfaktor der Gesellschaft ist es, die Auftragsbearbeitung in höchstem Maße kundenindividuell zu gestalten; hierzu sind Mitarbeiter mit großem Erfahrungshintergrund, exzellentem Methodenwissen und hoher Kreativität erforderlich. Die Erbringung der Beratungsleistungen ist mit hohen Haftungsrisiken verbunden.

Welchen Formalisierungsgrad halten Sie für die Unternehmen für angemessen, welche Art der Formalisierung erscheint Ihnen geeignet? Begründen Sie Ihre Aussagen.

Beispiellösung

Unternehmen 1:

Die Abläufe und Zuständigkeiten sind eingespielt, die Mitarbeiter sind erfahren und der Inhaber hat das Tagesgeschäft "unter Kontrolle". Damit ist nur ein geringes Maß an Strukturformalisierung erforderlich.

Es bestehen keine besonderen Risiken. Der Umfang der Aktenmäßigkeit kann damit auf die gesetzlichen Mindestanforderungen beschränkt werden.

Unternehmen 2:

Es handelt sich um ein neu gegründetes Unternehmen, in dem die Abläufe noch nicht eingespielt sind und zum Teil chaotisch ablaufen. Die hohe Fluktuation kann einerseits als Folge des nicht ausreichenden Organisations- und Formalisierungsgrades angesehen werden, andererseits ist ein hoher Formalisierungsgrad notwendig, um eine schnelle Einarbeitung der häufig wechselnden Mitarbeiter zu ermöglichen. Es besteht die Notwendigkeit einer ausgeprägten Strukturformalisierung.

Das Unternehmen hat ausschließlich Vertriebsaufgaben zu erfüllen und vertreibt Konsumgüter, es bestehen daher keine besonderen Haftungsrisiken hinsichtlich Umwelt- oder Produkthaftung. Damit ist keine besondere Formalisierung des Informationsflusses erforderlich.

Unternehmen 3:

Die Abläufe wurden radikal verändert und sind nicht eingeübt. Von fehlerhaften Abläufen geht darüber hinaus ein erhebliches Produkthaftungs- und Umwelthaftungsrisiko aus. Es besteht daher die Notwendigkeit, die Abläufe mittels eines hohen Grades an Strukturformalisierung dauerhaft zu verankern.

Wegen der hohen Risiken im Bereich der Produkt- und Umwelthaftung besteht zudem der Zwang, bei Schadensfällen die Einhaltung der üblichen Sorgfalt belegen zu können. Eine hohe Aktenmäßigkeit im Bereich der Produktion wäre zweckmäßig.

Unternehmen 4:

Die Heterogenität der Aufgaben ermöglicht keine Strukturformalisierung des Leistungserstellungsprozesses. Sinnvoll ist die Strukturformalisierung damit ausschließlich im administrativen Bereich. Das Ausmaß der dort erforderlichen Strukturformalisierung muss in Abhängigkeit von der Massenhaftigkeit und Gleichförmigkeit der Vorgänge, der Qualifikation und Erfahrung der Mitarbeiter, der Risiken und der Fluktuation festgelegt werden.

Wegen der hohen Haftungsrisiken ist eine umfangreiche Aktenmäßigkeit bei der Erbringung der Beratungsleistungen notwendig. Dies beinhaltet insbesondere eine schriftliche Dokumentation der vom Mandanten übergebenen Unterlagen und getroffenen Aussagen, aller mündlichen Vereinbarungen mit dem Mandanten und aller Arbeiten.

Literatur zu Kapitel 3

Bühner, R., Betriebswirtschaftliche Organisationslehre; 8. Aufl., München, Wien 1996

Frese, E., Grundlagen der Organisation, 7. Aufl., Wiesbaden 1998

Hill, W., Fehlbaum, R., Ulrich, P., Organisationslehre, Bd. 1, 4. Aufl., Bern 1989

Kieser, A., Abteilungsbildung, in: Frese, E., Hrsg., Handwörterbuch der Organisation, 3. Aufl., Stuttgart 1992, Sp. 57-72

Kieser, A., Kubicek, H., Organisation, 3. Aufl., Berlin, New York 1992

Schanz, G., Organisationsgestaltung, 2. Aufl., München 1994

Steinle, C., Delegation, in: Frese, E., Hrsg., Handwörterbuch der Organisation, 3. Aufl., Stuttgart 1992, Sp. 500-513

Thom, N., Stelle, Stellenbildung und -besetzung, in: Frese, E., Hrsg., Handwörterbuch der Organisation, 3. Aufl., Stuttgart 1992, Sp. 2322-2333

4. Organisatorische Gestaltung

4.1 Gestaltung der Aufbauorganisation

Aufbauorganisation umfasst nach allgemeiner Auffassung

- die Stellenbildung, also die Zuordnung bestimmter Aufgaben zu (gedachten) Aufgabenträgern
- die Abteilungsbildung, also die Zusammenfassung von Stellen zu größeren organisatorischen Einheiten mit eigenen Instanzen
- die Wahl des Leitungssystems
- die Bereitstellung von Sachmitteln und Informationen sowie die Schaffung von Kommunikationsbeziehungen.

Nachfolgend werden idealtypische Gestaltungsformen der Aufbauorganisation für Einzel-Unternehmen, einzelne betriebliche Funktionen, international tätige Unternehmen und Konzerne betrachtet. Im Vordergrund der Betrachtung stehen dabei die Abteilungsbildung auf oberen Hierarchieebenen sowie die Wahl des Leitungssystems.

4.1.1 Grundmodelle der aufbauorganisatorischen Gestaltung

4.1.1.1 Wahl des dominierenden Spezialisierungskriteriums – Funktionale Organisation oder Spartenorganisation

Als dominierendes Spezialisierungskriterium soll dasjenige Spezialisierungskriterium bezeichnet werden, nach dem die Organisation auf der zweiten Ebene (also der Ebene unterhalb der Leitungsebene) gegliedert ist. Von praktischer Bedeutung sind hierbei die Gliederung nach Verrichtungen (oder Funktionen) oder nach Objekten (also insbesondere Produkten, Regionen oder Kunden).

Eine Organisation, die auf der zweiten Ebene nach Verrichtungen gegliedert ist, wird als **Funktionale Organisation** bezeichnet. Die Spezialisierung auf den Folgeebenen ist für die Klassifikation ohne Belang. Weiteres konstituierendes Merkmal der Funktionalen Organisation ist ein einliniges Leitungssystem (vgl. z.B. Braun/Beckert 1992, Bühner 1993 und 1996).

Die Funktionale Organisation ist durch erhebliche Interdependenzen zwischen den Funktionen gekennzeichnet. Diesen Interdependenzen wird durch intensiven Einsatz der Koordinationsinstrumente Planung und Programmierung begegnet. Gleichzeitig engen die Interdependenzen die Autonomie der Funktionsmanager stark ein. Die Unternehmensleitung trifft die strategischen und in erheblichem Umfang auch operative Entscheidungen.

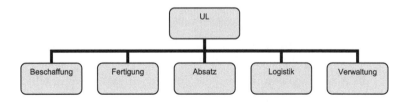

Abbildung 22: Funktionale Organisation

Eine Organisation, die auf der zweiten Ebene nach Objekten gegliedert ist, wird als **Spartenorganisation** oder **divisionale Organisation** bezeichnet (vgl. z.B. Bühner 1992 und 1993).

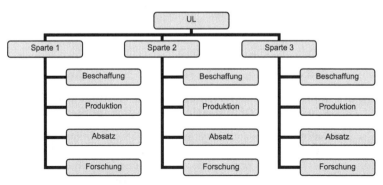

Abbildung 23: Spartenorganisation

Auch hier ist die Spezialisierung auf den Folgeebenen ohne Relevanz für die Klassifikation, wenngleich Spartenorganisationen auf der dritten Ebene häufig nach Funktionen gegliedert sind. Spartenorganisationen, deren Sparten dagegen hinreichend groß sind und die selbst aus heterogenen Objekten bestehen, können dagegen auf der dritten Ebene erneut nach Objekten gegliedert werden.

Spartenorganisationen haben wie Funktionale Organisationen ein einliniges Leitungssystem als weiteres konstituierendes Merkmal.

4.1 Gestaltung der Aufbauorganisation

Spartenorganisationen weisen folgende **Gestaltungsdimensionen** auf:

1. Das **Spezialisierungskriterium** (Produkt, Kundengruppe, Region), nach dem die Spartenbildung vorgenommen wird

   Produkte werden dann als oberstes Spezialisierungskriterium verwandt, wenn das Unternehmen hoch diversifiziert ist, die Produkte heterogen sind und die Kunden und Regionen relativ homogen sind. Analog werden die Sparten nach Kundengruppen bzw. Regionen gebildet, wenn die Heterogenität der Kunden bzw. Regionen ausschlaggebend für den Erfolg ist. Die detaillierten Ausführungen zur Wahl des obersten Spezialisierungskriteriums in internationalen Unternehmen unter 4.1.3 gelten analog.

2. Die **Anzahl der Sparten**

   Diese steigt mit zunehmender Größe des Unternehmens und zunehmender Heterogenität der Objekte, die der Spartenbildung zugrunde liegen.

   Die Sparten sollten dabei so gebildet werden, dass sie in sich möglichst homogen und untereinander möglichst heterogen sind und dass zwischen den Sparten möglichst keine Interdependenzen hinsichtlich Markt und Ressourcennutzung bestehen. Die Anzahl der Sparten wird durch die Führungskapazität der Unternehmensleitung und den Zwang zur effizienten Nutzung der Ressourcen begrenzt.

3. Die **Zuordnung von Funktionen** zu den Sparten

   Produktion und Absatz werden allgemein als Mindestfunktionsumfang einer Sparte angesehen.

   Weitere Funktionen werden dann den Sparten zugeordnet, wenn durch Dezentralisierung der Funktion größere Erfolge erwartet werden, als bei einer Zentralisierung der Funktion. Die detaillierten Ausführungen zur Eingliederung von Funktionen in der Spartenorganisation unter 4.1.2.2 gelten analog.

4. Die **Entscheidungsautonomie der Sparten**

   Dabei kann grundsätzlich zwischen strategischer, finanzieller und operativer Autonomie unterschieden werden. Das Ausmaß der den Sparten gewährten Autonomie hängt zum einen von den Interdependenzen zwischen den Sparten und zum anderen von der Unternehmenspolitik ab. Die Autonomie der Sparten ist um so geringer, je größer die Interdependenzen zwischen den Sparten sind und je mehr die Unternehmensleitung in die Tätigkeiten der Sparten eingreifen möchte Die weitergehenden Ausführungen zur Autonomie von Konzernteilen in 4.1.4 gelten analog.

5. Die **rechtsorganisatorische Gestaltung der Sparten**
Sparten können rechtlich unselbstständige Teile eines Einheitsunternehmens sein, aus mehreren rechtlich selbstständigen Unternehmen (oder aus Teilen dieser Unternehmen) bestehen oder rechtlich selbstständige Unternehmen sein. In Großunternehmen werden die Sparten zum Zwecke der Beschaffung von Eigenkapital und der Erhöhung der Gestaltungsflexibilität meist verselbstständigt. Die weitergehenden Ausführungen zu den Vorteilen eines Konzerns gegenüber Einheitsunternehmen in 4.1.4 gelten analog.

6. Die **Besetzung der Unternehmensleitung**
Die Unternehmensleitung von Spartenorganisationen kann entweder aus Leitern der Sparten (Konfliktrisiko), aus den Leitern zentralisierter Funktionen (Risiko der mangelnden Berücksichtigung der Sparteninteressen), aus Leitern von Sparten und Leitern zentralisierter Funktionen (zu großes Gremium) oder aus Personen bestehen, die weder Leiter von Sparten noch von Zentralfunktionen sind (Risiko einer realitätsfremden Leitung).

Die Funktionale Organisation und die Spartenorganisation erfüllen verschiedene organisatorische **Effektivitätskriterien** unterschiedlich gut und haben verschiedene Anwendungsvoraussetzungen.

Im Gegensatz zur Spartenorganisation müssen die Ressourcen der Funktionen (also insbesondere Beschaffung, Produktion, Absatz) in der Funktionalen Organisation nicht auf Sparten aufgeteilt werden. Dies ermöglicht ceteris paribus eine stärkere Spezialisierung und Standardisierung und die Nutzung von Betriebsgrößenvorteilen (beispielsweise durch größere maschinelle Einheiten in der Produktion mit niedrigen Stückkosten).

Eine **effizientere Ressourcennutzung** ist somit der wesentliche **Vorteil der Funktionalen Organisation** im Vergleich zur Spartenorganisation.

Die **Spartenorganisation** hat gegenüber einer Funktionalen Organisation verschiedene **Vorteile**:

- Sofern die Sparten weitgehend unabhängig voneinander sind, kann die Koordinationsaufgabe der Unternehmensleitung auf wesentliche, spartenübergreifende Aufgaben (also im Allgemeinen auf strategische Aufgaben) begrenzt werden.

- Die oberste Instanz wird somit im Vergleich zu einer Funktionalen Organisation entlastet und kann sich stärker den Zukunftsaufgaben des Unternehmens widmen. Gleichzeitig wird die Länge objektbezogener Informations- und Entscheidungswege verringert.

4.1 Gestaltung der Aufbauorganisation

- Geht man davon aus, dass Sparten im Allgemeinen marktbezogen gebildet werden, also heterogenen Teilmärkten entsprechen, die einer differenzierten Bearbeitung unterzogen werden, so erfolgt eine marktorientierte Gesamtkoordination der verschiedenen Funktionen nicht (wie bei der Funktionalen Organisation) erst auf der Ebene der Unternehmensleitung, sondern bereits auf der zweiten Ebene. Damit verfügt eine Spartenorganisation ceteris paribus über größere **Markt- und Kundennähe** und mehr **Flexibilität** gegenüber Marktveränderungen als eine Funktionale Organisation.

- Die Identifikation der Mitarbeiter (und damit auch deren Motivation) mit einer überschaubareren Sparte wird ceteris paribus im Allgemeinen größer sein, als mit dem wesentlich größeren Gesamtunternehmen.

- Die Aufgabe der Leitung einer Sparte entspricht inhaltlich derjenigen der Unternehmensleitung eines funktional gegliederten Unternehmens. Es ist somit leichter, die Position der obersten Unternehmensleitung mit eigenem Personal zu besetzen, als in einer Funktionalen Organisation. Die hierdurch verbesserten Karrierechancen werden sich auch positiv auf die Motivation der Führungskräfte einer Spartenorganisation auswirken.

Die spezifischen Vor- und Nachteile der beiden Organisationsformen kommen unter verschiedenen **Anwendungsbedingungen** mehr oder weniger stark zum Tragen.

Die Funktionale Organisation eignet sich zunächst dann, wenn ihr wesentlicher Vorteil einer effizienten Ressourcennutzung situationsbedingt von hoher Bedeutung ist. Dies ist dann gegeben, wenn eine Aufteilung der Ressourcen auf verschiedene Sparten zu wesentlichen negativen Betriebsgrößeneffekten, Spezialisierungs- und Kostennachteilen und im Gefolge zu einer Verschlechterung der Wettbewerbsposition führen würde. Es ist offensichtlich, dass dies zunächst von der absoluten Größe einer Organisation abhängt. Bei einer kleinen und mittleren Organisation wird eine Aufteilung der Ressourcen im Allgemeinen weniger leicht möglich sein, als bei einer großen Organisation.

Unter Wettbewerbsaspekten hängt dies aber auch von der relativen Größe einer Unternehmung im Wettbewerb und deren Strategie ab. Bei geringer relativer Größe eines Unternehmens wird, wenn gleichzeitig eine Niedrigpreisstrategie verfolgt wird, eine Aufteilung der Ressourcen weniger sinnvoll sein, als wenn ein Unternehmen mit höherer relativer Betriebsgröße eine Differenzierungsstrategie verfolgt.

Des weiteren hängt die Anwendbarkeit der Funktionalen Organisation auch von dem Ausmaß ab, in dem ihre wesentlichen

Nachteile gegenüber der Spartenorganisation, die geringere Produkt-, Markt- und Kundenorientierung sowie die geringere Flexibilität von Bedeutung sind. Hier ist festzustellen, dass sich die Funktionale Organisation insbesondere dann eignet, wenn es auf Produkt-, Markt- und Kundenorientierung und Flexibilität weniger ankommt, also dann, wenn ein Unternehmen wenig diversifiziert ist und Märkten mit relativ geringer Komplexität und Dynamik gegenüber steht.

Zusammenfassend ist die Funktionale Organisation besonders für kleine und mittlere Unternehmen mit geringer Diversifikation und wenig komplexen und dynamischen Umwelten geeignet. Sie eignet sich jedoch auch für Großunternehmen, sofern diese wenig diversifiziert sind und mit Märkten mit geringer Komplexität und Dynamik konfrontiert sind.

Obenstehende Überlegungen lassen sich analog für die Spartenorganisation anstellen.

Dabei kommt man zu dem Ergebnis, dass sich eine Spartenorganisation insbesondere bei großen, diversifizierten Unternehmen eignet, die sich einer komplexen und dynamischen Unternehmensumwelt gegenübersehen. Dies sind Unternehmen, bei denen sich der prinzipielle Nachteil der Spartenorganisation (die geringere Effizienz der Ressourcennutzung) tendenziell wenig auswirkt, bei denen aber Produkt-, Markt- und Kundenorientierung sowie Flexibilität von hoher Bedeutung sind.

4.1.1.2 Matrixorganisation

Die **Matrixorganisation** (vgl. z.B. Bühner 1993, Scholz 1992b) stellt eine Anwendung eines Mehrliniensystems dar. In dieser Organisationsform besteht eine Mehrfachunterstellung (in der „klassischen" Form der Matrixorganisation auf der dritten Ebene).

Der „klassische" Fall einer sinnvollen Anwendung der Matrixorganisation liegt dann vor, wenn eine Organisation hoch diversifiziert ist, komplexen und dynamischen Umwelten gegenübersteht und von kleiner bis mittlerer Größe ist. In dieser Situation führt eine Funktionale Organisation meist zu nicht ausreichender Markt- und Kundenorientierung und Flexibilität. Andererseits ist die erforderliche Unternehmensgröße, die eine Aufteilung der Ressourcen auf Objektbereiche oder Sparten ermöglichen würde, nicht gegeben.

Eine organisatorische Lösung besteht darin, dass parallel zu den bestehenden Funktionsbereichen (Beschaffung, Produktion, Absatz etc.) Objektbereiche (meist produktbezogen) eingerichtet werden, die eine objektbezogene Koordination der Funktionsbereiche vornehmen. Damit soll der erforderliche Markt- und Kundenbezug sowie die notwendige Flexibilität hergestellt werden, ohne dass eine Aufteilung der Ressourcen der einzelnen Funktionen auf Sparten notwendig ist.

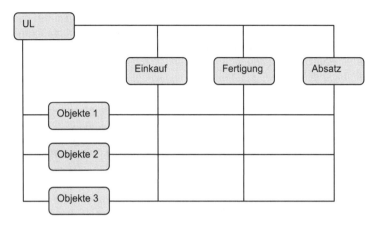

Abbildung 24: Matrixorganisation mit Funktionen als Linien- und Objektbereichen als Matrixinstanzen

Die Bereiche, die das operative Geschäft betreiben (also hier die Funktionsbereiche) werden **Linieninstanzen** genannt, die Bereiche, die die Linieninstanzen hinsichtlich der zweiten Organisationsdimension koordinieren, nennt man **Matrixinstanzen**. Die in den Schnittpunkten von Linieninstanz und Matrixinstanz liegenden Organisationseinheiten heißen Matrixzellen.

In großen, diversifizierten internationalen Unternehmen bestehen andere Formen der Matrixorganisation. Hier liegt das operative Geschäft bei den Sparten (die nach Produkten oder Regionen gebildet wurden) und es erfolgt eine Koordination der Sparten durch Funktionsbereiche und/oder die zweite Objektdimension. Werden die Linieninstanzen gleichzeitig von Funktionen und einem weiteren Objektbereich koordiniert, so spricht man von einer **Tensororganisation**.

In derartigen internationalen Unternehmen geht es also nicht, wie bei der "klassischen" Anwendung der Matrixorganisation darum, Objektbezüge herzustellen, ohne eine Aufteilung der Ressourcen auf Sparten vornehmen zu müssen. Zweck der Matrix ist es hier dagegen, dezentralisierte Objektbereiche hinsichtlich der Belange von Funktionen und/oder einer weiteren Objektdimension zu koordinieren. Dabei ergeben sich beispielsweise die in Abbildung 25 und 26 dargestellten organisatorischen Gestaltungen.

Eine idealtypische Matrixorganisation liegt dann vor, wenn die Unternehmensleitung die Matrixleitung ist. Unabhängig hiervon kann eine Matrix jedoch auch in einer Funktionalen Organisation (vgl. hierzu die Ausführungen zum bereichsgebundenen Matrix-Produktmanagement in 4.1.1.3) oder innerhalb von diversifizierten heterogenen Sparten eingerichtet werden. Bei der Implementierung einer Matrix ist also zuerst zu entscheiden, in welchem Bereich die Matrix angesiedelt werden soll, d.h. es ist zu klären, wo eine simultane Koordination nach mehreren Organisationsdimensionen erforderlich ist.

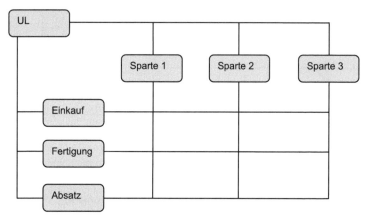

Abbildung 25: Matrixorganisation mit Objektbereichen als Linieninstanzen und Funktionen als Matrixinstanzen

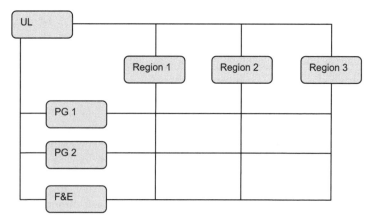

Abbildung 26: Matrixorganisation mit Regionalbereichen als Linieninstanzen und Produktbereichen und zentraler F&E als Matrixinstanzen

4.1 Gestaltung der Aufbauorganisation

Bei der Ausformung einer Matrixorganisation ist weiterhin zu entscheiden, welche **Organisationsdimensionen** (also Funktion, Produkt, Region, ggf. Kunde) in der Matrix zur Anwendung kommen sollen und welche Organisationsdimension Linieninstanz sein soll. Darüber hinaus sind die Objektbereiche in geeigneter Weise zusammenzufassen. Hinweise hierfür sind den Ausführungen zur Spartenbildung (vgl. 4.1.1.1) und zum Matrixmodell in der internationalen Organisation (vgl. 4.1.3) zu entnehmen.

Ein zentrales Problem der Matrixorganisation ist die **Zuordnung der Kompetenzen** zu Matrixinstanzen und Linieninstanzen. Hier sind die Konzepte Task-Force, Influence-Management und gleichberechtigte Matrix zu unterscheiden:

- In der **Task-Force** werden den Matrixinstanzen umfangreichere Kompetenzen zugestanden als den Linieninstanzen. Vorteil ist die Verringerung von Konflikten zwischen Matrix- und Linieninstanzen aufgrund der Prädominanz der Matrixinstanzen. Die Task-Force wird dann gewählt, wenn aufgrund der heterogenen Marktanforderungen eigentlich die Einrichtung einer Spartenorganisation notwendig wäre, dies aber wegen einer zu geringen Betriebsgröße nicht möglich ist.

- Im **Influence-Management** liegt der größere Anteil der Kompetenzen bei den Linieninstanzen. Die Matrixinstanzen müssen durch Überzeugung und Überredung versuchen, ihren Einfluss geltend zu machen. Auch hier werden Konflikte zwischen den Matrix- und Linieninstanzen verringert. Das Influence-Management wird dann gewählt, wenn die Linieninstanzen erfolgsrelevanter sind als die Matrixinstanzen.

- In der **gleichberechtigten Matrix** sind die Kompetenzen zwischen Linieninstanz und Matrixinstanz gleich verteilt. Es besteht ein ausgeprägtes Konfliktpotential. Die gleichberechtigte Matrix kommt dann zum Einsatz, wenn beiden Gestaltungsdimensionen der Matrix gleiches Gewicht beigemessen wird.

Ein weiteres Entscheidungsproblem bei der Gestaltung von Matrixorganisationen ist die Festlegung der **Entscheidungen**, die im **Matrixmodus**, also von Matrix- und Linieninstanz gemeinsam getroffen werden. Hier hat es sich als zweckmäßig erwiesen, nur Entscheidungen von größerer Bedeutung und Reichweite im Matrixmodus zu treffen.

Hierdurch werden die Entscheidungsgeschwindigkeiten bei der Vielzahl operativer Entscheidungen erhöht und die Konfliktpotentiale verringert. Bei den dem Matrixmodus unterliegenden, wesentlichen Entscheidungen kann die (durch Einbindung unterschiedlich spezialisierter Instanzen) angestrebte Entscheidungsverbesserung realisiert werden.

Ein letztes Problem der Gestaltung der Matrixorganisation ist die **Unterstellung der Matrixzellen.** Negative Wirkungen können hier vermieden werden, indem die Matrixzellen nur der jeweiligen Linieninstanz unterstellt werden und die Linieninstanz die zwischen ihr und der Matrixinstanz vereinbarten Weisungen an die Matrixzelle erteilt. Bei der Alternative einer gleichzeitigen Unterstellung unter Linien- und Matrixinstanz bleibt zumindest die personelle Weisungsbefugnis bei der Linieninstanz, die Matrixinstanz erhält also nur funktionale Weisungsbefugnisse.

Das Streben nach Markt- und Kundenorientierung und Flexibilität bei gleichzeitig effizienter Ressourcennutzung haben um 1970 zu einer weiten Verbreitung der Matrixorganisation auch in größeren Unternehmen geführt.

Allerdings sind dabei auch deutliche „**Matrixpathologien**" zu Tage getreten. Machtkämpfe, Anarchie, Lösung von Scheinproblemen, Entscheidungsverzögerungen, ineffizienter Einsatz von Instanzen, Verschlechterung der Entscheidungs- und Weisungsqualität, Verlust der Innovationskraft sind nur einige der in diesem Zusammenhang berichteten Phänomene (vgl. Scholz 1992b). Diese dysfunktionalen Wirkungen der Matrixorganisation konnten durch die unter dem Stichwort Mehrliniensystem geschilderten Maßnahmen (exakte Abgrenzung von Kompetenzen, Dominanz einer Instanz, Organisationskultur etc.) nur begrenzt eingedämmt werden.

Die genannten Pathologien der Matrixorganisation haben dazu geführt, dass diese Organisationsform derzeit nur bei absoluter Notwendigkeit und günstigen Rahmenbedingungen (also insbesondere einer generell vorhandenen Markt- und Kundenorientierung und hoher Einigungsbereitschaft des Personals) oder in schwacher Form eingesetzt wird.

Eine verbreitete schwache Form der Matrixorganisation ist das Matrix-Funktional-Management, in der weitgehend selbstständige Objektbereiche (also z.B. Produktbereiche oder Regionen) durch funktionale Zentralbereiche koordiniert werden. Die Zentralbereiche nehmen dabei keinen Einfluss auf das operative Geschäft der Objektbereiche, sondern sorgen im Rahmen der spezifischen Belange der Objektbereiche für eine gewisse Einheitlichkeit der Unternehmenspolitik. Eine ähnliche Gestaltung findet sich dort, wo nach Regionen gebildete Sparten durch produktbezogene Matrixinstanzen koordiniert werden (oder umgekehrt).

4.1.1.3 Produktmanagement (Exkurs)

Das **Produktmanagement** (vgl. z.B. Bühner 1993 und 1996, Tietz 1992) wurde ursprünglich als Variante der Funktionalen Organisation entwickelt. Ziel des Produktmanagement ist es, den für diversifizierte Unternehmen notwendigen Produkt- und Marktbe-

4.1 Gestaltung der Aufbauorganisation

zug zu erzielen, ohne den Vorteil der effizienten Ressourcennutzung aufzugeben. Gleichzeitig soll die Unternehmensleitung von der Aufgabe der produktbezogenen Koordination der Funktionen entlastet werden. Neu geschaffenen Stellen, den Produktmanagern, werden hierzu bestimmte produktbezogene Aufgaben und Verantwortlichkeiten übertragen, wobei Art und Umfang dieser Aufgaben in der Praxis erheblich variieren.

Kernaufgaben des Produktmanagements sind:

- die Entwicklung und Fortschreibung einer produktbezogenen Marketingkonzeption von der Produktinnovation bis zur Produktelimination
- die Einflussnahme auf die Funktionsbereiche zur Umsetzung dieser Marketingkonzeption.

Nach Ausgestaltung der Kompetenzen des Produktmanagers unterscheidet man:

- Das **Stabs-Produktmanagement**: Der Produktmanager hat die Aufgabe, produktbezogene Informationen zu erheben und aufzubereiten sowie produktbezogene Entscheidungen der Instanz vorzubereiten. Als Stabsstelle verfügt der Produktmanager über keine eigenen Entscheidungs- und Weisungsbefugnisse gegenüber Dritten und meist nur über geringe Kapazität.

- Das **Linien-Produktmanagement**: Der Produktmanager ist Instanz oder Ausführungsstelle mit Linienfunktion, also gleichrangig mit anderen Linienmanagern der gleichen Hierarchieebene. Das Produktmanagement hat eigenständige Linienaufgaben und verfügt im Allgemeinen über größere personelle Ressourcen als das Stabs-Produktmanagement. Das Produktmanagement trifft Entscheidungen des eigenen Zuständigkeitsbereichs. Zur Durchsetzung produktbezogener Interessen außerhalb des eigenen Zuständigkeitsbereiches bedient sich das Linien-Produktmanagement übergeordneter Instanzen.

- Das **Matrix-Produktmanagement**: Der Produktmanager ist Matrixinstanz. Mögliche Ausformungen sind
  - das **Influence-Management** (das Produktmanagement hat weniger Kompetenzen als die Linieninstanzen, muss also versuchen, diese zu den erforderlichen produktbezogenen Maßnahmen durch Argumentation und Überredung zu veranlassen)
  - die **Task-Force** (das Produktmanagement kann den Linieninstanzen produktbezogene Weisungen erteilen, die Art der Umsetzung obliegt den Linieninstanzen)

- die **gleichberechtigte Matrix** (Produktmanagement und Linieninstanzen haben umfangmäßig gleiche Kompetenzen, müssen sich also einigen).

Das **Stabs-Produktmanagement** hat den Vorteil, dass nur ein geringfügiger Eingriff in die vorhandene Organisation erforderlich ist und dass der Produktbezug mit vergleichsweise niedrigen Kosten erreicht wird. Es ist aufgrund der fehlenden Entscheidungs- und Weisungsbefugnisse allerdings nur dann geeignet, wenn Umfang und Häufigkeit produktbezogener Aufgaben vergleichsweise gering sind.

Das **Linien-Produktmanagement** führt zu höheren Kosten, verfügt aber auch über größere Chancen zur Realisierung der produktbezogenen Aufgaben. Es eignet sich bei komplexen und dauerhaft anfallenden produktbezogenen Aufgaben.

Das **Matrix-Produktmanagement** hat demgegenüber den Vorteil, dass es zur Realisierung produktbezogener Aufgaben auf die Kapazitäten der Linienbereiche zurückgreifen kann. Der Kapazitätsbedarf ist ceteris paribus geringer als beim Linien-Produkt-Management.

Der Umfang produktbezogener Aufgaben darf deshalb nicht zu groß sein, um die begrenzten Kapazitäten des Produktmanagements nicht zu überfordern. Allerdings sind die Anwendungsmöglichkeiten des Matrix-Produkt-Managements auf die Fälle beschränkt, in denen die kulturellen Voraussetzungen (Offenheit, Marktorientierung etc.) für die Anwendung der Matrixorganisation vorliegen.

Nach der organisatorischen Anbindung des Produktmanagements wird zwischen dem bereichsgebundenen und dem bereichsungebundenen Produktmanagement unterschieden.

Im **bereichsungebundenen Produktmanagement** wird der Produktmanager in der Funktionalen Organisation an die Unternehmensleitung angebunden, in der Spartenorganisation an die Spartenleitung. Diese hohe organisatorische Ansiedlung ist dann erforderlich, wenn die produktbezogenen Aufgaben regelmäßig einen hohen, funktionsübergreifenden Koordinationsbedarf bewirken.

Im **bereichsgebundenen Produktmanagement** ist das Produktmanagement organisatorisch an den Absatzbereich angebunden. Diese Anbindung ist dann ausreichend, wenn der produktbezogene Koordinationsbedarf primär den Absatzbereich betrifft. Sowohl in der bereichsungebundenen als auch in der bereichsgebundenen Variante kann das Produktmanagement als Stab, als Linienfunktion oder als Matrixinstanz gestaltet werden.

In der Praxis ist das bereichsgebundene Linien-Produktmanagement weit verbreitet.

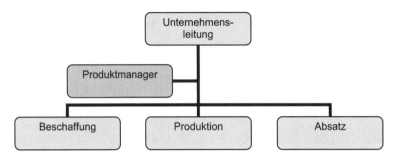

Abbildung 27: Bereichsungebundenes Stabs-Produktmanagement

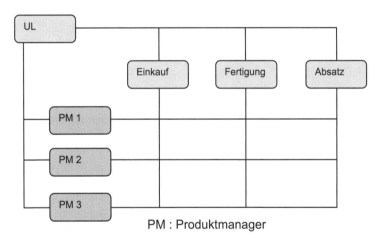

Abbildung 28: Bereichsungebundenes Matrix-Produktmanagement

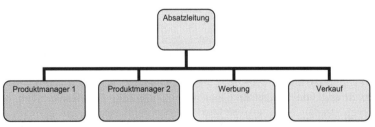

Abbildung 29: Bereichsgebundenes Linien-Produktmanagement

Allen Gestaltungen des Produktmanagements ist gemeinsam, dass der Produktmanager die an ihn gestellten Erwartungen nur dann erfüllen kann, wenn er über hohe Fachkompetenz und Überzeugungskraft verfügt und wenn die übrigen Funktionen seiner Tätigkeit aufgeschlossen gegenüberstehen.

Übung 7: Rahmenstruktur

Geben Sie für folgendes Unternehmen Empfehlungen für das dominierende Spezialisierungskriterium und das Leitungssystem.

Das Unternehmen ist ein mittelständisches Industrieunternehmen mit Umsatzerlösen von rund 30 Mio. € und rund 300 Mitarbeitern. Das Sortiment umfasst rund 1 500 Artikel in insgesamt 7 Produktgruppen. 60 Artikel erbringen 90% der Umsatzerlöse.

Die Produktion der einzelnen Produktgruppen erfolgt weitgehend auf Spezialmaschinen, auf denen ausschließlich Produkte der jeweiligen Produktgruppe gefertigt werden. Nur wenige Maschinen (z.B. im Verpackungsbereich) werden produktgruppenübergreifend genutzt. Die Produktion erfolgt in einer Produktionsstätte am Sitz der Gesellschaft.

Der Absatz der Produkte erfolgt weitgehend national auf dem indirekten Vertriebsweg. Abnehmer sind der Einzelhandel bzw. dessen Einkaufsorganisationen (35% der Umsatzerlöse, 1500 Kunden), Warenhäuser und Kaufhäuser (25% der Umsatzerlöse, 150 Kunden), Verbrauchermärkte und SB-Warenhäuser (25% der Umsatzerlöse, 90 Kunden). Rund 10% der Umsatzerlöse resultieren aus dem Direktvertrieb an Unternehmen und öffentliche Hand, rund 5% aus dem Export.

In den einzelnen Vertriebswegen werden grundsätzlich alle Produktgruppen abgesetzt. Die Anforderungen der verschiedenen Kundengruppen hinsichtlich Produkt-, Preis-, Kommunikations- und Distributionspolitik sind sehr heterogen. Die Funktionalität der Produkte innerhalb der Produktgruppen ist homogen und im Zeitablauf relativ unverändert geblieben. Allerdings unterliegt das Design von Teilbereichen des Sortiments modischen Einflüssen.

Das Unternehmen sieht sich seit einiger Zeit trotz erheblicher Ausweitung des Sortimentsumfanges mit sinkenden Umsätzen in einem leicht wachsenden Markt konfrontiert. Dies wird vor allem auf die aggressive Preispolitik eines stark wachsenden Wettbewerbers zurückgeführt, der mittlerweile ein Umsatzvolumen von mehr als einer Milliarde € bei gleichzeitig sehr straffem Sortiment erreicht hat. Detailliertere Marktuntersuchungen liegen allerdings nicht vor. Die derzeitige Kostenposition des eigenen Unternehmens lässt Preissenkungen nicht zu.

Die Anzahl der relevanten Wettbewerber liegt seit Jahren stabil unter zehn.

Die Unternehmenskultur ist stark durch die eher produktionsorientierte Person des Unternehmensgründers geprägt, der sein Unternehmen „fest im Griff hat" und bei Problemen allen Mitarbeitern zur Verfügung steht. Die Ausrichtung der Vertriebsmitarbeiter auf „ihre" Kundengruppen ist sehr ausgeprägt. Anzeichen einer quantitativen oder qualitativen Überforderung des Inhabers und der oberen Instanzen des Unternehmens sind nicht erkennbar. Diskutieren Sie vor diesem Hintergrund die Frage einer geeigneten Rahmenstruktur.

Beispiellösung

Das Unternehmen ist durch geringe absolute Größe sowie geringe Größe im Vergleich zum Wettbewerb gekennzeichnet. Die geringe Größe führt offensichtlich bereits zu einer schlechteren Kosten- und Wettbewerbsposition, so dass eine effiziente Ressourcennutzung von hoher Bedeutung für das Unternehmen ist.

Der Diversifikationsgrad des Unternehmens erscheint aufgrund der Zahl von 1 500 Artikeln zunächst hoch. Bei näherer Betrachtung lässt sich die Anzahl verschiedener Produkte jedoch auf eine überschaubare Zahl weitgehend homogener Produktgruppen zurückführen. Auch die starke Konzentration der Umsatzerlöse auf nur wenige Artikel spricht für einen eher begrenzten Diversifikationsgrad.

Das Unternehmen ist, im Wesentlichen national, in insgesamt fünf verschiedenen Vertriebswegen tätig. Die Anzahl der Marktteilnehmer (weniger als zehn relevante Wettbewerber, 1 500 Kunden im Einzelhandel, mehrere hundert Kunden in den Bereichen Warenhaus und Kaufhaus sowie Verbrauchermärkte und SB-Warenhäuser) und ihrer Beziehungen zueinander ist noch überschaubar. Die Komplexität der Märkte liegt damit im unteren bis mittleren Bereich. Die Marktdynamik ist hinsichtlich der Innovativität der Produkte als eher niedrig einzuschätzen, hinsichtlich der zunehmenden Wettbewerbsintensität eher als mittel.

Die auftretenden Probleme sind durch sinkende Umsätze in leicht wachsenden Märkten, also einen stetigen Verlust von Marktanteilen charakterisiert. Gleichzeitig bestehen gegenüber einem stark wachsenden, deutlich größeren Wettbewerber mit straffem Sortiment erhebliche Nachteile in der Kostenposition. Anzeichen einer darüber hinausgehenden fehlenden Markt- und Kundenorientierung, fehlender Flexibilität oder Innovationskraft sind nicht gegeben.

Zusammenfassend lässt sich das Unternehmen als ein Unternehmen mit geringer absoluter und relativer Größe und eher geringem Diversifikationsgrad charakterisieren, das sich Märkten mit geringer bis mittlerer Komplexität und Dynamik gegenübersieht. Der Zwang, die vorhandenen Ressourcen effizient zu nutzen, ist hoch.

Damit ist die Funktionale Organisation, also das Verrichtungsprinzip als dominantes Gliederungskriterium in Verbindung mit einem Einlinien- oder Stab-Linien-System eine geeignete Organisationsform. Die im Bereich der Marketingpolitik angedeuteten Mängel (ausuferndes Sortiment mit negativen Auswirkungen auf Stückkosten und Komplexität der Fertigung und hieraus resultierende Nachteile in der Kostenposition sowie ggf. weitere Mängel) bedürfen zu ihrer Handhabung keiner objektorientierten Organisation. Hier sollte die Einrichtung eines Linien-Produktmanagements mit der Aufgabe der Konzeption und Durchsetzung einer produktgruppenbezogenen Marketingpolitik ausreichen.

Eine Spartenbildung könnte wegen der heterogenen Produktionsanlagen sowie der heterogenen Vertriebsaufgaben grundsätzlich ohne Kostennachteile erfolgen. Allerdings müssten die Sparten im Hinblick auf die Fertigung nach Produktgruppen, im Hinblick auf den Vertrieb aber nach Kundengruppen gebildet werden. Problematisch ist dabei, dass alle Produktgruppen auch an alle Kundengruppen vertrieben werden, so dass die zu bildenden Sparten zwangsläufig mit erheblichen Interdependenzen konfrontiert wären. Bereits dies lässt eine Spartenorganisation ungeeignet erscheinen, unabhängig davon, dass die Anwendungsvoraussetzungen für eine Spartenorganisation generell nicht gegeben sind.

Die dargestellten Organisationsgegebenheiten können mit Hilfe einer Funktionalen Organisation grundsätzlich bewältigt werden. Im Hinblick auf die ausgeprägten Risiken, die mit einer Matrixorganisation verbunden sind, wird die Einführung einer Matrixorganisation deshalb nicht weiter erörtert.

4.1.2 Organisation von Funktionsbereichen

In diesem Kapitel werden zunächst alternative Möglichkeiten zur Einbindung der betrieblichen Funktionen Beschaffung, Produktion, Absatz, Logistik, Verwaltung und Forschung und Entwicklung in alternative Organisationsmodelle der Unternehmung (Funktionale Organisation, Spartenorganisation und Matrixorganisation) dargestellt. Anschließend wird dargelegt, wie die genannten Funktionsbereiche selbst gegliedert werden können.

4.1.2.1 Einbindung betrieblicher Funktionen in die Funktionale Organisation

Das Modell der Funktionalen Organisation sieht grundsätzlich eine gleichberechtigte Eingliederung der betrieblichen **Funkti-**

onsbereiche auf der zweiten Hierarchieebene vor. Damit ergibt sich das in Abbildung 30 dargestellte Organigramm.

Besonderheiten der Eingliederung können sich, insbesondere in kleineren Unternehmen, hinsichtlich der Beschaffung, der Forschung und Entwicklung und der Logistik ergeben (vgl. Bleicher 1991). In kleineren Unternehmen ist die **Beschaffung** nicht selten dem Produktionsbereich oder der Verwaltung zugeordnet. Durch diese Zuordnung soll zusätzlicher Führungskräftebedarf durch eine eigenständige Instanz für die Beschaffung vermieden werden. Allerdings entstehen hierdurch nicht unwesentliche Nachteile.

Bei Zuordnung der Beschaffung zur Produktion besteht die Gefahr, dass die Beschaffungsaktivitäten einseitig durch die Interessen der Produktion dominiert werden, und die Ziele „Versorgungssicherheit" und „Qualität der beschafften Materialien" zu Lasten der übrigen Beschaffungsziele, insbesondere einer gezielten Suche nach Innovationen, vernachlässigt werden. Wird die Beschaffung dagegen der Verwaltung zugeordnet, besteht die Gefahr, dass die Verwaltungsinstanz mit der Leitung marktlicher Aufgaben der Beschaffung überfordert ist und die Beschaffung zu einer rein administrativen, d.h. bestellabwickelnden Funktion degeneriert.

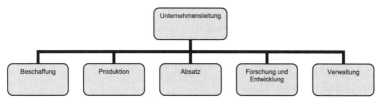

Abbildung 30: Beschaffung als eigenständiger Funktionsbereich in der Funktionalen Organisation

Mit der Zuordnung der **Forschung und Entwicklung** zur Produktion wird ebenso eine Verminderung des Führungskräftebedarfs verfolgt. Allerdings besteht hierbei die Gefahr, dass der Schwerpunkt der Aktivitäten im Interesse der Produktion auf die inkrementale Verbesserung von Produkten und Produktionsverfahren gelegt wird und Aktivitäten wie die Grundlagenforschung oder die Erarbeitung grundlegender Innovationen vernachlässigt werden.

Bei einer derartigen Eingliederung besteht darüber hinaus das Risiko, dass der erforderliche Marktbezug der Forschung und Entwicklung verloren geht. Vertretbar erscheint eine Zuordnung der Forschung und Entwicklung zur Produktion also nur dann, wenn aufgrund spezifischer Rahmenbedingungen grundlegende Innovationen nicht zu erwarten sind oder nicht angestrebt werden.

Die **Logistik** stellt eine typische Querschnittsfunktion dar, die von den drei primären Funktionsbereichen Beschaffung, Produktion und Absatz benötigt wird. Alternativ zu der oben dargestellten gleichberechtigten Einbindung neben den betrieblichen Hauptfunktionen kommt deshalb auch eine Zuordnung von „Teil-Logistiken" (also Beschaffungs-, Produktions- und Absatzlogistik) zu den jeweiligen Hauptfunktionen in Betracht.

Für die Eingliederung der Logistik als eigenständige Funktion kann argumentiert werden, dass dann den logistischen Zielen „Reduzierung von Durchlaufzeiten", „Verringerung von Lagerbeständen und Kapitalbindung", „Lieferservice" etc. ein stärkeres Gewicht zugemessen wird und logistische Ziele nicht zu Gunsten beispielsweise der produktionswirtschaftlichen Ziele „Kapazitätsauslastung" oder „Rüstkostenminimierung" vernachlässigt werden. Allerdings haben die in den vergangenen Jahren vorgenommenen grundlegenden Reorganisationen in der Wirtschaft dazu geführt, dass die betrieblichen Prozesse im Hinblick auf logistische Zielvorstellungen erheblich verbessert wurden. Es kann insoweit bezweifelt werden, dass die Berücksichtigung logistischer Ziele nur durch eine Eingliederung der Logistik als eigenständige Funktion zu erreichen ist.

Eine eigenständige Funktion Logistik ist insbesondere dann erforderlich, wenn eine enge Verzahnung der Teillogistiken erforderlich ist, und die Logistik aufgrund hoher Logistikkosten einer besonderen Optimierung bedarf. Dies ist beispielsweise in der Automobilindustrie, mit ihrer kundenauftragsbezogenen Montage, der montagesynchronen Belieferung, der hohen Varianten- und Teilevielfalt und der Massenhaftigkeit der Informations- und Güterströme regelmäßig der Fall.

Sind dagegen die Interdependenzen zwischen den einzelnen Logistikfunktionen von eher untergeordneter Bedeutung (beispielsweise bei kontinuierlicher Produktion eines Produktes) kann sich durch die Zuordnung von Teillogistiken zu den Primärfunktionen eine bessere Ausrichtung der Logistik auf die Anforderungen der jeweiligen Funktion ergeben.

4.1.2.2 Einbindung betrieblicher Funktionen in die Spartenorganisation

In der Spartenorganisation (nachfolgend auch Objektmodell genannt) wird das Unternehmen auf der zweiten Hierarchieebene nach Objekten (also Produktgruppen, Regionen oder Kundengruppen) gegliedert. Unabhängig von diesem Hauptgliederungsmerkmal ist in der Spartenorganisation für jede betriebliche Funktion die Entscheidung zu treffen, ob die Funktion ausschließlich dezentral, ausschließlich zentral oder gemischt eingegliedert werden soll (vgl. Bleicher 1991).

Bei einer **ausschließlich dezentralen Eingliederung** einer Funktion wird diese Funktion ausschließlich den Objektbereichen zugeordnet. Am Beispiel der Funktion Forschung und Entwicklung ergibt sich dabei folgende Gliederung:

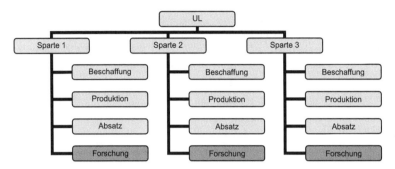

Abbildung 31: Dezentrale Einbindung der F&E in der Spartenorganisation

Eine rein dezentrale Einbindung einer Funktion in die Spartenorganisation ist unter folgenden Anwendungsvoraussetzungen vorteilhaft:

- die Funktion ist bedeutsam für den Erfolg der einzelnen Objektbereiche
- es bestehen hinsichtlich der Funktion keine oder nur geringe Interdependenzen zwischen den Objektbereichen
- es besteht keine Notwendigkeit zur objektbereichsübergreifenden Vereinheitlichung (hinsichtlich Ressourcen, Verfahren, Prozessen, Marktauftritt etc.)
- die den Objektbereichen zugeordneten Funktionen haben eine Mindestbetriebsgröße, die eine effiziente Ressourcennutzung erlaubt
- durch eine (Teil-) Zentralisierung sind keine wesentlichen Skalen- oder Synergieeffekte zu erwarten.

Eine Besonderheit der dezentralen Eingliederung ergibt sich, wenn obige Anwendungsvoraussetzungen im Grundsatz erfüllt sind, aber dennoch gewisse Interdependenzen oder Abstimmbedarfe zwischen den Objektbereichen gegeben sind. Dies ist beispielsweise dann der Fall, wenn die Kundengruppen der Objektbereiche überwiegend heterogen sind, bezüglich einzelner Kundengruppen aber Überschneidungen bestehen. In diesem Fall kann das so genannte **Mandatsprinzip** (vgl. Bleicher 1991) angewendet werden: Jedem Objektbereich wird der Absatzbereich zugewiesen, diejenigen Kundengruppen aber, die in mehreren Objektbereichen Kunde sind, werden ausschließlich von demjenigen Objektbereich bedient, der mit der jeweiligen Kundengruppe die höchsten Umsatzerlöse erzielt. Dieser liefert auch die Leistungen der anderen Objektbereiche an die betroffene Kundengruppe.

Eine **rein zentrale Eingliederung** liegt dann vor, wenn die Funktion unmittelbar an die Unternehmensleitung angebunden wird und keine (Teil-) Zuordnung zu den Objektbereichen erfolgt. Die zentrale Eingliederung wird nachfolgend wieder am Beispiel der Forschung und Entwicklung aufgezeigt.

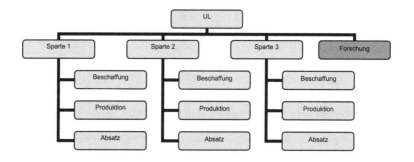

Abbildung 32: Zentrale Eingliederung der F&E in der Spartenorganisation

Die rein zentrale Eingliederung wird unter folgenden Anwendungsvoraussetzungen angewandt:
- durch die zentrale Eingliederung werden die Erfolgschancen der Objektbereiche nicht übermäßig beschnitten
- es bestehen hinsichtlich der Funktion erhebliche Interdependenzen zwischen den Objektbereichen
- es besteht eine hohe Notwendigkeit zur objektbereichsübergreifenden Vereinheitlichung
- durch eine zentrale Eingliederung können erhebliche Skalen- oder Synergieeffekte erzielt werden.

In den Fällen, in denen einige der dargestellten Anwendungsvoraussetzungen für eine dezentrale, andere Anwendungsvoraussetzungen aber für eine zentrale Eingliederung einer Funktion sprechen, bietet sich die **gemischte Eingliederung** an. Auch diese wird nachfolgend am Beispiel der Forschung und Entwicklung dargestellt.

4.1 Gestaltung der Aufbauorganisation

In der in Abbildung 33 dargestellten organisatorischen Gliederung könnte die zentrale Forschung und Entwicklung folgende, alternative Aufgaben haben:

- Grundlagenforschung, Forschungsdokumentation, Patentwesen
- Steuerung der Forschungsaktivitäten der Objektbereiche
- Durchführung objektbereichsübergreifender Forschungsprojekte
- Koordination objektbereichsübergreifender Forschungsvorhaben.

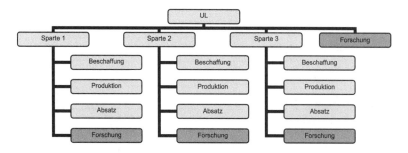

Abbildung 33: *Gemischte Eingliederung der F&E in der Spartenorganisation*

Eine gemischte Eingliederung von Funktionen in der Spartenorganisation ist unter folgenden Voraussetzungen geboten:

- die Funktion ist für den Erfolg des Objektbereichs wesentlich
- es bestehen gewisse Interdependenzen zwischen den Objektbereichen
- von einer teilweisen Zentralisierung der Funktion sind nennenswerte Synergie- oder Skaleneffekte zu erwarten
- es besteht die Notwendigkeit zur Vereinheitlichung von Verfahren, Prozessen, Produkten etc..

4.1.2.3 Einbindung betrieblicher Funktionen in die Matrixorganisation

Die Matrixorganisation wird als Grundmodell der organisatorischen Gestaltung dann eingesetzt, wenn gleichzeitig eine Koordination nach zwei oder mehreren Dimensionen erforderlich ist.

Bei der Einbindung betrieblicher Funktionen in die Matrixorganisation bestehen zwei alternative Gestaltungsmöglichkeiten:

Alternative 1: das operative Geschäft wird von den betrieblichen Funktionen betrieben (Linieninstanzen), die Objektbereiche (Produktgruppen, Kundengruppen oder Regionen) sind Matrixinstanzen und koordinieren die Funktionen nach dem jeweiligen Objekt.

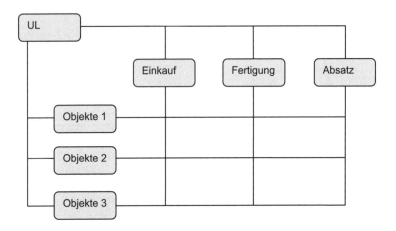

Abbildung 34: Objektbereiche als Matrixinstanzen

Diese Gestaltung bietet sich dann an, wenn eine Koordination nach Objekten zwar notwendig ist, die betriebliche Größe aber nicht ausreichend ist, um eigenständige Objektbereiche zu bilden.

Alternative 2: das operative Geschäft wird von den Objektbereichen (Produktgruppen oder Regionen) als Linieninstanzen betrieben, die Funktionsbereiche bzw. die Objekte der anderen Objektdimension (Matrixinstanzen) koordinieren die Linieninstanzen im Hinblick auf ihre Belange (Abbildung 35).

Diese Gestaltung ist dann zweckmäßig, wenn aufgrund der Heterogenität der Märkte eigene Objektbereiche gebildet werden mussten, auf eine gewisse zentrale Koordination jedoch nicht verzichtet werden soll.

4.1.2.4 Organisation betrieblicher Funktionen

Auch für die Organisation der einzelnen betrieblichen Funktionen stehen wieder die drei organisatorischen Grundmodelle **funktionale Gliederung**, Objektgliederung und Matrixgliederung zur Verfügung.

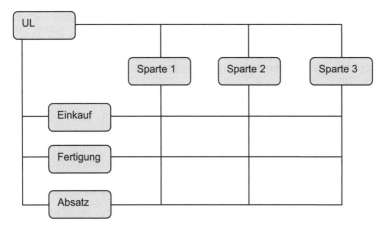

Abbildung 35: Funktionen als Matrixinstanzen

Das Aussehen einer **funktionalen Gliederung** sei hier am Beispiel der betrieblichen Funktion Absatz gezeigt.

Abbildung 36: Funktionale Gliederung des Absatzes

Die betrieblichen Funktionen können funktional beispielsweise wie folgt gegliedert werden (vgl. z.B. Bleicher 1991):

- Beschaffung: Einkauf, Bestellabwicklung, Wareneingang, Transport, Materiallager
- Produktion: Vorfertigung, Baugruppenmontage, Endmontage; Dreherei, Fräserei, Montage
- Absatz: Marktforschung, Marketingplanung, Werbung, Verkauf, Kommissionierung, Verpackung und Versand
- Forschung und Entwicklung: Grundlagenforschung, Produktforschung, Dokumentation, Patentwesen
- Verwaltung: Finanzen und Rechnungswesen, Personal, EDV, Allgemeine Verwaltung.

Dabei bestehen eine Vielzahl von Gliederungsmöglichkeiten, die sich aus den spezifischen Gegebenheiten der einzelnen Unternehmen ergeben.

Vorteile der funktionalen Gliederung betrieblicher Funktionen liegen in der hohen Verrichtungsspezialisierung und der günstigen Ressourcennutzung.

Es besteht jedoch nur geringe Ausrichtung an Objekten (z.B. Lieferantengruppen, Beschaffungsgegenständen oder Beschaffungsregionen in der Beschaffung, Kunden, Produktgruppen oder Regionen im Absatz). Die funktionale Gliederung eignet sich damit insbesondere dann, wenn die für die Gliederung einer Funktion relevanten Objekte relativ homogen sind und die geringe Größe der Funktion zu einer effizienten Ressourcennutzung zwingt.

Bei einer **Objektgliederung** wird die betriebliche Funktion nach relevanten Objekten untergliedert. Für die einzelnen Funktionen kommen beispielsweise folgende alternative Objekte in Betracht:

- Beschaffung: Beschaffungsgegenstände, Lieferantengruppen, Regionen
- Produktion: Produkte, Werke, Regionen
- Absatz: Produkte, Kunden, Regionen
- Forschung und Entwicklung: Forschungsgegenstände
- Teilfunktionen der Verwaltung:
    - Personal: Mitarbeitergruppen, Regionen
    - Rechnungswesen: Gesellschaften (bei Konzernen), Kontengruppen (in der Hauptbuchhaltung)
    - EDV: Hardware, Software.

Eine Objektgliederung betrieblicher Funktionen ist nachfolgend am Beispiel einer Beschaffung mit regionaler Gliederung dargestellt. Eine derartige Gliederung bietet sich bei großen Unternehmen mit weltweiter Beschaffung an. Unterhalb der Regionalbereiche ist eine Untergliederung nach Materialarten denkbar.

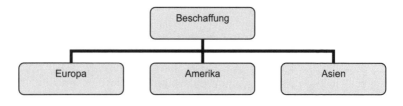

Abbildung 37: Objektgliederung der Beschaffung

4.1 Gestaltung der Aufbauorganisation

Eine Objektgliederung einer Funktion ist insbesondere dann geboten, wenn die Objekte hinsichtlich der Bearbeitungsanforderungen heterogen sind und einen kritischen Erfolgsfaktor darstellen.

Eine **Matrixgliederung** betrieblicher Funktionen (vgl. Bleicher 1991) wird verwendet, wenn innerhalb der jeweiligen Funktion gleichzeitig eine Koordination nach mehreren Kriterien erforderlich ist. Sie wird hier am Beispiel des Absatzes dargestellt.

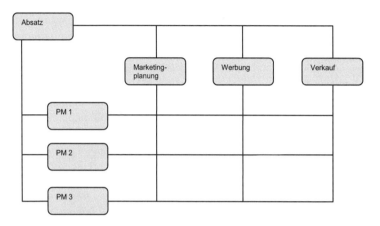

Abbildung 38: Matrixorganisation des Absatzes

Eine Matrixgliederung innerhalb eines Funktionsbereichs kann dann geboten sein, wenn der Funktionsbereich funktional gegliedert ist, aber so groß und nach Objekten diversifiziert ist, dass innerhalb des Funktionsbereiches eine Koordination nach Objekten notwendig wird. Die praktische Bedeutung dieser Gestaltungsform dürfte eher gering sein.

4.1.3 Organisation internationaler Unternehmen

Die Organisation internationaler Unternehmen (vgl. z.B. Kieser/Kubicek 1992, Pausenberger 1992, Bühner 1993) durchläuft, idealtypisch gesehen, mehrere Phasen.

Zu Beginn der Auslandsaktivitäten werden die ausländischen Tochtergesellschaften relativ lose an einzelne Mitglieder der Unternehmensleitung angebunden (vgl. Abbildung 39). Eine ausgeprägte strategische Vorstellung hinsichtlich des Auslandsengagements besteht nicht. Mit zunehmender Dauer und zunehmendem Umfang der Auslandsaktivitäten wird die Unternehmensleitung mit der Steuerung der ausländischen Tochtergesellschaften überfordert. Die internationalen Aktivitäten werden nun in einer eigenen Organisationseinheit, einer so genannten International-Division (vgl. Abbildung 40) gebündelt.

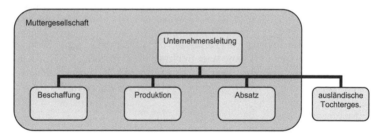

Abbildung 39: "Lose" Anbindung ausländischer Tochtergesellschaften

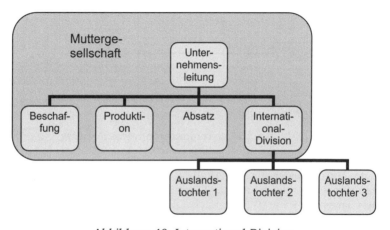

Abbildung 40: International-Division

Bei weiterem Wachstum genügt auch die International-Division den Anforderungen nicht mehr. Insbesondere werden die Entwicklungsmöglichkeiten der Auslandsgesellschaften durch den künstlich geschaffenen Gegensatz von In- und Ausland (bei Dominanz des Inlandes) begrenzt. Es entsteht eine **integrierte internationale Organisation**.

Die integrierte internationale Organisation kann alternativ als Funktionale Organisation, als Spartenorganisation (Produktdivisionen oder Gebietsdivisionen) oder als Matrixorganisation gestaltet werden.

Die Gestaltung der internationalen Organisation in Form einer **Funktionalen Organisation** bietet sich dann an, wenn homogene Produkte unter weltweit relativ einheitlichen Rahmenbedingungen produziert und verkauft werden. Die Leiter der Funktionsbereiche sind dann weltweit für alle Aktivitäten in diesem Funktionsbereich verantwortlich. Allerdings kommt es in dieser Organisationsform aufgrund der Unterschiedlichkeit von Organisations- und Rechtsstruktur (die Auslandstöchter werden im Allgemeinen rechtlich selbstständig sein) zu Mehrfachunterstellungen der Auslandsgesellschaften und damit zu Konflikten. In der Praxis kommt diese Organisationsform selten vor. Beispiele finden sich in der Automobil- und Erdölindustrie.

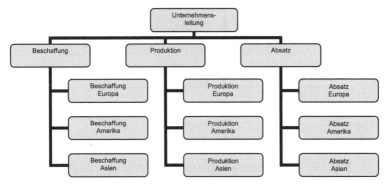

Abbildung 41: Integrierte internationale Organisation als Funktionale Organisation

Produktdivisionen finden in der internationalen Organisation dann Anwendung, wenn das Unternehmen hoch diversifiziert ist, die Produkte heterogen sind und weltweit eher einheitliche Bedingungen für Produktion und Vermarktung vorliegen. Beispiele für diese Gestaltung finden sich in der Elektro- und Elektronikindustrie sowie in der chemischen Industrie.

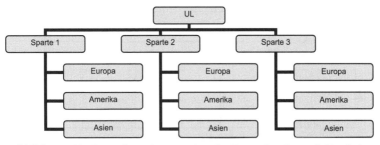

Abbildung 42: Integrierte internationale Organisation mit Produktdivisionen

Wenn dagegen der Diversifikationsgrad eher niedrig ist und die Produkte eher homogen sind, aber erhebliche regionale Unterschiede für Produktion und Vermarktung bestehen, bietet sich die Einrichtung von **Gebietsdivisionen** an.

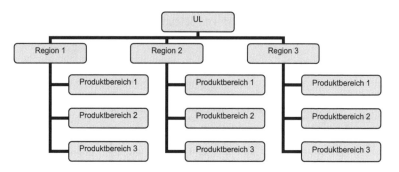

Abbildung 43: Integrierte internationale Organisation mit Gebietsdivisionen

Eine **Matrix- oder Tensororganisation** wird von internationalen Organisationen dann eingesetzt, wenn die gleichzeitige Notwendigkeit zur Koordination nach mehreren Gestaltungsdimensionen besteht. Steht hierbei die Heterogenität der Produktgruppen im Vordergrund und besteht gleichzeitig die Notwendigkeit nach einer funktionalen Koordination, so wird das operative Geschäft den Produktdivisionen übertragen und eine funktionale Koordination durch funktionale Zentralbereiche übernommen.

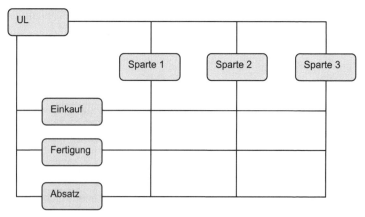

Abbildung 44: Integrierte internationale Matrix mit Produktdivisionen und funktionalen Zentralbereichen

4.1 Gestaltung der Aufbauorganisation

Bei homogenen Produkten aber heterogenen Regionen, verbunden mit der Notwendigkeit nach einer funktionalen Koordination, wird das operative Geschäft den regionalen Divisionen übertragen, die durch funktionale Zentralbereiche koordiniert werden.

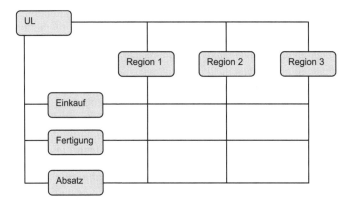

Abbildung 45: Integrierte internationale Matrixorganisation mit regionalen Divisionen und funktionalen Zentralbereichen

Müssen dagegen die Dimensionen Funktion, Produkt und Region gleichzeitig bei der Organisationsgestaltung berücksichtigt werden, wird eine **Tensororganisation** mit Produkt-, Gebiets- und Zentralbereichen erforderlich. Das operative Geschäft wird dabei entweder den Produkt- oder den Gebietsbereichen übertragen, je nachdem welche Koordinationsanforderung (Produkt oder Region) als bedeutsamer angesehen wird. Dabei sind innerhalb eines Unternehmens gemischte Strukturen möglich: In den Feldern, in denen die produktbezogenen Unterschiede bedeutsamer sind als die regionalen Unterschiede, wird das operative Geschäft den Produktdivisionen zugeordnet und umgekehrt.

Abhängig vom Ausmaß der Produktdiversifikation und dem Ausmaß der Internationalisierung ergeben sich damit zusammenfassend die in Abbildung 46 dargestellten Gestaltungen.

4.1.4 Konzernorganisation und Einheitsgesellschaft

Konzernunternehmen sind rechtlich selbstständige Unternehmen, auf die ein anderes Unternehmen herrschenden Einfluss nehmen kann und die unter einheitlicher Leitung zusammengefasst sind. Die Konzernunternehmen bilden eine wirtschaftliche Entscheidungs- und Handlungseinheit und verfolgen gemeinsame wirtschaftliche Ziele (vgl. Theisen 2000).

4. Organisatorische Gestaltung

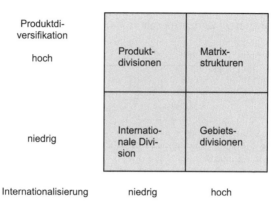

Abbildung 46: Gestaltungsmöglichkeiten internationaler Organisation

Bei fortbestehender rechtlicher Selbstständigkeit wird die unternehmerische Autonomie der einzelnen Konzernunternehmen durch die einheitliche Leitung eingeschränkt. Eine einheitliche Leitung liegt dabei nach herrschender Meinung bereits dann vor, wenn die Konzernobergesellschaft in einem einzelnen zentralen Bereich (also z.B. im Finanzbereich) eine einheitliche Politik durchsetzt. Die einheitliche Leitung kann entweder faktisch, d.h. auf der Grundlage der bestehenden Mehrheitsbeteiligungen (faktischer Konzern) oder auf der Grundlage eines Beherrschungsvertrages (Vertragskonzern) ausgeübt werden.

Konzerne entstehen entweder durch den Erwerb von Mehrheitsbeteiligungen als Ausfluss einer Wachstumsstrategie oder durch rechtliche Verselbstständigung bisher unselbstständiger Teile eines Einheitsunternehmens. Mit der rechtlichen Verselbstständigung bisher unselbstständiger Unternehmensteile werden im Allgemeinen folgende Ziele verfolgt (vgl. Bühner 1996):

- Verbesserung von Marktnähe, Flexibilität und Motivation
- Begrenzung der Haftung
- Erleichterung des Zugangs zum Kapitalmarkt (Schaffung eigenständiger börsenfähiger Einheiten)
- Ermöglichung strategisch gewünschter Beteiligungen Dritter an Konzernteilen, ohne dass diese Einblick in den gesamten Konzern erhalten
- Erzielung von Transparenz über das Betriebsergebnis und Verhinderung von Quersubventionierung.

4.1 Gestaltung der Aufbauorganisation

Die Konzernorganisation (vgl. Bleicher 1991 und 1992) besteht aus drei Arten von Einheiten:

- den Grundeinheiten
- den Zwischeneinheiten
- der Spitzeneinheit.

Den **Grundeinheiten** obliegt die Abwicklung des täglichen Geschäftes. Grundeinheiten können als Tochtergesellschaften rechtlich selbstständig sein oder als rechtlich unselbstständige Produktionsstätten, Verkaufsniederlassungen oder Zweigniederlassungen gestaltet sein. **Zwischeneinheiten** bündeln jeweils mehrere Grundeinheiten. Zwischeneinheiten können als so genannte Zwischenholding rechtlich selbstständig sein oder als rechtlich unselbstständige Funktions-, Objekt- oder Regionalbereiche innerhalb der Muttergesellschaft ausgestaltet werden. Die **Spitzeneinheit** übt (ggf. über die Zwischeneinheiten) für den gesamten Konzern die einheitliche Leitung aus. Die Funktion der Spitzeneinheit wird entweder von einer rechtlich selbstständigen Spitzenholding oder durch das Spitzenorgan der Muttergesellschaft bzw. durch die „Konzern-Hauptverwaltung" der Muttergesellschaft wahrgenommen.

Im **segregierten Konzern** ist die Spitzeneinheit rechtlich und organisatorisch in der Muttergesellschaft angesiedelt. Innerhalb der Muttergesellschaft befinden sich darüber hinaus Grundeinheiten, die nicht selten den überwiegenden Teil des operativen Konzerngeschäftes betreiben. Die außerhalb der Muttergesellschaft befindlichen Grundeinheiten sind entweder direkt oder über Zwischeneinheiten an die Spitzeneinheit angebunden. Hierdurch entsteht eine Teilung (Segregation) des Konzerns in die zur Muttergesellschaft gehörenden Teile und die übrigen Konzernteile, die sich im Allgemeinen zu Ungunsten der letzteren auswirkt.

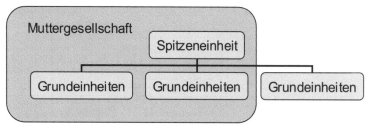

Abbildung 47: Segregierter Konzern ohne Zwischeneinheiten (nach Bleicher 1991)

Der segregierte Konzern findet häufig zu Beginn der Konzernbildung, bei noch geringer Bedeutung der Tochtergesellschaften

Anwendung. Zunächst werden die Tochtergesellschaften relativ lose an die Spitzeneinheit der Muttergesellschaft angebunden. Mit zunehmender Größe und Bedeutung der Tochtergesellschaften genügt diese Form der Anbindung jedoch nicht mehr und die Tochtergesellschaften werden in eigenen Zwischeneinheiten gebündelt.

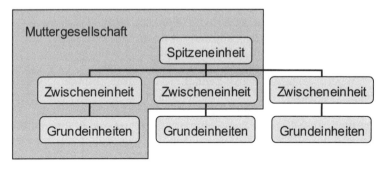

Abbildung 48: Segregierter Konzern mit Zwischeneinheiten (nach Bleicher 1991)

Im weiteren Verlauf wird erkannt, dass die Chancen der Tochtergesellschaften durch die Segregation und die Dominanz der Muttergesellschaft unnötig beschnitten werden. Der segregierte Konzern wird nun in einen **integrierten Konzern** umgewandelt. Hierzu wird eine neutrale Spitzeneinheit ausgebildet, die für den gesamten Konzern die einheitliche Leitung ausübt. Gleichzeitig wird der operative Teil der Muttergesellschaft von der Spitzeneinheit getrennt und wie die übrigen Grundeinheiten behandelt. Die Grundeinheiten können zusätzlich in Zwischeneinheiten gebündelt werden. Durch die rechtliche Zusammenfassung von Spitzeneinheit und Zwischeneinheiten wird die Autonomie der Konzernteile verringert, durch die rechtliche Verselbstständigung erhöht.

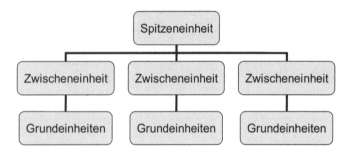

Abbildung 49: Integrierter Konzern (nach Bleicher 1991)

4.1 Gestaltung der Aufbauorganisation

Die Aufgaben der Spitzen- und Zwischenholdings werden je nach Zentralitätserfordernis unterschiedlich gestaltet. Zentrale Konzernorganisationen sind dabei durch folgende Merkmale gekennzeichnet:

- weitreichendes Aufgabenspektrum der Spitzeneinheit
- weitgehende Einflussnahme auf das Geschäft der Tochtergesellschaften
- viele und große Zentralbereiche in der Spitzeneinheit
- vergleichsweise wenige Zwischeneinheiten
- geringe Autonomie der Zwischen- und Grundeinheiten.

Im Einzelnen haben sich folgende Grundtypen von Holdings entwickelt, wobei Bezeichnungen und Beschreibungen variieren (vgl. Bühner 1996, Bleicher 1991, Naumann 1994, Mellewigt 1995):

- **Reine Holding/Beteiligungsholding**: Diese hält lediglich die Beteiligung, nimmt aber keinen Einfluss auf das Geschäft. Wegen der fehlenden einheitlichen Leitung liegt kein Konzern im engeren Sinne vor.

- **Finanzholding**: Diese hält die Beteiligungen und nimmt einen Transfer von finanziellen Mitteln zwischen den Konzernteilen vor. Finanzielle Überschüsse einzelner Konzernteile werden zu anderen Konzernteilen mit einem Bedarf an finanziellen Mitteln transferiert. Diese Finanztransfers sind wesentlicher Bestandteil der strategischen Steuerung des Konzerns. Der Übergang zur strategischen Holding ist fließend.

- **Strategische Holding**: Strategische Holdings nehmen Einfluss auf die Strategie der Tochtergesellschaften, nicht aber auf das operative Geschäft.

- **Operative Holding**: Die Einflussnahme operativer Holdings erstreckt sich auf die Strategie und das operative Geschäft der Tochtergesellschaften.

Neben den dargestellten Führungsfunktionen werden von Holdings auch Servicefunktionen (z.B. im Bereich des Rechnungswesens, der Personalverwaltung, der EDV), Beratungsfunktionen und Koordinationsfunktionen (z.B. im Bereich der Forschung und Entwicklung, der Fertigungs- und Informationstechnologie und des Marketing) wahrgenommen.

Grundsätzlich gilt, dass alle Funktionen zentralisiert werden, die bei einer Zentralisierung effizienter oder effektiver wahrgenommen werden können als bei einer Dezentralisierung. Die unter 4.1.2. getroffenen Aussagen zur zentralen, dezentralen oder gemischten Eingliederung von Funktionen in der Spartenorganisation gelten für die Konzernorganisation analog.

Das Ausmaß der Zentralisierung ist zunächst von der verfolgten Situation des Konzerns abhängig. Bei kleineren und vergleichsweise wenig diversifizierten Konzernen steht das Ziel der effizienten Ressourcennutzung im Vordergrund. Entsprechend erfolgt eine weitestgehende Zentralisierung des Konzerns.

Wenn dagegen die Produkte, Märkte und Technologien der verschiedenen Konzernteile sehr heterogen sind, sind von einer Zentralisierung nur geringe Betriebsgrößen- und Synergieeffekte zu erwarten. Einer Zentralisierung des Konzerns steht darüber hinaus entgegen, dass die erforderliche Markt- und Kundenorientierung und Flexibilität durch eine Zentralisierung behindert werden würde. Derartige Konzerne sind daher eher dezentral zu gestalten.

Die aus der Konzernsituation abgeleiteten Aussagen können durch die Betrachtung idealtypischer Konzerntypen (differenzierter Konzern, Programmtyp und Prozesstyp) weiter differenziert werden (vgl. Bleicher 1992, Bühner 1993).

Der **differenzierte Konzern** (konglomerater Mischkonzern) ist in sehr heterogenen Geschäftsfeldern und Regionen tätig. Ziel ist es, durch einen geeigneten Mix von Branchen und Regionen einen konjunkturellen Risikoausgleich zu erzielen und durch finanzwirtschaftliche Transfers zwischen den Geschäftsfeldern Wachstum und Überleben des Konzerns sicherzustellen. Anpassungen erfolgen durch den Erwerb neuer bzw. die Veräußerung nicht mehr attraktiver Geschäftsfelder. Aufgrund der heterogenen Aktivitäten bestehen nur geringe Chancen für die Realisierung von Synergieeffekten oder Betriebsgrößenvorteilen. Die Notwendigkeit, sich nah an den heterogenen Märkten zu orientieren ist hoch. Den Konzernteilen wird deshalb eine hohe Autonomie gewährt, die lediglich in finanzieller Hinsicht und hinsichtlich der Veräußerung und dem Erwerb von Konzernteilen beschränkt ist.

Der **Prozesstyp** versucht durch Integration oder Desintegration vor- und nachgelagerter Stufen der Wertschöpfungskette folgende Ziele zu erreichen:

- Sicherung von Absatz- und/oder Beschaffungsmärkten
- Erhöhung der Ertragsstärke durch Integration geeigneter Stufen der Wertschöpfungskette
- Erzielung von Rationalisierungseffekten durch Harmonisierung der Kapazitäten aufeinanderfolgender Stufen der Wertschöpfungskette in mengenmäßiger, räumlicher, zeitlicher und technischer Hinsicht.

Soweit die vorgelagerten Wertschöpfungsstufen lediglich Güter für die nachfolgenden Wertschöpfungsstufen erstellen, wird ihre Autonomie wegen der bestehenden Interdependenzen zwischen den

4.1 Gestaltung der Aufbauorganisation

Wertschöpfungsstufen stark eingeschränkt. Die Einflussnahme der Spitzeneinheit erstreckt sich hier auch auf das Tagesgeschäft. Sofern die Wertschöpfungsstufen jedoch in nennenswertem Umfang über eigene Absatzmärkte verfügen, wird ihnen ein gewisses Mindestmaß an Autonomie eingeräumt werden müssen.

Im **Programmtyp** werden vorhandene Ressourcen und Fähigkeiten synergetisch genutzt, um veränderliche Marktpotentiale zu erschließen und auszubeuten.

Eine aktuelle Ausgestaltung findet der Programmtyp in der so genannten **Konzernorganisation nach Kernkompetenzen**. Kernkompetenzen sind Fähigkeiten, die über einen längeren Zeitraum erworben wurden, von Dritten nur schwer nachzuahmen sind, den Zugang zu vielen heterogenen Märkten ermöglichen und die vom Kunden als wichtige Kaufmerkmale wahrgenommen werden. Sie sind die Wurzeln für die dauerhafte Erstellung unterschiedlichster Leistungen und werden in verschiedenen, im Zeitablauf veränderlichen Geschäftseinheiten zu verschiedensten Endprodukten gebündelt. Kernkompetenzen können im Bereich der Produkt- oder Prozesstechnologie oder im Bereich der Geschäftsprozesse angesiedelt sein.

Aufgabe der Spitzeneinheit ist es, sicherzustellen, dass die Kernkompetenzen geschäftsfeldübergreifend aufgebaut, erhalten, weiterentwickelt und genutzt werden. Die Autonomie der Konzernteile ist ansonsten von den Interdependenzen zwischen den einzelnen Konzernteilen und den durch Zentralisierung erzielbaren Betriebsgrößen- und Synergieeffekten abhängig.

Die **Einheitsgesellschaft** ist das konkurrierende Modell rechtsorganisatorischer Gestaltung zur Konzernorganisation. Im Gegensatz zum Konzern haben die einzelnen Teilbereiche des Unternehmens keine eigene Rechtspersönlichkeit, sie sind vielmehr in einem einzigen Unternehmen mit einer einzigen Rechtspersönlichkeit zusammengefasst. Die Entscheidung für eine Konzernorganisation oder ein Einheitsunternehmen stellt sich in folgenden Fällen:

- für die anstehende Reorganisation der noch nicht als Konzern organisierten Mehrheitsbeteiligungen eines Unternehmens stellt sich die Frage nach der geeigneten Gestaltung

- für ein als Konzern organisiertes Unternehmen stellt sich die Frage der vollständigen oder teilweisen Verschmelzung von Tochterunternehmen zu einem Einheitsunternehmen

- für ein als Einheitsunternehmen organisiertes Unternehmen stellt sich die Frage der Ausgliederung von Tochtergesellschaften mit nachfolgender Bildung einer Konzernstruktur.

In der Literatur werden als Vorteile der Einheitsgesellschaft nicht selten effizientere Ressourcennutzung und einheitlichere Willensbildung, als Vorteile der Konzernorganisation dagegen höhere Markt- und Kundennähe, größere Flexibilität und höhere Motivation genannt. Diese Vorstellung verkennt jedoch, dass Einheitsgesellschaften unabhängig von ihrer Rechtsstruktur auch als dezentrale Spartenorganisationen gestaltet werden können und damit exakt die dem Konzern zugeschriebenen Vorteile realisieren können. Umgekehrt ist es ebenso möglich, einen Konzern stark zu zentralisieren. Im Extremfall kann die Zentralisierung in kleineren Konzernen so weit getrieben werden, dass die Rechtspersönlichkeiten der Konzernunternehmen zwar erhalten bleiben, der Konzern aber wie ein Einheitsunternehmen organisiert und geführt wird.

In der Praxis hat sich für Großunternehmen die Konzernbildung gegenüber dem Einheitsunternehmen durchgesetzt. Grund hierfür ist nicht zuletzt die zunehmende Internationalisierung der Großunternehmen, die ab einer nennenswerten Größe des Auslandsengagements eigene Rechtspersönlichkeiten der Auslandsaktivitäten aus rechtlichen, politischen und Imagegründen erfordert. Darüber hinaus sprechen weitere Gründe für den Konzern:

- Die Veräußerung von Unternehmensteilen mit eigener Rechtspersönlichkeit ist einfacher zu bewerkstelligen als die Veräußerung rechtlich unselbstständiger Unternehmensteile eines Einheitsunternehmens.

- Es gelingt in Konzernstrukturen leichter, akquirierte Unternehmen einzugliedern und gleichzeitig deren Besonderheiten zu erhalten, als in Einheitsunternehmen.

- Durch die Möglichkeit, rechtlich eigenständige Teilkonzerne an den Kapitalmarkt zu bringen, wird die Eigenkapitalbeschaffung erleichtert, ohne dass aussenstehende Aktionäre Einfluss auf die übrigen Konzernteile erhalten.

- Kooperationspartnern können an rechtlich eigenständigen Teilkonzernen Beteiligungen eingeräumt werden, ohne dass die Partner Einblick in den Gesamtkonzern oder Einfluss auf diesen erlangen.

- Die Ergebnistransparenz wird grundsätzlich höher und die Ergebnissteuerung der Teilkonzerne ist grundsätzlich einfacher zu bewerkstelligen, als in einem Einheitsunternehmen (allerdings kann dies auch durch geeignete Gestaltung des internen Rechnungswesens erreicht werden).

Bei der Gestaltung von Großunternehmen sind unabhängig von den aufgeführten Gründen häufig steuerrechtliche und handelsrechtliche Gründe ausschlaggebend für die Wahl der rechtsorganisatorischen Gestaltung. Dies erfordert regelmäßig eine intensive Würdigung des Einzelfalls.

4.2 Organisation von Kooperationen

Kooperationen stellen Unternehmensverbindungen dar, bei denen die Unternehmen auf freiwilliger, meist vertraglicher Basis zusammenarbeiten, die rechtliche und wirtschaftliche Selbstständigkeit der Unternehmen jedoch weitgehend erhalten bleibt. Aus den verschiedenen Kooperationsformen sollen hier die in jüngster Zeit besonders bedeutsamen Formen der strategischen Allianz und des fokalen Netzwerks (vgl. Sydow 1992) behandelt werden.

Strategische Allianzen sind Koalitionen rechtlich selbstständiger Unternehmen, in denen sich Partner, die über komplementäre Potentiale verfügen, gegenseitigen Zugang zu diesen Potentialen gewähren. Zweck ist die Vereinigung individueller Stärken, um beispielsweise neue Märkte oder Geschäftsfelder zu erschließen, mit Hilfe der Technologien des Partners schneller und kostengünstiger neue Produkte zu entwickeln, Synergie- und Betriebsgrößeneffekte zu realisieren, begrenzte Ressourcen zu kompensieren oder Kosten und Risiken zu teilen.

Die Partner strategischer Allianzen können dabei aus der selben, aber auch aus unterschiedlichen Branchen stammen. Die Zusammenarbeit ist aus Sicht aller Partner stets auf das gleiche Geschäftsfeld gerichtet (eine Kooperation zwischen einem Automobilhersteller und seinen Lieferanten ist deshalb nicht als strategische Allianz im engeren Sinne anzusehen, weil sie aus Sicht des Lieferanten auf das Geschäftsfeld spezifischer Automobilkomponenten, aus Sicht des Automobilherstellers aber auf das Geschäftsfeld Automobile gerichtet ist). Die Partner bleiben rechtlich und wirtschaftlich selbstständig, eine einheitliche Leitung wird nicht ausgeübt.

Strategische Allianzen werden entweder in Form von Joint-Ventures (also gemeinsamen Tochtergesellschaften der Allianzpartner) oder als vertraglich vereinbarte Allianz realisiert. Gegebenenfalls kann die Ernsthaftigkeit der Allianz auch durch wechselseitige Minderheitsbeteiligungen der Allianzpartner unterlegt und abgesichert werden.

Je nachdem, ob die Allianz eher auf die Nutzung von Betriebsgrößeneffekten oder Synergieeffekten gerichtet ist, werden die Ressourcen der Allianzpartner gemeinsam (Ziel Betriebsgrößeneffekt) oder getrennt (Ziel Synergieeffekte) genutzt.

Strategische Allianzen können entweder zentral oder dezentral koordiniert werden. In zentralen strategischen Allianzen erfolgt

4. Organisatorische Gestaltung

die Koordination durch ein einheitliches Koordinationsorgan, bei einer dezentralen strategischen Allianz verbleiben die Entscheidungs- und Weisungsbefugnisse bei den einzelnen Allianzpartnern. Die gemeinsamen Vorhaben werden durch Absprachen zwischen den Koordinationspartnern koordiniert. Es ist offensichtlich, dass eine dezentrale Koordination vor allem dann in Frage kommt, wenn die Ressourcen der Partner getrennt bleiben sollen und ein starkes, gleichgerichtetes Interesse der Partner am Erfolg der Allianz besteht.

Partner in strategischen Allianzen setzen sich in besonderem Maße den folgenden, generell mit Kooperationen verbundenen Risiken aus:

- dem Risiko, dass der Kooperationspartner seine Leistungsbeiträge nicht erbringt
- dem Risiko der Abwanderung von Know-How
- dem Risiko einer faktischen Unauflösbarkeit der Allianz wegen entstandener Abhängigkeiten vom Partnerunternehmen
- dem Risiko der Erpressbarkeit durch übermächtige Allianzpartner
- dem Risiko einer strategischen Umorientierung des Partners
- dem Risiko einer unangemessenen Verteilung von Risiken, Aufwand und Ertrag
- dem Risiko des Verlusts eigener Handlungsmöglichkeiten
- dem Risiko erheblicher Reibungsverluste durch inkompatible Kulturen der Allianzpartner.

Der Auswahl geeigneter Allianzpartner und einer adäquaten rechtsorganisatorischen Gestaltung der Allianz, insbesondere im Hinblick auf die Verhinderung opportunistischen Verhaltens des Kooperationspartners kommt daher besonderes Gewicht zu.

In **fokalen Netzwerken** werden Zulieferer und/oder Abnehmer von einer dominanten Organisation in eine enge, außerordentlich gut koordinierte Beziehung gebunden. Die beteiligten Unternehmen sind keine verbundenen oder gar herrschende bzw. abhängige Unternehmen, sind aber untereinander wesentlich stärker verbunden als mit ihrer sonstigen Umwelt. Die Beziehungen zwischen diesen Unternehmen weisen einen höheren Organisationsgrad auf als der Markt.

Am Beispiel der Automobilindustrie und ihrer Zulieferer kann die Zusammenarbeit der Partner in einem fokalen Netzwerk wie folgt skizziert werden:

- Generell sind derartige Kooperationen aus Sicht eines Automobilherstellers auf die Reduzierung der Komplexität

4.2 Organisation von Kooperationen

eigener Entwicklungs- und Fertigungsprozesse und die Realisierung hieraus resultierender Kosten- und Flexibilitätsvorteile gerichtet. Durch Nutzung spezialisierter Lieferanten mit spezifischem Know-How und spezifischen Fähigkeiten sollen Spezialisierungsvorteile und Betriebsgrößenvorteile genutzt werden. Das notwendige Investitionsvolumen wird reduziert. Die Zusammenarbeit mit dem Lieferanten soll so gestaltet werden, dass Kosten gesenkt, Durchlaufzeiten verkürzt und hohe Qualitätsstandards erreicht werden.

- Aus Sicht eines Zuliefererunternehmens ist die strategische Allianz mit einem Automobilunternehmen auf die Erreichung strategischer Ziele wie Sicherung des Wachstums, Verbesserung der Kostenposition, Verstetigung und Sicherung des Absatzes oder Verbesserung der eigenen Kompetenz gerichtet. Zudem wird durch die intensive informatorische Anbindung der eigenen Fertigungsprozesse an die des Abnehmers eine Verbesserung der Planbarkeit erzielt. Pufferbedarfe in Form von Kapazitätsreserven oder Lägern können hierdurch verringert werden.

- Die Zulieferer arbeiten an der Entwicklung eines neuen Automobils von Beginn an mit und übernehmen wesentliche Teile der Entwicklungsaufgaben. Durch die Parallelität der Entwicklung des Produktes und seiner Teile werden die Produktentwicklungszeiten erheblich verkürzt. Die Nutzung des Know-Hows der Zulieferer erlaubt funktionalere und kostengünstigere Lösungen als die Entwicklung der Vorgaben für die zu liefernden Teile durch den Automobilhersteller. Die Zulieferer haben die Chance, ihre Fähigkeiten in den Entwicklungsprozess einzubringen und dergestalt auf die Produktgestaltung einzuwirken, dass sie ihre Fähigkeiten im späteren Fertigungsprozess bestmöglich nutzen können. Für den Automobilhersteller wird die Komplexität des Produktentwicklungsprozesses deutlich verringert, er muss weniger Entwicklungskapazität und Know-How vorhalten. Diese Zusammenarbeit hat bei paralleler Entwicklung von Produkt und Fertigungsprozess zudem positive Auswirkungen auf die Prozessgestaltung.

- Bei der laufenden Produktion des fertig entwickelten Produkts liegt ein Schwerpunkt der Koordinationsanstrengungen auf einer exakten Steuerung der Anlieferungen. Mit Hilfe einer intensiven informationstechnischen Vernetzung zwischen Automobilindustrie und Zulieferbetrieben erfolgen die Montageabrufe an den Zulieferer so, dass dieser die benötigten Komponenten montagegerecht ans Band des Automobilherstellers liefern kann. Teilweise wird bereits der Einbau einzelner Komponenten am Montageband des Automobilherstellers durch Personal des Zulieferers vorgenommen. Der Aufwand für Lagerhaltung und Teilehandling des Automobilherstellers wird durch die montagegerechte Anlieferung der Komponenten auf ein Minimum reduziert.

- Erhebliche Qualitätsanforderungen an die Lieferanten und die strenge, auf die Qualität des Fertigungsprozesses bezogene Prüfung der Einhaltung dieser Anforderungen führen zu einer wesentlichen Reduzierung des Umfangs der Qualitätskontrolle und der damit verbundenen Durchlaufzeit beim Automobilhersteller. Durch die Anlieferung weitgehend vormontierter Komponenten durch die Zulieferbetriebe sinkt der Montageaufwand und die Durchlaufzeit bei der Automobilmontage deutlich.

Mit fokalen Netzwerken ist erheblicher Aufwand für die enge Koordination der Zulieferer verbunden. Dem stehen jedoch deutliche Vorteile für das dominante Unternehmen, aber auch für die Zulieferer entgegen. Die Risiken fokaler Netzwerke sind denen strategischer Allianzen vergleichbar, wobei sie aufgrund unterschiedlicher Machtverhältnisse oft einseitig von den Zulieferern zu tragen sind.

4.3 Gestaltung der Ablauforganisation

Ablauforganisation legt die Art, die Zeit, die Menge und den Ort der Aufgabenerfüllung fest. Im Einzelnen sind folgende Aspekte Gegenstand der Ablauforganisation:

- die zeitliche und sachliche Abfolge von Aktivitäten (oder Bearbeitungsschritten)

- die sachlichen und zeitlichen Bedingungen, unter denen eine Aufgabe zu erfüllen ist

- die logischen Beziehungen der wahrzunehmenden Aufgabe zu anderen Aufgaben

- ob die Aufgabe kontinuierlich oder diskontinuierlich wahrzunehmen ist

- in welcher Menge pro Zeiteinheit und ggf. in welcher Losgröße die Aufgaben zu bearbeiten sind

- unter welchen sachlichen und zeitlichen Bedingungen Abstimmungen mit anderen Stellen vorzunehmen sind

- unter welchen sachlichen und zeitlichen Bedingungen Informationen von anderen Stellen geliefert werden, bzw. an diese zu liefern sind

4.3 Gestaltung der Ablauforganisation

- zu welchen Zeitpunkten bzw. in welchen Zeiträumen die Aufgaben zu bearbeiten sind
- wie lange die Bearbeitungszeit für die Aufgabe oder einen einzelnen Vorgang betragen darf (Vorgabezeit)
- an welchem Ort die Aufgabe zu erfüllen ist
- an welchen Ort die Arbeitsergebnisse (häufig in Form von Informationen) zu verbringen sind bzw. von welchem Ort Arbeitsergebnisse vorgelagerter Stellen zu beschaffen sind
- die Art und Mengen der Sachmittel, die für die Erfüllung der Aufgabe genutzt werden können sowie Ort und Zeitpunkte bzw. Zeiträume der Nutzung dieser Sachmittel.

Die Gestaltung der Ablauforganisation erfolgt traditionell unter den Zielen

- Maximierung der Kapazitätsauslastung und
- Minimierung der Durchlaufzeiten.

Zwischen diesen beiden Zielen besteht ein Zielkonflikt. Da die im Arbeitsprozess abzuarbeitenden Aufgaben im Allgemeinen nicht in gleichmäßiger Menge anfallen, kann eine minimale Durchlaufzeit nur dann realisiert werden, wenn die Kapazität so dimensioniert wird, dass die pro Zeiteinheit maximal anfallende Arbeitsmenge ohne Wartezeiten abgearbeitet werden kann. In Zeiten geringerer Arbeitsbelastung wird die Kapazität dann nicht voll ausgelastet. Wird die Kapazität dagegen auf die minimale Arbeitsbelastung je Zeiteinheit ausgerichtet, so ist zwar die Kapazitätsauslastung maximal, aufgrund der entstehenden Wartezeiten kann jedoch nicht die geringst mögliche Durchlaufzeit realisiert werden. Dieser Zielkonflikt ist nicht auflösbar, daher wird auch vom Dilemma der Ablauforganisation gesprochen.

Der Zielkatalog für die Gestaltung der Ablauforganisation umfasst darüber hinaus das Ziel Qualität sowie das gegenüber dem Ziel Kapazitätsauslastung weiter gefasste Ziel Kosten. Das Ziel der Durchlaufzeit beinhaltet neben Durchlaufzeiten im Fertigungsprozess auch Zeiten in weiteren Prozessen, insbesondere im Bereich der Produktentwicklung.

Durch Einsatz neuer Technologien im Bereich der Automatisierungs- und Rüsttechnik sowie in der Bürokommunikation, durch verbesserte Koordinationsmaßnahmen und durch zum Teil radikale Verschlankung der Prozesse konnten in jüngerer Zeit gleichzeitig eine Verkürzung von Durchlaufzeiten bei einer Senkung der Kosten und einer Verbesserung der Qualität erreicht werden. In diesem Zusammenhang wird gerne von der neuen Zielharmonie der eigentlich unvereinbaren Ziele Kostensenkung bzw. Maximierung der Kapazitätsauslastung und Minimierung der Durchlaufzeiten gesprochen. Diese Formulierung verkennt allerdings, dass die gleichzeitige Verbesserung in zwei miteinander konkurrierenden Zieldimensionen der Einmaleffekt einer technologischen Veränderung bzw. einer radikalen Verschlankung des Prozesses ist. Nach Erzielung dieses Effektes gilt die dargestellte Zielkonkurrenz (bis zu einer nochmaligen radikalen Veränderung von Prozess und / oder Technologie) erneut.

Nach traditioneller Auffassung vervollständigt die Ablauforganisation die in der Aufbauorganisation vorgenommene Zuordnung der Aufgaben zu Stellen. Die aktuellere Konzeption der Ablauforganisation als **Prozessorganisation** (vgl. Gaitanides 1992) kehrt die Abfolge von Ablauforganisation und Stellenbildung um:

- Zunächst werden in einer vorgeschalteten Prozessanalyse die zur Bewältigung der Prozessaufgabe notwendigen Teilprozesse abgegrenzt und in eine prozessuale Reihenfolge gebracht. Zusätzlich werden die Zeitbedarfe für die Bearbeitung eines Vorganges in den Teilprozessen abgeschätzt.

- Anschließend werden die Teilprozesse zu Stellen zugeordnet und die erforderlichen Stellenzahlen werden ermittelt.

Aufgrund der Vielzahl heterogener Prozesse bestehen keine idealtypischen Gestaltungsmuster wie im Bereich der Aufbauorganisation. Deshalb können hier lediglich einige Grundregeln für die Gestaltung von Prozessen dargestellt werden, die in Anlehnung an Gestaltungsprinzipien der Kosiolschen Aufgabenanalyse, der Wertanalyse, des Business-Reengineering und des Total-Quality-Management formuliert wurden:

- Aktivitäten, die keinen Beitrag zur Wertschöpfung leisten, sind zu eliminieren (hierdurch werden Durchlaufzeiten und Kosten gesenkt)

- Aktivitäten, die von verschiedenen Stellen mehrfach wahrgenommen werden, sind zu eliminieren

- Aktivitäten, die durch vollständige oder teilweise Automatisierung effizienter gestaltet werden können, sind zu automatisieren (hierdurch werden Kosten, meist auch Durchlaufzeiten gesenkt sowie die Qualität erhöht)

- Aktivitäten, die bei gleichem Beitrag zur Wertschöpfung vereinfacht werden können, sind zu vereinfachen (hierdurch werden Durchlaufzeiten und Kosten gesenkt)

- Nicht zwingend erforderliche Aufteilungen von Aktivitäten auf verschiedene Aufgabenträger sind zu vermeiden; die Aktivitäten sind zu größeren, sachlich zusammenhängenden Aufgabenkomplexen (integrierten Prozessketten) zu bündeln (hierdurch werden Fehler verringert, Durchlaufzeiten und Kosten gesenkt; diese Maßnahme hat Auswirkungen auf die horizontale und vertikale Arbeitszerlegung und Stellenbildung)

- Fremdkontrollen sind weitgehend durch Selbstkontrollen zu ersetzen
- fehleraufdeckende Kontrollen sind durch fehlervermeidende Kontrollen zu ersetzen (hierdurch werden Fehler, Durchlaufzeiten und Kosten verringert)
- manuelle Kontrollen sind durch automatisierte Kontrollen zu ersetzen (hierdurch werden Kosten und Durchlaufzeiten verringert)
- Aktivitäten, die unabhängig voneinander sind, sollen nicht nacheinander, sondern parallel abgearbeitet werden (hierdurch werden Durchlaufzeiten verkürzt)
- die Abarbeitung von Aufgaben in Losen oder Stapeln ist möglichst zu vermeiden
- die Prozesse und Aktivitäten sollen so stabil gestaltet werden, dass Qualität nicht mehr „herbeigeprüft" werden muss, sondern im Bearbeitungsschritt automatisch entsteht etc..

Zur Gestaltung von Prozessen haben sich softwarebasierte Werkzeuge, so genannte Orgtools bewährt. Mit ihrer Hilfe werden Aufbauorganisation und Ablauforganisation simultan gestaltet und die von diesen Gestaltungen zu erwartenden Beiträge zu den Zielen Kosten, Kapazitätsauslastung und Durchlaufzeiten simuliert (vgl. hierzu 5.4.5).

4.4 Tendenzen organisatorischer Gestaltung

Nach Jahrzehnten relativer Stabilität in der Gestaltung von Organisationen sind in letzter Zeit vielfältige, revolutionär anmutende organisatorische Neuerungen aufgetreten (vgl. z.B. Bullinger/ Warnecke 1996). Die neuen Organisations- und Managementkonzepte können in der Tat insoweit als revolutionär angesehen werden, als sie mit tradierten Gestaltungsparadigmen brechen. Sie greifen jedoch auf die gleichen organisatorischen Gestaltungsvariablen zurück, wie traditionelle Gestaltungen. Sie unterscheiden sich von traditionellen Gestaltungen (lediglich) in den gewählten Ausprägungen einzelner Organisationsvariablen, implizieren aber keine Veränderungsnotwendigkeit des organisatorischen Erklärungs- und Gestaltungsinstrumentariums.

Die Ursachen für diesen Paradigmenwandel sind zunächst mit einer zunehmenden Globalisierung und gleichzeitigen Intensivierung des Wettbewerbs bei steigender Dynamik und Komplexität der Umwelt zu erklären. Im Gefolge der Intensivierung und Globalisierung des Wettbewerbs entstand erheblicher Ergebnis- und Kostendruck, die zunehmende Umweltkomplexität und –dynamik führte zu deutlich erhöhten Flexibilitätsanforderungen. Globaler Wettbewerb und sich schnell wandelnde Käuferbedürfnisse führten zu einem hohen Innovationsdruck bei gleichzeitiger Verkürzung der Vermarktungszeiten für Produkte.

Auslöser für das Erkennen der veränderten Rahmenbedingungen war eine vom MIT durchgeführte vergleichende Studie über die japanische und US-amerikanische Automobilbranche, die wesentliche Defizite der US-amerikanischen Automobilindustrie bei Montage- und Durchlaufzeiten, Entwicklungszeiten und Kosten offenbarte. Die Situation der europäischen Automobilindustrie war vergleichbar.

Anpassungsmaßnahmen wurden durchgeführt. Die Veränderungsnotwendigkeiten griffen von der Automobilindustrie schnell auf andere im globalen Wettbewerb stehende Branchen und dabei durchaus auch auf mittelständische Unternehmen über.

Der Phase einer weitgehenden Adaption japanischer Prinzipien und Konzepte unter Schlagworten wie **Kanban** (papierlose Materialflusssteuerung), **lean production** (schlanke Produktion) oder **Kaizen** (permanenter Verbesserungsprozess) folgte die Entwicklung eigenständigerer Neuerungen im Organisations- und Managementbereich unter Begriffen wie **Business-Reengineering** (radikale Neugestaltung von Strategie und Geschäftsprozessen), **Total-Quality-Management** (Qualitätsmanagement) oder **Simultaneous-Engineering** (beschleunigte Entwicklung von Produkten).

Seit längerem bekannte Gestaltungsvarianten, wie die **teilautonomen Arbeitsgruppen** (lose gekoppelte Kleingruppen mit relativ hohem Autonomiegrad) wurden einer positiven Neubewertung unterzogen, neuartige Gestaltungen wie **virtuelle Unternehmen** (Kooperationspartner, die am Markt wie **ein** Unternehmen agieren) oder **fraktale Unternehmen** (Zerlegung des Unternehmens in relativ autonome Einheiten, die gegenüber internen bzw. externen Kunden wie ein eigenständiges Unternehmen agieren) wurden konzipiert.

Parallel zu diesen Entwicklungen, aber auch getrieben von der zunehmenden Wettbewerbsintensität und den sich verschärfenden Bemühungen um die Erlangung von Wettbewerbsvorteilen, wurden erhebliche Fortschritte im Bereich der Fertigungstechnologie und der Informations- und Kommunikationstechnologie erreicht. Dies führte beispielsweise im Bereich des Rohbaus von PKW-Karosserien zu einer nahezu vollständigen **Fertigungs-Automatisierung** und damit praktisch menschenlosen (Teil-)Fabriken. Fertigungsanlagen mit schneller, rechnergesteuerter

4.4 Tendenzen organisatorischer Gestaltung

Rüsttechnologie machen **mass customization**, also die Produktion kundenspezifischer Produkte (zum Teil mit der Losgröße eins) im Rahmen einer Massenfertigung möglich. **Dokumentenmanagement- und Workflow-Management-Systeme** beschleunigen, verbilligen und stabilisieren die Bearbeitung administrativer Vorgänge. Geschäftsbeziehungen zu Kunden und Lieferanten werden durch **Electronic Commerce (Business to Business** oder **Business to Consumer)** vereinfacht, verbilligt, beschleunigt und besser koordinierbar.

Die hier aufgezählten Begrifflichkeiten sind keineswegs vollständig. Die Beschreibung dieser und anderer Organisations- und Managementkonzepte bzw. –instrumente würde den Rahmen dieses Buches sprengen, so dass hier lediglich auf wenige, vom Verfasser als zentral empfundene Tendenzen in der aktuellen organisatorischen Gestaltung eingegangen werden soll.

Eine erste, eher strategische Tendenz, allerdings mit erheblichen organisatorischen Auswirkungen, ist die **Konzentration auf das Wesentliche**. Geschäftsfelder, die nicht als Kerngeschäfte eingestuft werden, werden veräußert, Prozesse die nicht als Kernprozesse angesehen werden, werden durch Outsourcing an fremde Dienstleister vergeben und Teile, die nicht zwingend selbst gefertigt werden müssen, werden von externen Lieferanten bezogen. Hierdurch wird die Komplexität der bestehenden Organisation und der hieraus resultierende Koordinationsaufwand erheblich reduziert. Gleichzeitig müssen Kapazitäten und Instrumente geschaffen werden, um die Einbindung der externen Dienstleister und Lieferanten zu gewährleisten.

Zentraler Aspekt der organisatorischen Gestaltung ist die **Prozessorientierung**. Statt der bisherigen Funktionsorientierung treten nunmehr die letztlich wertschöpfenden und ressourcenverbrauchenden Prozesse in den Vordergrund. Das gleichberechtigte Nebeneinander zwischen Aufbau- und Ablauforganisation wird, zumindest auf der Ausführungsebene, weitgehend aufgegeben, Ausgangspunkt der organisatorischen Gestaltung sind die Gestaltungsnotwendigkeiten der Prozesse. Verantwortlichkeiten für Prozesse werden definiert und Prozesse werden unter den Zielen Kosten, Zeit und Qualität grundlegend reorganisiert und laufenden Verbesserungen unterzogen. Dabei finden die unter 4.3 beschriebenen Gestaltungsregeln Anwendung.

Ein weiterer Aspekt aktueller organisatorischer Gestaltungen ist die horizontale und vertikale **Aufgabenintegration,** verbunden mit der **Integration indirekter Funktionen** und der **Dezentralisierung und Dehierarchisierung der Organisation.**

Fragmentierte Teilaufgaben werden hierbei zu größeren Teilaufgaben, die von Einzelpersonen oder Teams wahrgenommen werden, zusammengefasst. Die bisher von den Ausführungsaufgaben getrennt wahrgenommenen Planungs-, Steuerungs- und Kontrollaufgaben werden in diese Aufgabenintegration einbezogen. Es entstehen Teams mit umfassenderen, in sich abgeschlossenen Handlungszyklen und integrierter Planungs-, Steuerungs- und Kontrollkompetenz. Dieser Aufgabenzuschnitt ist mit einer personellen Integration indirekter Funktionen (wie z.B. der Arbeitsvorbereitung, der Fertigungsplanung und –steuerung, der Qualitätskontrolle oder der Instandhaltung) in die direkten Funktionen verbunden.

Den so entstehenden, für größere Abschnitte der Wertschöpfungskette zuständigen Organisationseinheiten werden umfangreiche operative Handlungskompetenzen übertragen. Es entstehen relativ **autonome dezentrale Organisationseinheiten**, die meist auf abgeschlossene Prozesse oder auf bestimmte Produkte ausgerichtet sind.

Aufgrund der horizontalen und vertikalen Aufgabenintegration und der operativen Autonomie dezentraler Organisationseinheiten wird der Umfang der notwendigen Koordinationshandlungen wesentlich verringert. Eine **Dehierarchisierung** der Organisation, also eine Verringerung der Hierarchieebenen wird möglich und realisiert. Der Abbau von Hierarchieebenen wird zudem dadurch erleichtert, dass eine wesentliche Aufgabe des bisherigen Mittelmanagements, die Sammlung und Aufbereitung entscheidungsrelevanter Informationen für das obere Management, durch leistungsfähige Informationssysteme obsolet geworden ist.

Durch die horizontale und vertikale Aufgabenintegration werden die vorhandenen Fähigkeiten der Mitarbeiter besser genutzt und deren Motivation erhöht. Produktivität und Qualität steigen. Gleichzeitig werden nicht unmittelbar der Wertschöpfung dienende indirekte Funktionen in wertschöpfende Aktivitäten umgewandelt. Durch die Vergrößerung des Aufgabenumfangs und die Dezentralisierung relativ autonomer Einheiten wird eine hohe Flexibilität der dezentralisierten operativen Organisationseinheiten erreicht und der Koordinationsaufwand verringert. Die hierdurch realisierbare Dehierarchisierung verkürzt Informations- und Entscheidungswege und erhöht somit die Flexibilität der Gesamtorganisation.

Ein weiteres Moment aktueller organisatorischer Gestaltung ist die organisatorische Verankerung des Strebens nach **ständiger Verbesserung** von Kosten, Zeit und Qualität in Arbeitsgruppen. Das Know-How und die Motivation der Mitarbeiter werden dabei auf die laufende Verbesserung der von ihnen realisierten Prozesse gerichtet.

Nicht zuletzt zeichnen sich moderne organisatorische Gestaltungen durch **einen intensiven Einsatz der Informations- und Kommunikationstechnologie** aus. Diese wird beispielsweise zur Einbindung von Lieferanten und Händlern in fokale Netzwerke (wie in der Automobilindustrie) sowie zur Beschleunigung, Kostensenkung und Qualitätsverbesserung interner (Workflow-Management-Systeme) und externer (Business-To-Business, Business-To-Consumer) Prozesse genutzt.

Literatur zu Kapitel 4

Bleicher, K., Organisation, 2. Aufl., Wiesbaden 1991

Bleicher, K., Konzernorganisation, in: Frese, E., Hrsg., Handwörterbuch der Organisation, 3. Aufl., Stuttgart 1992, Sp. 1151-1164

Braun, G. E., Beckert, J., Funktionalorganisation, in: Frese, E., Hrsg., Handwörterbuch der Organisation, 3. Aufl., Stuttgart 1992, Sp. 640-655

Bühner, R., Spartenorganisation, in: Frese, E., Hrsg., Handwörterbuch der Organisation, 3. Aufl., Stuttgart 1992, Sp. 2274-2287

Bühner, R., Strategie und Organisation, 2. Aufl., Wiesbaden 1993

Bühner, R., Betriebswirtschaftliche Organisationslehre; 8. Aufl., München, Wien 1996

Bullinger, H.-J., Warnecke H.J., Hrsg., Neue Organisationsformen im Unternehmen, Berlin, Heidelberg, New York 1996

Gaitanides, M., Ablauforganisation, in: Frese, E., Hrsg., Handwörterbuch der Organisation, 3. Aufl., Stuttgart 1992, Sp. 1-18

Hoffmann, F., Aufbauorganisation, in: Frese, E., Hrsg., Handwörterbuch der Organisation, 3. Aufl., Stuttgart 1992, Sp. 208-221

Kieser, A., Kubicek, H., Organisation, 3. Aufl., Berlin, New York 1992

Mellewigt, T., Konzernorganisation und Konzernführung, Frankfurt a.M., 1995

Naumann J.-P., Die Führungsorganisation der strategischen Holding, München, Wien 1994

Pausenberger, E., Internationale(n) Unternehmung, Organisation der, in: Frese, E., Hrsg., Handwörterbuch der Organisation, 3. Aufl., Stuttgart 1992, Sp. 640-655

Scholz, C., Matrix-Organisation, in: Frese, E., Hrsg., Handwörterbuch der Organisation, 3. Aufl., Stuttgart 1992 (b), Sp. 1302-1315

Sydow, J., Strategische Netzwerke, 1. Aufl., Wiesbaden, 1992

Theisen, M. R., Der Konzern, 2. Aufl., Stuttgart 2000

Tietz, B., Produktmanagement, Organisation des, in: Frese, E., Hrsg., Handwörterbuch der Organisation, 3. Aufl., Stuttgart 1992, Sp. 2067-2077

5. Organisationsmethodik

5.1 Grundlagen

Organisationsmethodik beschäftigt sich mit der Frage, wie der Organisator auf einem methodisch sinnvollen Weg zu einem geeigneten Gestaltungsergebnis kommen kann, gibt also Hinweise für eine effektive und effiziente Gestaltung des Organisationsprozesses.

Eine effektive und effiziente Gestaltung des Organisationsprozesses liegt dann vor, wenn die mit der organisatorischen Maßnahme verfolgten Ziele mit den geringstmöglichen Kosten und dem geringstmöglichen Zeitbedarf realisiert werden.

Bei der Gestaltung des Organisationsprozesses stellen sich folgende Fragen:

- welche **Grundprinzipien** sind zu beachten (vgl. 5.2)

- wie sind die Phasen des Organisationsprozesses anzuordnen, um geeignete **Vorgehensmodelle** zu erhalten (vgl. 5.3)

- welche **Techniken** sind in den einzelnen Phasen des Organisationsprozesses einzusetzen, um die jeweiligen Teilaufgaben erfüllen zu können (vgl. 5.4. bis 5.6)

- welche Gestaltungen und Techniken sind in **Projektorganisation und Projektmanagement** einzusetzen, um die Projektdurchführung effektiv und effizient zu gestalten (vgl. 6.).

Projektorganisation und Projektmanagement befassen sich mit der Organisation und der Planung, Steuerung und Kontrolle des Organisationsprozesses. Sie werden in einem eigenen Kapitel dargestellt.

5.2. Grundprinzipien für die Gestaltung des Organisationsprozesses

Für die Gestaltung von Organisationsprozessen haben sich die nachfolgenden Grundprinzipien herausgebildet (vgl. Daenzer/Huber 1999, Krüger 1992, Schmidt 1997, Büchi/Chrobok 1997).

Methodische Eignung:

Die Methodik soll so gestaltet sein, dass sie den sachlichen Problemanforderungen entspricht, alle notwendigen Schritte beinhaltet, in sich durchgängig ist, an veränderte Anforderungen angepasst werden kann, mit geeigneten Instrumenten untersetzt ist und von hierfür qualifizierten Organisatoren beherrscht werden kann.

Die Methodik muss darüber hinaus dem Typus des zu lösenden Problems entsprechen. Während einfache Probleme mit einem jeweils einmaligen, linearen Durchlauf der Phasen Planung, Realisation und Kontrolle angemessen bearbeitet werden können, sind für komplexere Problemtypen Vorgehensmodelle mit abweichender zeitlicher Abfolge der Phasen oder mehrfachem Phasendurchlauf erforderlich (vgl. hierzu die in 5.3 dargestellten Vorgehensmodelle).

Die Gestaltung der Methodik ist darüber hinaus abhängig von der Schwierigkeit und Neuartigkeit des Problems und der Bedeutung und Reichweite des Problems. Besonders schwierige und neuartige Probleme erfordern zu ihrer Lösung besonders intensive Anstrengungen bei der Auswahl und Konzeption geeigneter Techniken (Technikorientierung). Probleme mit besonders hoher Bedeutung und inhaltlicher Reichweite sind dagegen meist mit Akzeptanzbarrieren bei den Betroffenen verbunden und erfordern deshalb besonders intensive Anstrengungen zur Erzielung dieser Akzeptanz (Trägerorientierung). Aus der Kombination dieser beiden Merkmale ergeben sich die in Abbildung 50 dargestellten Anforderungen an die Gestaltung der Methodik (nach Krüger 1992).

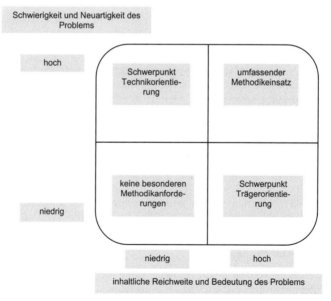

Abbildung 50: Methodikeinsatz in Abhängigkeit vom Problemtyp

Ganzheitlichkeit:

Organisatorische Regelungen stehen in enger Wechselwirkung mit anderen organisatorischen Regelungen, dem Zielsystem und den internen und externen Situationsvariablen, also beispielsweise der Produktions- und Informationstechnologie, den Mitarbeitern, dem Markt- und Wettbewerbsumfeld und rechtlichen Rahmenbedingungen. Die Schaffung effektiver organisatorischer Lösungen erfordert es, diese Zusammenhänge im Organisationsprozess zu beachten, um nicht Inkompatibilitäten zu erzeugen.

In einer ganzheitlichen Betrachtung wird das zu lösende Problem als System betrachtet, das im Laufe des Organisationsprozesses sukzessive in Subsysteme, Elemente und Beziehungen zerlegt wird. Dabei wird das zu untersuchende Problem zunächst nur im Hinblick auf die Wechselwirkungen mit seiner Umwelt hin analysiert. Erst wenn diese bekannt sind, wird das Problem selbst einer Analyse unterzogen.

Das zu lösende Problem wird anschließend auf einer relativ hohen Abstraktionsebene bearbeitet. Erst nach einer grundsätzlichen Klärung der Lösbarkeit und der Erarbeitung eines Grobkonzeptes wird mit der Ausarbeitung von Detaillösungen begonnen. Die verschiedenen Schritte der Problemlösung müssen in zeitlich und sachlich abgegrenzten Phasen realisiert werden.

Technikeignung:

Die verwendeten Techniken müssen zur Bearbeitung der jeweiligen Aufgabenstellung geeignet sein, aufeinander abgestimmt sein und möglichst durch geeignete Software unterstützt werden. Die Techniken müssen von hierfür geeigneten Organisatoren in angemessener Zeit erlernt werden können.

Gestaltungsträgeradäquanz:

Bei der Verteilung der im Organisationsprozess zu bearbeitenden Aufgaben ist darauf zu achten, dass die Aufgaben zu Personen zugeordnet werden, die über das notwendige Problem- und Methodenwissen verfügen.

Die Erarbeitung umsetzbarer, qualitativ hochwertiger und an den Notwendigkeiten ausgerichteter Lösungen setzt darüber hinaus die rechtzeitige Einbindung derjenigen Mitarbeiter voraus, die zukünftig mit dieser Lösung arbeiten müssen. Zugleich ist die Akzeptanz neuer organisatorischer Lösungen durch die Anwender notwendige Voraussetzung für eine erfolgreiche Realisierung. Zusätzlich ist es für eine reibungslose Umsetzung erforderlich, dass die Anwender den Umgang mit der neuen Lösung beherrschen. Hieraus resultiert die Forderung nach einer angemessenen Einbindung der Anwender in den Gestaltungsprozess.

5.3 Vorgehensmodelle

Vorgehensmodelle beschäftigen sich primär mit der Frage einer sinnvollen Abfolge der Phasen des Organisationsprozesses.

Generell untergliedert sich der **Organisationsprozess** wie alle Entscheidungsprozesse in die Phasen Planung, Realisierung und Kontrolle (vgl. Abbildung 51).

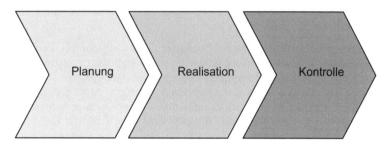

Abbildung 51: Phasen des Organisationsprozesses

Die **Planungsphase** hat die Aufgabe, geeignete organisatorische Gestaltungen zu entwickeln und zu beurteilen. Hierzu sind folgende Planungsschritte zu durchlaufen:

- **Zielformulierung**: Die mit der beabsichtigten organisatorischen Maßnahme angestrebten Ziele sind zu definieren.

- **Erhebung**: Die für die beabsichtigte organisatorische Maßnahme relevanten Daten werden beschafft.

- **Analyse**: Die beschafften Daten werden hinsichtlich ihrer Bedeutung für die beabsichtigte organisatorische Maßnahme interpretiert.

- **Alternativengenerierung**: Alternative organisatorische Gestaltungsmöglichkeiten, die geeignet sind, die verfolgten Ziele zu erreichen, werden gesucht und in geeigneter Weise beschrieben.

- **Alternativenbeurteilung**: Die gefundenen Gestaltungsmöglichkeiten werden im Hinblick auf die Zielerreichung beurteilt.

- **Alternativenauswahl**: Aus den beschriebenen Alternativen wird eine Alternative zur Realisierung ausgewählt.

Die einzelnen Planungsschritte müssen dabei nicht zwangsläufig linear nacheinander ablaufen, Rücksprünge in vorangegangene Planungsschritte sind durchaus möglich und sinnvoll. So kann sich beispielsweise bei der Alternativenbeurteilung ergeben, dass keine der gefundenen Alternativen zu einer hinreichenden Zielerreichung führt. In diesem Fall wird entweder der Schritt der Alternativengenerierung erneut durchlaufen, um besser geeignete Alternativen zu finden, oder die Zielformulierung wird erneut durchlaufen, um eine Anpassung der Ziele vorzunehmen.

Die mit Abschluss der Planungsphase gewählte Alternative wird in der **Realisationsphase** umgesetzt. Hierzu sind zwei Realisierungsschritte vorzunehmen:

- **Systembau**: Die gewählte Alternative wird in eine konkrete, anwendbare Lösung umgesetzt.

- **Implementierung** oder Einführung: Die Lösung wird im Unternehmen eingeführt, also zur Anwendung gebracht.

In der **Kontrollphase** wird (während der gesamten Lebensdauer der realisierten Maßnahme) überprüft, ob die angestrebten Ziele (noch) erreicht werden. Bei nicht mehr ausreichender Zielerreichung, die sich auch durch zwischenzeitlich veränderte Ziele ergeben kann, erfolgt eine Anpassung der organisatorischen Gestaltung. Komplexere Anpassungen haben dabei regelmäßig einen erneuten, vollständigen Durchlauf des Organisationsprozesses zur Folge. Bei einfacheren Anpassungen wird häufig ein Rücksprung in die Realisierungsphase (also zum Systembau) ausreichend sein.

Der idealtypische Verlauf eines Organisationsprozesses ist in Abbildung 52 dargestellt.

Die einzelnen Phasen des Organisationsprozesses müssen nicht zwingend in der dargestellten idealtypischen Abfolge abgearbeitet werden. So ist beispielsweise ein mehrfaches Durchlaufen der Planungsphase denkbar, wobei die gewählte organisatorische Lösung mit jedem Durchlaufen der Planungsphase detaillierter wird. Um Organisationsprozesse zu beschleunigen, können die Planungs- und Realisationsphase auch überlappend angeordnet werden, d.h. mit der Realisation (von Teilen der Lösung) wird bereits begonnen, bevor die Planungsphase abgeschlossen ist. Hieraus ergeben sich spezifische Vorgehensmodelle.

Generell können Vorgehensmodelle individuell für die Erfordernisse des jeweiligen Organisationsvorhabens entwickelt werden, es besteht also Gestaltungsfreiheit. In Theorie und Praxis haben sich bestimmte Formen von Vorgehensmodellen herausgebildet, die nachfolgend dargestellt werden sollen.

5.3.1 Teilzyklisches Vorgehensmodell

Das teilzyklische Vorgehensmodell (Krüger 1983) ist dadurch gekennzeichnet, dass die Planungsphase vor Eintritt in die Realisierungsphase insgesamt dreimal durchlaufen wird. Die Planungsphase wird dabei in die Teilphasen Vor-, Haupt- und Teilstudie unterteilt. Vor-, Haupt- und Teilstudie umfassen jeweils den gesamten Planungszyklus von der Zielbildung bis zur Alternativenauswahl. Sie beschäftigen sich mit zunehmender Intensität und Detaillierung mit dem gleichen (ursprünglichen) Problem bzw. mit Teilproblemen, die aus dem ursprünglichen Problem abgeleitet worden sind. Erst nach vollständigem Durchlaufen der Planungsphase wird mit der Realisation begonnen (vgl. Abbildung 53).

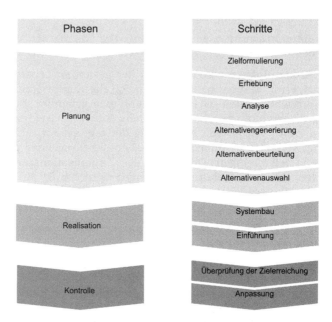

Abbildung 52: Idealtypischer Verlauf des Organisationsprozesses

Beispielhaft könnte die Einführung eines Workflow-Management-Systems mit Hilfe des teilzyklischen Vorgehensmodells wie folgt bearbeitet werden:

- **Vorstudie**
  Machbarkeitsstudie: erste Analyse der verfügbaren Software und der in Frage kommenden Prozesse, grobe Abschätzung von Kosten und Nutzen

- **Hauptstudie**
  Softwareauswahl, Auswahl der Anwendungsbereiche

- **Teilstudie**
  Prozessdesign in den ausgewählten Prozessen unter Berücksichtigung der ausgewählten Software.

Das teilzyklische Vorgehensmodell ist durch eine intensive Auseinandersetzung mit dem Organisationsproblem in der Planungsphase gekennzeichnet. Es setzt bewusst auf eine vollständige planerische Durchdringung und Lösung des Problems. Die Forderung nach Ganzheitlichkeit wird von diesem Vorgehensmodell bestmöglich erfüllt, dem Vorgehensmodell ist der so genannte „Total-System-Approach" inhärent.

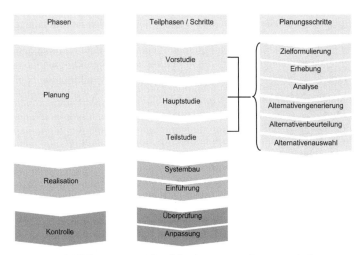

Abbildung 53: Teilzyklisches Vorgehensmodell

Die intensive planerische Auseinandersetzung mit dem Organisationsproblem führt jedoch auch zu einem tendenziell hohen Zeitbedarf und hohen Kosten in der Planungsphase. Die Anwendung dieses Modells lohnt sich deshalb nur dann, wenn das betrachtete Organisationsvorhaben eine hinreichende Komplexität und Bedeutung für das durchführende Unternehmen hat.

Andererseits wird die Anwendung dieses Modells nur dann sinnvoll sein, wenn es während der Planungsphase relativ sicher gelingt, Klarheit über das Problem und die Lösungsanforderungen zu erreichen. Probleme, die so komplex und neuartig sind, dass eine praktikable Lösung nur durch „trial and error", also durch Ausprobieren und sukzessive Verbesserung einer Lösung erreicht werden kann, sind für die Anwendung dieses Vorgehensmodells nicht geeignet.

5.3.2 Abwandlungen des teilzyklischen Vorgehensmodells

Das teilzyklische Vorgehensmodell kann für Organisationsvorhaben mit abweichender Komplexität auf einfache Weise abgewandelt werden. Bei Aufgaben mit niedrigerer Komplexität wird die Planungsphase statt dreimal nur noch ein- oder zweimal durchlaufen, bei Aufgaben höherer Komplexität ggf. mehr als dreimal. Weitere Abwandlungen des teilzyklischen Vorgehensmodells beziehen sich auf die zeitliche Anordnung der Phasen. Um die Zeitdauer für die Bearbeitung des Projektes zu verkürzen oder zumindest in Teilbereichen des Projektes schnelle Erfolge zeigen zu können, werden die Phasen überlappend abgewickelt. Hierzu wird beispielsweise mit der Vorbereitung der Einführung bereits in der Planungsphase begonnen oder einige Teilprojekte werden bereits umgesetzt, während in anderen Teilprojekten die Planungsphase noch nicht abgeschlossen ist etc.. Dem Vorteil der Projektbeschleunigung durch die zeitversetzte Bearbeitung von Teilprojekten steht jedoch das Risiko inkompatibler Insellösungen mit hohem Nachbesserungsaufwand entgegen (vgl. Schmidt 1997).

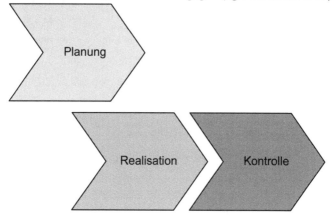

Abbildung 54: Phasenmodell mit überlappenden Phasen

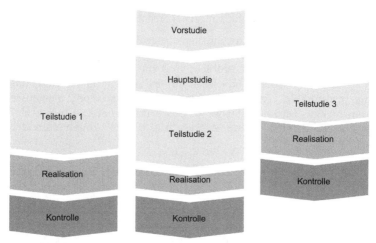

Abbildung 55: Zeitversetzte Bearbeitung von Teilprojekten

5.3.3 Versionenkonzept

Im **Versionenkonzept** (vgl. Krüger 1992, Schmidt 1997, Daenzer/Huber 1999) wird im Gegensatz zum teilzyklischen Vorgehensmodell bewusst auf den „Total-System-Approach", also auf Ganzheitlichkeit verzichtet. Bei einmaligem Durchlauf der Planungsphase wird eine Lösung erarbeitet, die bereits wesentliche Elemente der angestrebten endgültigen Lösung besitzt und umsetzbar ist, die aber noch nicht vollständig ausdifferenziert ist. Diese Lösung wird realisiert und dann im „Echtbetrieb" eingesetzt. In der Realisierungsphase werden Verbesserungs- und Erweiterungsmöglichkeiten erkannt. Diese werden ohne erneutes Durchlaufen der Planungsphase realisiert (Systembau). Die so entstandene verbesserte Version der Lösung wird wiederum im „Echtbetrieb" eingesetzt usw.. Hierdurch entstehen im Zeitablauf mehrere, sukzessive ausdifferenzierte und verbesserte Versionen der Problemlösung.

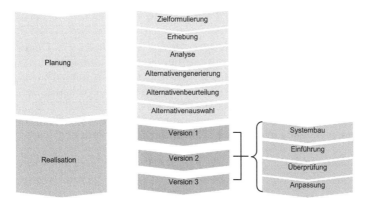

Abbildung 56: Versionenkonzept

Das Versionenkonzept liefert (ceteris paribus) schneller umsetzungsfähige Lösungen als das teilzyklische Vorgehensmodell. Es erkauft diesen Vorteil aber damit, dass die Problemlösungen anfänglich noch nicht sehr ausdifferenziert sind, also im Vergleich zu den aus dem teilzyklischen Vorgehensmodell resultierenden Lösungen weniger effektiv sind. Zusätzlich besteht durch das Vorgehen in kleinen Schritten („Inkrementalismus") die Gefahr, dass der Gesamtzusammenhang zwischen der Problemlösung und seinem Umfeld nicht vollständig berücksichtigt wird oder dass zwischen den sukzessive erarbeiteten Elementen der endgültigen Lösung Unverträglichkeiten entstehen, die dann mit hohem Aufwand beseitigt werden müssen. Profan formuliert liegt dem Versionenkonzept der Gedanke zugrunde, dass es besser ist, relativ schnell eine anwendbare, wenn auch nicht perfekte Lösung zu haben, als extrem lange an einer "perfekten" Lösung zu planen, die bei Realisation bereits überholt ist.

Das Versionenkonzept eignet sich deshalb dann, wenn das Problem so neuartig und komplex ist, dass in der Planungsphase keine endgültige Klarheit über die verfolgten Ziele und die endgültige Struktur der Problemlösung erreicht werden kann. Zusätzlich ist die Anwendung des Versionenkonzeptes dann sinnvoll, wenn die Dringlichkeit einer Problemlösung hoch ist und die für einen umfangreichen Planungszyklus erforderliche Zeit nicht zur Verfügung steht. Auch bei Fragestellungen, die einer hohen Geheimhaltung unterliegen oder bei denen bei längerer Diskussion die Gefahr des „Versandens" besteht, und die deshalb in möglichst kurzer Zeit abgearbeitet werden sollen (also beispielsweise grundlegende Veränderungen der Aufbauorganisation) kann das Versionenkonzept eingesetzt werden.

5.3.4 Prototyping mit Testbetrieb

Das **Prototyping** (vgl. Krüger 1992, Schmidt 1997, Daenzer/ Huber 1999) ähnelt vom Aufbau her dem Versionenkonzept. Hier wird innerhalb der Planungsphase ein Prototyp der zukünftigen Lösung erstellt, der anschließend in einem abgegrenzten Bereich des Unternehmens getestet und sukzessive verbessert wird. Auch der Prototyp besitzt bereits wesentliche Merkmale der endgültigen Lösung, ist aber noch nicht vollständig ausdifferenziert.

Der wesentliche Unterschied zum Versionenkonzept besteht darin, dass der Prototyp nicht im Echtbetrieb eingesetzt wird. Der Test und die Verbesserung des Prototypen gehören deshalb noch zur Planungsphase. Erst wenn der Prototyp innerhalb der Planungsphase ausreichend ausgereift ist, erfolgt ein Einsatz der nun endgültigen Lösung im „Echtbetrieb".

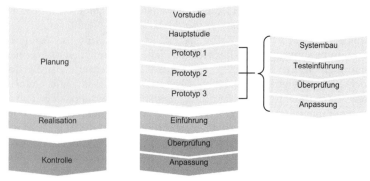

Abbildung 57: Prototyping

Das Prototyping verbindet also die inkrementale Vorgehensweise des Versionenkonzepts mit der dem teilzyklischen Vorgehensmodell inhärenten Vorsicht: Es wird eine umsetzbare Lösung entwickelt, im Testbetrieb erprobt und sukzessive weiterentwickelt und verbessert, aber erst dann im Echtbetrieb eingesetzt, wenn sie sich als ausgereift und effektiv erwiesen hat.

Der Nachteil gegenüber dem Versionenkonzept liegt darin, dass (ceteris paribus) bis zum Einsatz einer im Echtbetrieb anwendbaren Lösung ein höherer Zeitbedarf entsteht und dass durch den ggf. länger dauernden Testbetrieb eine erhebliche Belastung der vorhandenen Kapazitäten resultiert. Gegenüber dem teilzyklischen Vorgehensmodell hat das Prototyping den Nachteil, dass während des Testbetriebes Unverträglichkeiten zwischen den sukzessive entwickelten Elementen der Problemlösung entstehen können, die mit erheblichem Aufwand beseitigt werden müssen.

Das Prototyping eignet sich damit insbesondere dann, wenn das Problem so komplex und neuartig ist, dass ohne sukzessive Weiterentwicklung eines umsetzbaren Prototyps keine effektive Lösung zu erwarten ist und gleichzeitig genügend Zeit und Kapazität für den Test der Prototypen vorhanden ist.

5.4. Planung

5.4.1 Zielbildung

Die Formulierung der mit einem Organisationsvorhaben verfolgten Ziele ist für den gesamten Organisationsprozess von erheblicher Bedeutung. Die Arbeiten in der Planungsphase werden dabei in besonderem Maße durch die formulierten Ziele geleitet. Dies ist besonders deutlich für die Entwicklung, Beurteilung und Auswahl von Alternativen: Hier wird primär nach solchen Alternativen gesucht, die einen möglichst hohen Beitrag zur Zielerreichung erbringen. Die Ziele müssen aber bereits in Erhebung und Analyse berücksichtigt werden, um diejenigen Daten zur Verfügung stellen zu können, die zur Abschätzung der Zielerreichung alternativer Lösungen erforderlich sind.

Im Rahmen der Zielformulierung (vgl. Krüger 1983, Nagel 1992b, Schmidt 1997) wird ein so genannter Zielbaum erstellt. Hierzu wird zunächst ein Katalog der relevanten Ziele erarbeitet. Grundlage für diesen Katalog sind Erfahrungen der Organisatoren aus vergleichbaren Projekten, Erfahrungsberichte Dritter, aber auch Befragungen oder moderierte Gruppendiskussionen mit relevanten Anwendern und/oder dem Management. Hierbei können auch Kreativitätstechniken zum Einsatz kommen. Die so gewonnenen Zielkategorien werden dann geordnet, redundante Ziele werden eliminiert, fehlende Ziele werden ergänzt und die verbleibenden

Ziele werden anschließend zu einem in sich schlüssigen **Zielbaum** verknüpft. Der Zielbaum geht dabei von den verfolgten Oberzielen aus und ordnet diesen auf mehreren Stufen Subziele zu.

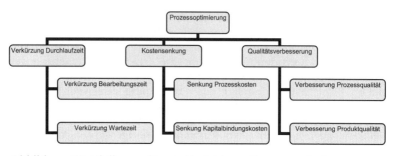

Abbildung 58: Zielbaum für ein Projekt zur Prozessoptimierung

Im nächsten Schritt werden den einzelnen Zielkategorien folgende Merkmale zugeordnet:

- angestrebtes Ausmaß der Zielerreichung (Zielhöhe)
- Zielgewicht (Zielpräferenz)
- angestrebter Zeitpunkt der Zielerreichung (Zeitbezug).

Grundlage hierfür sind wiederum Befragungen von Anwendern und Management, ggf. mittels moderierter Gruppendiskussionen.

Dieses theoretisch richtige Vorgehen wird in der Praxis häufig in vereinfachter Form angewendet. Hierfür bestehen folgende Gründe:

- Zu Beginn eines Projektes besteht häufig keine oder nur geringe Klarheit über die mit dem Projekt konkret verfolgten Ziele. Insbesondere das angestrebte Zielausmaß, aber auch der angestrebte Zeitpunkt der Zielerreichung kann mangels Klarheit über die Zielbeiträge der noch unbekannten Lösungsalternativen nicht abgeschätzt werden.

- Das Management von Unternehmen besitzt häufig nur wenig Akzeptanz für die (auch mit Arbeit verbundene) Aufstellung komplexer Gebilde wie eines Zielbaumes.

- Ein sehr differenzierter Zielbaum vermindert die Klarheit der Alternativenbeurteilung (vgl. 5.4.5.) und wirkt sich somit wiederum negativ auf die Akzeptanz aus.

In der Praxis wird deshalb häufig wie folgt vorgegangen:

- Aufstellung weniger (fünf bis zehn), voneinander unabhängiger Zielkategorien durch die verantwortlichen Organisatoren

5.4 Planung

- implizite Festlegung des Zielausmaßes als Maximalziel (möglichst hohes Zielausmaß) oder Minimalziel (möglichst niedriges Zielausmaß bei Zielen wie Kosten, Durchlaufzeiten etc.) und des Zeitbezuges als frühestmögliche Zielerreichung
- Gewichtung dieser Ziele durch das Management mittels Befragung oder moderierter Gruppensitzungen.

Dieses vereinfachte Vorgehen führt zu höherer Akzeptanz und verringert den Aufwand für die Zielformulierung. Angesichts der generellen Problematik der Prognostizierbarkeit von Kosten und Nutzen alternativer organisatorischer Gestaltungen sowie der Schwierigkeiten bei der Artikulation von Zielpräferenzen erscheint diese Vorgehensweise vertretbar, da die theoretisch richtige Vorgehensweise unter Preisgabe von Klarheit, Einfachheit und Transparenz lediglich zu Scheinexaktheit führt.

Eng mit der Frage der Zielbildung verbunden ist die Frage der Radikalität des Lösungsentwurfes. Hoch gesteckte Ziele erfordern im Allgemeinen wesentlich radikalere Lösungsentwürfe, das heisst eine weitgehend vollständige Abkehr von bestehenden Lösungen, während niedrige Zielansprüche auch mit geringfügigen, „optimierenden" Eingriffen in bestehende Strukturen und Prozesse realisiert werden können. Die angestrebte Radikalität des Lösungsentwurfes determiniert allerdings die nachfolgenden Phasen des Organisationsprozesses hinsichtlich Zeitbedarf, Aufwand und Wahl von Methodiken und Techniken.

Übung 8: Zielformulierung

Formulieren Sie Ziele für folgende Projekte:

a) Einsatz eines Spracherkennungsmoduls in einer großen Anwaltskanzlei

Eine große Anwaltskanzlei erwägt den Einsatz von Spracherkennungsmodulen für die Schriftsatzerstellung. Die Schriftsätze der Anwälte sollen zukünftig nicht mehr mit Hilfe von Diktiergeräten diktiert und durch die Sekretariate geschrieben werden. Vielmehr sollen die Anwälte ihre Schriftsätze zukünftig in ein Spracherkennungssystem diktieren, das das Diktat in Text umwandelt. Die Texte würden dann durch die Sekretariate nur mehr hinsichtlich Rechtschreibung und Grammatik korrigiert und optisch gestaltet.

Zu Beginn der Arbeiten bestehen lediglich gewisse Überlegungen, hierdurch Kosten senken zu können, allerdings ist noch unklar, ob die Einführung eines Spracherkennungsmoduls generell sinnvoll ist.

b) Reorganisation der Logistik eines mittelständischen Unternehmens

Ein mittelständisches Unternehmen beabsichtigt eine Reorganisation der Logistik. Das Problem und die Zielanforderungen können zu Beginn der Arbeiten nicht näher spezifiziert werden, es besteht allerdings ein gewisser Unmut hinsichtlich der Kosten der Lagerbestände, der Länge der Lieferzeiten und der Einhaltung von Lieferterminzusagen.

Gehen Sie darauf ein, wie Sie auf geeignete Weise zu den Zielen gelangen und wie sich die Zielsetzung mit dem Projektfortschritt (in Vor-, Haupt- und ggf. Teilstudien) verändert und konkretisiert. Stellen Sie hierzu dar, welche Aufgaben Sie in Vor-, Haupt- und ggf. Teilstudien erfüllen wollen.

Beispiellösung

a) Einsatz eines Spracherkennungsmoduls in einer Anwaltskanzlei

Bei der genanten Aufgabenstellung bietet sich eine zweigeteilte Aufgabenstellung an.

In der **Vorstudie** ist zu klären, ob die Einführung eines Spracherkennungsmoduls grundsätzlich sinnvoll ist. Hierzu sind folgende Teilaufgaben zu bearbeiten:

- Erarbeitung einer Marktübersicht über die verfügbaren Systeme (Leistungsmerkmale, Hardwarevoraussetzungen, Kosten) und Vorauswahl grundsätzlich geeignet erscheinender Systeme

- erste Abschätzung der Akzeptanz durch die Betroffenen

- Erhebung der relevanten Grunddaten (insbesondere derzeitiger Zeitaufwand und Kosten der Schreibarbeiten in den Sekretariaten)

- erste Abschätzung der mit derartigen Systemen zu erzielenden Vorteile und der mit ihnen verbundenen Kosten

- Entscheidung über das weitere Vorgehen (Abbruch oder Eintritt in die Hauptstudie).

In der **Hauptstudie** erfolgt die Auswahl eines Anbieters und die endgültige Entscheidung darüber, ob die Einführung des Spracherkennungsmoduls erfolgen soll. Hierzu ist zunächst ein Pflichtenheft zu erstellen, das die Anforderungen an das Spracherkennungsmodul enthält.

Dieses ist den Anbietern zur Ausfüllung vorzulegen. Die Anbieterangaben sind auszuwerten, die Angebote sind hinsichtlich Kosten und Leistungen zu beurteilen. Auf der Grundlage des bestgeeignetsten Angebotes erfolgt eine abschließende Beurteilung der mit

5.4 Planung

der Einführung des Spracherkennungsmoduls erzielbaren Vorteile und der hierdurch entstehenden Kosten.

Zu Beginn der Arbeiten besteht seitens der Auftraggeber nur eine vage Vorstellung hinsichtlich der mit dem Projekt zu erreichenden Ziele. Neben dem genannten Ziel der Kostensenkung können weitere Ziele dadurch generiert werden, dass Erfahrungen Dritter (beispielsweise aus Fachpublikationen, Gesprächen mit ähnlich strukturierten Unternehmen, Publikationen der Anbieter entsprechender Software) ausgewertet werden. Aus den auf diese Weise gesammelten Zielkategorien wird anschließend ein Zielkatalog zusammengestellt.

Ein solcher **Zielkatalog** könnte exemplarisch folgende Zielkategorien enthalten:

- Senkung der Sekretariatskosten
- Verringerung der Zeiten für das Korrekturlesen durch die Anwälte
- Verringerung der Fehlerzahl in den auslaufenden Schreiben
- Verbesserung des Layouts der auslaufenden Schreiben
- Verkürzung der Durchlaufzeiten der Schreiben
- Ziele hinsichtlich der benötigten Hard- und Software
  - Hardwarekosten
  - Lizenzkosten
  - Schulungskosten
  - Wartungskosten
  - Benutzerfreundlichkeit
  - Schulungsqualität
  - Qualität der Spracherkennung
  - Komfort der Korrekturmöglichkeiten etc..

Erste Abschätzungen des zu erreichenden Zielausmaßes können wiederum durch Auswertung der Erfahrungen Dritter und des Prospektmaterials von Hard- und Softwareanbietern (siehe oben) vorgenommen werden.

Anschließend wird der so erarbeitete Zielkatalog der Leitung der Anwaltskanzlei vorgelegt, die in einer Gruppendiskussion die **Zielgewichte** und die **Zielausmaße** festlegt. Dabei wird es zweckmäßig sein, in „Muss"- und „Kannziele" zu differenzieren, wobei bei Nichterreichen eines Musszieles ein Abbruch des Projektes erfolgt. Ein Mussziel könnte beispielsweise die erforderliche Investitionssumme sein.

Die Durchführung der Vorstudie erfolgt auf der Grundlage der so formulierten Ziele. Die in der Vorstudie gewonnenen Erkenntnisse (Marktübersicht, Grunddaten) werden im Allgemeinen zu einer gewissen Anpassung der Zielhöhe führen.

Die so angepassten Ziele werden der Hauptstudie zugrunde gelegt. Allerdings werden die Ziele für Hard- und Software in dem zu erstellenden Pflichtenheft erheblich differenziert, um eine qualifizierte Beurteilung der Systeme zu ermöglichen.

b) Reorganisation des Logistikbereichs

Die Aufgabenstellung ist so wenig strukturiert, dass in einer **Vorstudie** zunächst Klarheit über die Ist-Situation und die grundsätzlich zu treffenden Reorganisationsmaßnahmen geschaffen werden muss. Die Ergebnisse der Ist-Analyse, insbesondere die festgestellten Schwächen (eine Schwäche sei hier definiert als ein Verfehlen aktueller oder zukünftiger Anforderungen interner oder externer Natur) bestimmen in hohem Maße das weitere Vorgehen und zwar sowohl hinsichtlich der zu verfolgenden Ziele als auch hinsichtlich der zu ergreifenden Maßnahmen, die vor Durchführung der Vorstudie in keiner Weise absehbar sind. Allerdings empfiehlt es sich dennoch, zu Beginn der Vorstudie einen Katalog allgemeingültiger Logistikziele zu entwickeln, da die gegenwärtige Erreichung der Logistikziele einen wesentlichen Gegenstand der Ist-Analyse darstellt. Zur Erstellung dieses Zielkataloges kann auf eigenes Wissen oder die Fachliteratur zurückgegriffen werden.

Es ergibt sich dabei folgender (auszugsweiser) **Zielkatalog**:

- Durchlaufzeiten
- Lieferzeiten
- Lieferbereitschaft
- Einhaltung von Lieferterminzusagen
- Lagerkosten
- Kapitalbindungskosten
- Transportkosten.

Für die in der Hauptstudie und ggf. in Teilstudien zu konkretisierenden Reorganisationsmaßnahmen (z.B. Einführung einer zentralen Funktion Logistik oder Einführung eines integrierten Systems für Materialwirtschaft und Produktionsplanung und –steuerung, Neugestaltung von Abläufen) sind aus den Ergebnissen der Vorstudie geeignete Ziele abzuleiten.

Dies kann derart geschehen, dass die in der Ist-Analyse erhobenen internen und externen Anforderungen an die Logistikziele (z.B. Kunden fordern eine 99%ige Lieferbereitschaft für alle Artikel innerhalb von 24 Stunden, intern wird eine 97%ige Lieferbereitschaft innerhalb von 36 Stunden für A- und B-Artikel als akzeptabel und kostengünstiger angesehen) mit dem erhobenen Ist-Zustand abgeglichen werden und die Ziele nach Abwägung des Wünschenswerten und Machbaren hinsichtlich Zielausmaß und Zielpräferenz festgelegt werden.

Problematisch sind hierbei allerdings die erheblichen und nicht immer einfach zu durchschauenden Interdependenzen zwischen den verschiedenen Zielkategorien. Hierauf soll an dieser Stelle jedoch nicht näher eingegangen werden. Abhängig von den in der Hauptstudie zu bearbeitenden Reorganisationsmaßnahmen müssen die oben definierten Ziele detailliert, auf verschiedene Teilmaßnahmen „heruntergebrochen" und ggf. ergänzt werden.

5.4.2 Erhebung

Die **Erhebung** dient der Gewinnung der Datengrundlagen für die zu bearbeitende organisatorische Fragestellung. Dokumentenauswertung, Befragung und Beobachtung sind die für Organisatoren bedeutsamsten Erhebungstechniken (vgl. zu Erhebungstechniken z.B. Büchi/Chrobok 1997, Bühner 1996, Daenzer/Huber 1999, Schmidt 1997).

5.4.2.1 Dokumentenauswertung

Die **Dokumentenauswertung** richtet sich auf die Auswertung vorhandenen schriftlichen Materials. Die auszuwertenden Dokumente können folgenden Kategorien zugeordnet werden:

- Dokumente, die sich auf die vorhandene **Organisation** beziehen (z.B. Organigramme, Stellenbeschreibungen, Organisationsanweisungen, Ablaufdiagramme, Organisations-, Qualitäts- und Umweltmanagementhandbücher, Ergebnisse bisher durchgeführter Organisationsprojekte)

- Dokumente die sich auf das **innerbetriebliche Umfeld** der Organisation beziehen (z.B. Produktkataloge, Absatz- und Umsatzstatistiken, Daten zu Produktionskapazitäten, Produktionsdaten, Schichtpläne, Beschaffungsdaten, Mengendaten zu den relevanten Geschäftsvorfällen, Personaldaten, Aufwands- und Ertragszahlen)

- Dokumente, die sich auf das **marktliche Umfeld** der Organisation beziehen (z.B. Kundenstatistiken, Markt- und Wettbewerbsdaten, Daten zur Organisation der Wettbewerber)

- Dokumente, die sich auf das **außermarktliche Umfeld** der Organisation beziehen (z.B. Gesetze, Normen, Verordnungen mit Auswirkungen auf die organisatorische Gestaltung).

Die Dokumentenauswertung ist gegenüber anderen Erhebungsformen sehr kostengünstig. Schriftlich festgehaltene „Hard-Facts" (insbesondere Geschäftszahlen) können mit den konkurrierenden Erhebungstechniken Befragung und Beobachtung niemals mit der gleichen Validität erhoben werden. Die Dokumentenauswertung hat darüber hinaus für den externen Organisator (Berater) den Vorteil, dass sie ihm eine behutsame und kostengünstige Annäherung an die Thematik ermöglicht.

Die Dokumentenauswertung ist auf vorhandenes Datenmaterial beschränkt. Sofern die relevante organisatorische Fragestellung mit Hilfe dieses Datenmaterials nicht vollständig bearbeitet werden kann, ist eine Kombination der Dokumentenauswertung mit anderen Erhebungstechniken erforderlich.

5.4.2.2 Befragung

Gegenstand der **Befragung** können wie bei der Dokumentenauswertung wiederum die Organisation selbst sowie das innerbetriebliche, das marktliche und außermarktliche Umfeld sein. Während die Dokumentenauswertung auf die vorhandenen Daten beschränkt ist, lassen sich mittels Befragung grundsätzlich beliebige Erkenntnisse gewinnen. Neben der Erhebung nicht dokumentierter Daten und Fakten können mittels Befragung auch Meinungen, Gefühle, Werturteile, Prognosen und Lösungsvorschläge erhoben werden.

Bei der **schriftlichen Befragung** werden die zu erhebenden Fragestellungen in einem Fragebogen codiert. Der Fragebogen umfasst dabei folgende Elemente:

- **Deckblatt** mit Angaben zum Befragungsgegenstand und –zweck, mit Erläuterungen zur Auswahl der Befragten, Ausfüllanweisungen (z.b. Bitte um spontanes Antworten), Rücksendetermin und –adresse, Kontaktadresse für Rückfragen, ggf. Zusicherung von Anonymität, Anreizen für die Beteiligung an der Fragebogenaktion

- erforderlichenfalls **personenbezogene Fragen**, z.B. Daten zu Rang, Aufgabengebiet, Organisationseinheit des Befragten

- **Eisbrecherfragen**, die durch Beschäftigung mit eher unproblematischen Inhalten die mögliche Befangenheit der Befragten gegenüber dem Fragebogen vermindern

- Fragenteil mit den **problembezogenen Fragen**

- **Kontroll- und Plausibilitätsfragen**

- **Abschließende Bemerkung** (Dank, nochmalige Zusicherung von Anonymität, Zusicherung des Zusendens der Befragungsergebnisse, Sicherstellung von Rückfragemöglichkeiten).

Auswahl, Formulierung und Anordnung der Fragen sowie die Formulierung der Antwortkategorien sind von hoher Bedeutung für die Validität der Befragungsergebnisse. Für die Gestaltung des Frageteils haben sich folgende Regeln bewährt:

- mit einfachen, wenig problematischen Fragen beginnen
- emotional belastete Fragestellungen eher im Schlussteil des Fragebogens ansiedeln
- die Fragen zu inhaltlich zusammengehörigen Blöcken bündeln
- Redundanzen vermeiden.

Die **Formulierung** der Fragen muss eindeutig und **klar** und für die Zielgruppe **verständlich** sein. Die Art der Fragestellung bestimmt in Verbindung mit den vorgesehenen Antwortmöglichkeiten den Informationsgehalt, das Skalenniveau und die Auswertbarkeit der Befragungsergebnisse.

Nachfolgende Tabelle zeigt Beispiele für Frageformen und Skalenniveaus.

Frage	Antwortmöglichkeiten	Frageform	Skalenniveau
Sind Sie mit Ihrem Aufgabengebiet zufrieden?	Ja Nein	Ja/Nein-Frage	Nominalskala
Ich bin mit meinem Aufgabengebiet unzufrieden weil	es mich überfordert es mich unterfordert	Alternativfrage	Nominalskala
Welche Ihrer Aufgaben führen Sie am liebsten durch? Vergeben Sie bitte für die vier Aufgaben einen Rang (1= am liebsten).	Bestellabwicklung Rechnungsprüfung Lieferantenverhandlungen Bitte Ränge 1-3 eintragen	Zuordnung von Rängen	Ordinalskala
Lieferantenverhandlungen halte ich für	sehr wichtig ... unwichtig	Skalierungsfrage (Semantisches Differential)	Intervallskala
Wie hoch ist Ihr wöchentliches Arbeitspensum?	_ _ Stunden	Skalierungsfrage	Verhältnisskala
Was sollte sich an Ihrem Aufgabengebiet verändern?	freie Beantwortung (Text)	offene Frage	-/-

Abbildung 59: Frageformen und Skalenniveaus einer schriftlichen Befragung

Bei **semantischen Differentialen** hat es sich eingebürgert, zwischen **fünf** und sieben **Antwortkategorien** vorzusehen. Wie viele Antwortkategorien im Einzelfall vorgegeben werden, kann nach Auffassung des Autors dem persönlichen Geschmack überlassen bleiben. Zu beachten ist jedoch, dass eine höhere Anzahl von Antwortkategorien dazu führen kann, dass die Befragten hinsichtlich ihres Differenzierungsvermögens überfordert werden. Um zu vermeiden, dass die Befragten den Mittelwert ankreuzen, wenn sie eine Frage nicht beantworten können, empfiehlt es sich, zusätzlich eine Antwortkategorie „weiß nicht" vorzusehen.

Offene Fragen ermöglichen dem Befragten ein sehr viel breiteres Spektrum an Antwortmöglichkeiten als die übrigen (geschlossenen) Fragen. Es können durch den Befragten auch Erkenntnisbereiche angesprochen werden, die von hoher Relevanz sind, aber bei der Fragebogenerstellung nicht explizit berücksichtigt wurden. Diese Vorteile werden allerdings durch eine erheblich verschlechterte Auswertbarkeit erkauft, so dass offene Fragen in Fragebögen nur begrenzt zum Einsatz kommen können.

Die schriftliche Befragung ist mit erheblichem Aufwand für die Erstellung und Erprobung des Fragebogens verbunden, lässt sich aber bei geeigneter Fragebogengestaltung schnell und kostengünstig auswerten. Sie eignet sich insbesondere dann, wenn der Befragtenkreis hinreichend groß und homogen ist (Faustregel: mehr als zwanzig zu Befragende), um den Vorteil der effizienten Auswertung zur Geltung zu bringen. Ausreichendes Vorwissen hinsichtlich des abzuhandelnden Sachverhaltes ist jedoch Voraussetzung für eine sinnvolle Fragebogengestaltung.

Während die schriftliche Befragung weitgehend strukturiert (also mit unveränderlichen Fragen und Fragenabfolgen) und standardisiert (also mit festen, vorgegebenen Antwortkategorien) ist, bestehen für die Gestaltung **mündlicher Befragungen** größere Freiheitsgrade. Mündliche Befragungen können wie eine schriftliche Befragung weitgehend strukturiert und standardisiert gestaltet werden. In diesem Fall übernimmt ein Interviewer das Vorlesen der Fragen und die Eintragung der Antworten. Diese Art der Befragung ist (auch als telefonisches Interview) in der Markt- und Meinungsforschung verbreitet, findet aber bei organisatorischen Fragestellungen wegen der hohen Kosten für die Erstellung des Fragebogens und der hinzukommenden Kosten für den Interviewer nur selten Anwendung.

Im Organisationsbereich finden mündliche Befragungen dagegen meist als so genannte **freie Interviews** statt. Der Ablauf der Informationserhebung wird durch den Interviewer gesteuert. Den vom Interviewer zu formulierenden Fragen liegt ein Gesprächsleitfaden zugrunde, in dem lediglich die zu behandelnden Themenkomplexe enthalten sind, ohne dass Fragen oder Antwortkategorien oder die Reihenfolge der Fragen vorgegeben sind. Das freie Interview ist mit geringem Aufwand für die Erstellung des Gesprächsleitfadens verbunden, stellt jedoch hohe Anforderungen an die fachliche und persönliche Kompetenz des Befragenden.

Diese Form der Befragung eignet sich insbesondere dann, wenn

- eine schriftliche Befragung wegen der Hochrangigkeit oder des Expertentums der Gesprächspartner nicht in Frage

5.4 Planung

kommt (in diesem Fall spricht man auch von Expertengesprächen)

- die zu behandelnden Fragestellungen heikel und emotionsbeladen sind

- die zu erhebenden Sachverhalte zu wenig bekannt sind, um einen strukturierten und standardisierten Fragebogen erarbeiten zu können

- die Zielgruppe zu klein oder hinsichtlich der zu stellenden Fragen zu heterogen ist, um den mit der Fragebogenerstellung verbundenen Aufwand zu rechtfertigen.

Ein weiterer Vorteil der mündlichen Befragung ist, dass die Arbeitssituation (Licht- und Raumverhältnisse, EDV-Unterstützung) und die Glaubwürdigkeit des Befragten sowie die eingesetzten Arbeitsmittel (z.b. Maskenausdrucke, Formulare) mit erhoben werden können.

Schriftliche und mündliche Befragung können auch kombiniert eingesetzt werden. So können nach einer schriftlichen Befragung einige freie Interviews geführt werden, um die Ergebnisse der schriftlichen Befragung zu vertiefen oder unklare Bereiche zu klären. Umgekehrt können im Vorfeld einer schriftlichen Befragung einige freie Interviews durchgeführt werden, um die zur Fragebogenerarbeitung notwendigen Kenntnisse zu erwerben.

5.4.2.3 Beobachtung

Gegenstand von **Beobachtungen** sind objektive, visuell wahrnehmbare Sachverhalte. Beobachtbar sind nur solche Sachverhalte, die als physische Phänomene offenbar werden. Die Erhebungsgegenstände sind damit im Vergleich zur Befragung erheblich eingeschränkt. Bezogen auf organisatorische Fragestellungen sind insbesondere folgende Sachverhalte relevant:

- Zeitdauer, Häufigkeit und Zeitanteile bestimmter Aktivitäten

- Abfolge von Aktivitäten, Durchlauf von Werkstücken oder Vorgängen durch ein Unternehmen

- zur Durchführung von Aktivitäten verwendete Sachmittel und (begrenzt) Informationen.

Eine systematische Beobachtung erfüllt folgende Anforderungen:

- sie wird planmäßig durchgeführt, d.h. Beobachtungsobjekte, zu beobachtende Ereignisse, Beobachtungszeitpunkte und –zeitdauern sowie -häufigkeiten sind geplante Größen

- die Aufzeichnung und Auswertung der Beobachtungen erfolgt planmäßig

- die Beobachtung unterliegt systematischen Kontrollen hinsichtlich Validität, Reliabilität und Genauigkeit.

Generell besteht bei allen Beobachtungsformen eine nicht unerhebliche Gefahr von Verzerrungen, insbesondere durch

- Wahrnehmungsverzerrungen des externen Beobachters
- bewusste oder unbewusste Verhaltensänderungen der Beobachteten aufgrund der Beobachtungssituation
- bewusste Falschaufschreibungen bei der Selbstbeobachtung.

Von Beobachtung im engeren Sinne spricht man nur dann, wenn die Beobachtung eines Subjektes durch eine andere Person, also einen externen Beobachter erfolgt. Gleichwohl ist in Organisationsprojekten aus Effizienzgründen auch die „Beobachtung" eines Subjektes durch sich selbst, also die so genannte Selbstbeobachtung oder Selbstaufschreibung verbreitet.

Die **Begehung** ist eine unstrukturierte oder schwach strukturierte Form der Beobachtung. Hierbei wird ein Arbeitsplatz über einen längeren Zeitraum innerhalb eines Arbeitstages beobachtet. Die Beobachtungen (z.B. Aufgaben, Häufigkeiten, Sachmitteleinsatz, Störungen) werden laufend protokolliert. Auch bei Einsatz höchstqualifizierter Beobachter besteht das Risiko erheblicher Beobachtungsfehler. Die Begehung eignet sich deshalb nur für Vorstudien.

Die **Dauerbeobachtung** ist eine permanente Beobachtung von Arbeitsplätzen über einen längeren Zeitraum mit laufender Protokollierung der Beobachtungen. Neben dem Risiko erheblicher Beobachtungsfehler sind der hohe Zeitbedarf und die hohen Kosten weitere Nachteile der Dauerbeobachtung.

Zeitstudien dienen der exakten Ermittlung der für bestimmte Verrichtungen benötigten Zeiten mit Hilfe von Zeitmessgeräten. Sie sind, auch wegen des hohen Erhebungs- und Auswertungsaufwandes nur für häufig wiederkehrende, massenhaft auftretende, gleichförmige und extrem kurzzyklische Aufgaben mit insgesamt hohem Zeitverbrauch geeignet. Ihre Anwendung ist im Wesentlichen auf den Fertigungsbereich beschränkt.

Geeignetere Beobachtungstechniken für Organisationsprojekte sind das **Multimomentverfahren**, das **Laufzettelverfahren** und die **Selbstaufschreibung**.

Das **Multimomentverfahren** (Haller-Wedel 1969) ist ein intermittierendes Beobachtungsverfahren. Es wird für die Bestimmung der Zeitanteile bestimmter Aktivitäten an der Gesamtzeit oder für Auslastungsstudien eingesetzt. Bei gleichzeitiger Erhebung der im Untersuchungszeitraum bearbeiteten Fallzahlen kann auch die durchschnittliche Bearbeitungszeit je Vorgang ermittelt werden.

5.4 Planung

Grundlage des Multimomentverfahrens ist die Überlegung, dass sich die Zeitanteile verschiedener Aktivitäten genauso zueinander verhalten wie die Häufigkeiten, in der diese Aktivitäten in einer hinreichend großen und zufälligen Stichprobe beobachtet werden können.

Für die Anwendung des Multimomentverfahrens müssen folgende Voraussetzungen gegeben sein:

- die zu beobachtenden Ereignisse (also Aktivitäten) müssen unregelmäßig eintreten

- die Ereignisse müssen eindeutig und optisch oder akustisch leicht unterscheidbar sein

- eine Untersuchungsdauer von mindestens zwei Wochen mit mindestens 1600 Beobachtungen muss möglich sein.

Zunächst werden die Beobachtungsobjekte (also die zu beobachtenden Arbeitsplätze) und die Ereignisgliederung (also eine Aufstellung der verschiedenen, zu beobachtenden Aktivitäten) festgelegt. Anschließend wird mit Hilfe statistischer Verfahren die Anzahl der erforderlichen Beobachtungen bestimmt. Um bewusste oder unbewusste Verhaltensänderungen der Beobachteten weitgehend zu vermeiden, sollen die Beobachter ihre Beobachtungsgänge auf alternativen Routen durchführen. Es werden deshalb verschiedene Rundgangswege festgelegt und der Zeitbedarf für die Rundgänge wird ermittelt. Der Untersuchungszeitraum wird so gewählt, dass er einerseits „repräsentativ" ist und andererseits lange genug dauert, um die erforderliche Zahl an Beobachtungen zu ermöglichen.

Je Schicht werden nun mit Hilfe eines Zufallsgenerators der Beginn der Rundgänge und die jeweilige Route festgelegt. In einem Erhebungsbogen (vgl. Abbildung 60), werden die einzelnen Rundgangsnummern mit Startzeitpunkt und Route vermerkt. In den einzelnen Rundgängen werden die beobachteten Ereignisse festgehalten, indem je Beobachtung ein Strich in der entsprechenden Ereignisspalte des Erhebungsbogens gemacht wird. Nach Abschluss der Erhebung werden die Zeitanteile der Ereignisse an der Gesamtzeit rechnerisch ermittelt, indem die je Ereignis beobachtete Anzahl von Fällen durch die Anzahl der insgesamt gemachten Beobachtungen dividiert wird.

Vorteil des Multimomentverfahrens ist es, dass Aussagen mit hoher statistischer Genauigkeit bei einer statistischen Sicherheit von 95% erzielt werden. Der Nachteil liegt im hohen Zeitbedarf für die Durchführung dieser Erhebungsart bei gleichzeitig stark eingeschränkten Erhebungsgegenständen. Sie wird daher in der statistisch korrekten Form sinnvollerweise nur bei entsprechender Bedeutung der zu beantwortenden Fragestellung angewendet.

Das Multimomentverfahren kann alternativ auch in der Form der Selbstaufschreibung durchgeführt werden. Das Verfahren gleicht dem Multimomentverfahren mit Fremdbeobachtung weitestgehend. Allerdings erfolgt die Beobachtung und Protokollierung nicht durch einen externen Beobachter, sondern durch die Beobachteten selbst. Hierzu werden den Beobachteten am Arbeitsplatz zufallsgesteuert optische oder akustische Signale gegeben. Die Beobachteten notieren dann auf einem Erhebungsbogen die jeweilige Aktivität.

Vorteile des Multimomentverfahrens mit Selbstaufschreibung liegen im Wegfall der Kosten für externe Beobachter und einem deutlich vergrößerten Spektrum der beobachtbaren Sachverhalte. Da der Beobachtete weiß, welche Aktivität er jeweils durchführt, können nun auch Aktivitäten beobachtet werden, die für einen externen Beobachter nicht oder nur schwer voneinander zu unterscheiden sind. Zusätzlich können zu den Aktivitäten (z.B. schreiben, lesen, telefonieren etc.) weitere Merkmale, wie die Objekte, an denen diese Aktivitäten vollbracht werden (z.b. Kundenanfragen, Kundenaufträge, Fertigungsaufträge), und die Leistungsempfänger der jeweiligen Aktivität in die Ereignisgliederung eingebunden werden. Das Multimomentverfahren mit Selbstaufschreibung ist deshalb auch im Bürobereich geeignet.

Nachteile des Multimomentverfahrens mit Selbstaufschreibung liegen in der unter Umständen hohen Belastung der Beobachteten und den nahezu unbegrenzten Manipulationsmöglichkeiten.

Tagesbogen			8. Tag				
Rundgang Nr.	Route	Uhrzeit	Anzahl Beobachtungen je Ereignis				Summe Beob.
			A	B	C	D	
1	a	08.25	I		II	I	4
2	c	09.37	II	I	I		4
.							
.							
30	b	15.23	I	I	I	I	4
Tagessumme			67	17	33	3	120
Übertrag vom Vortag			423	131	230	56	840
Übertrag auf Folgetag			490	148	263	59	960
aktuelle Häufigkeiten (%)			52	15	27	6	100

Abbildung 60: Teilausgefüllter Erhebungsbogen für eine Multimomentstudie

5.4 Planung

Laufzettelverfahren sind Selbstbeobachtungsverfahren. Sie dienen der Ermittlung von

- Beteiligten an einem Arbeitsablauf/Informationsfluss
- Aktivitäten in einem Arbeitsablauf/Informationsfluss
- alternativen Wegen in einem Arbeitsablauf/Informationsfluss
- Vorgangshäufigkeiten für die alternativen Wege
- Bearbeitungszeiten an einzelnen Stationen
- Transportzeiten zwischen einzelnen Stationen
- Liegezeiten vor und nach den Bearbeitungsstationen
- Durchlaufzeiten
- Störungen und Rückläufen.

Beim Laufzettelverfahren wird ein Beleg (der so genannte Laufzettel) an einem Werkstück oder Vorgang fest angebracht. In diesem Laufzettel ist je Bearbeitungsstation (Stelle) eine Zeile vorgesehen, in der in entsprechend bezeichneten Spalten folgende Angaben zu machen sind:

- Bearbeiter (Stelle)
- Art der Bearbeitung (Aktivität)
- Zeitpunkt des Eingangs
- Zeitpunkt des Bearbeitungsbeginns
- Zeitpunkt des Bearbeitungsendes
- Zeitpunkt des Ausgangs.

Projekt: Durchlaufzeitenmessung Belegfluss					Datum: März 2002	
Beleg-Nr.: 28						
Stelle	Aktivität	Eingang	Beginn Bearbeitung	Ende Bearbeitung	Ausgang	
Poststelle	5	09.24	10.14	11.25	14.10	
Rechnungsprüfung	6	15.10	15.15	15.30	08.30	
.						
.						
.						
.						

Abbildung 61: Teilausgefüllter Laufzettel

An der einzelnen Bearbeitungsstation werden die geforderten Angaben durch den Bearbeiter auf dem Laufzettel eingetragen. Nach vollständigem Durchlauf der Werkstücke/Vorgänge durch den festgelegten Untersuchungsbereich werden die Laufzettel gesammelt und systematisch ausgewertet.

Erhebungsgegenstände und Erhebungsverfahren bei der **Punkt-Intervall-Methode** entsprechen im Wesentlichen dem Laufzettelverfahren. Im Vordergrund steht dabei die Ermittlung von Durchlaufzeiten. Diese werden in einem so genannten Durchlaufzeitendiagramm dargestellt, wobei je Bearbeitungsstation (Transporte können dabei auch als Bearbeitungsstation definiert werden) jeweils die durchschnittliche Durchlaufzeit, die Durchlaufzeit des insgesamt „schnellsten" und des „langsamsten" Vorgangs und die so genannte ideale Durchlaufzeit (Summe der minimalen Durchlaufzeiten über alle Bearbeitungsstationen) in kumulierter Form abgetragen werden.

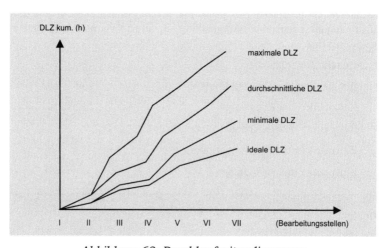

Abbildung 62: Durchlaufzeitendiagramm

Schwachstellen werden dort vermutet und können anschließend detaillierter untersucht werden, wo

- erhebliche Unterschiede zwischen idealer und durchschnittlicher Durchlaufzeit bestehen
- bzw. wo ein großer Anstieg der Durchlaufzeit festgestellt wird, der aus dem Arbeitsplan nicht begründbar ist.

Durch die Ausgestaltung der Punkt-Intervall-Methode als Stichprobenverfahren können die gewünschte statistische Sicherheit (im Allgemeinen 95%) und Genauigkeit der Aussagen vorgeben werden.

5.4 Planung

Die **Selbstaufschreibung** wird zur Erhebung von Aufgaben, Bearbeitungszeiten und Mengen eingesetzt. Weitere Angaben, z.B. zu den verwendeten Informationen und Sachmitteln sind möglich. Die Aktivitäten werden durch die Beobachteten selbst, unmittelbar nach Beendigung der Aktivität, notiert. Bei weitgehend unbekanntem Aufgabeninhalt der zu beobachtenden Arbeitsplätze kann die Selbstaufschreibung ohne vorgegebene Aufgabenstruktur erfolgen. Zur Erleichterung der Auswertung empfiehlt sich jedoch die Erstellung eines Aufgabenkataloges, der der Selbstaufschreibung zugrunde gelegt wird. Zusätzlich sollten für die Selbstaufschreibung klare, selbsterklärende und leicht auswertbare Formulare verwendet werden. Neben den eigentlichen Erfassungsformularen sind Formulare für die Verdichtung der Tagesberichte notwendig. Die Verwendung von Tabellenkalkulationsprogrammen für Erfassung und Verdichtung der Daten führt zu einer erheblichen Reduzierung des Auswertungsaufwandes.

Datum:	Name:		
	Abteilung:		
	Stelle:		
Aufgabe	Anzahl Vorgänge	Beginn (Zeit)	Ende (Zeit)

Abbildung 63: Tagesbericht für Selbstaufschreibung

Die Selbstaufschreibung liefert Daten, die sonst nur mit erheblichem Aufwand generiert werden können. Die Manipulationsanfälligkeit kann durch Quervergleiche und den Abgleich mit anderen Quellen (z.B. Vorgangszahlen aus Auswertungen von EDV-Systemen) vermindert werden, weil offensichtlich unplausible Angaben hierdurch schnell erkannt werden.

Mit der zunehmenden Einführung von Betriebsdatenerfassungssystemen im Fertigungsbereich und von Workflow-Management-Systemen im Bürobereich werden Laufzettelverfahren und Selbstaufschreibung erheblich an Bedeutung verlieren: Die gewünschten Daten können aus diesen Systemen mittels einfacher Auswertungen gewonnen werden.

5.4.2.4 Kombination von Erhebungstechniken

Im Hinblick auf Zeitbedarf, Kosten und Validität der Erhebung ist häufig eine **Kombination von Erhebungstechniken** zweckmäßig.

Die **Dokumentenauswertung** eignet sich insbesondere zu Beginn der Erhebungsphase. Mit ihrer Hilfe können schnell, kostengünstig und valide Informationen über den Untersuchungsgegenstand (z.B. Umsatz- und Ertragsdaten, Produktgruppen, bestehende Organisationsstruktur, festgestellte Schwachstellen) erhoben werden. Nachfolgende, aufwändigere Erhebungsinstrumente wie Beobachtung und Befragung können so besser konzipiert und im Umfang reduziert werden. Das Erhebungspersonal ist vorinformiert und ein kompetenterer Gesprächspartner.

Schriftliche und **mündliche Befragung** sowie **Beobachtungen** können derart kombiniert werden, dass mündliche Befragungen eingesetzt werden, um das notwendige Vorwissen für eine kompetente Gestaltung der nachfolgenden schriftlichen Befragungen oder Beobachtungen zu generieren. Zudem kann die mündliche Befragung in Nachfassaktionen nach schriftlichen Befragungen oder Beobachtungen genutzt werden, um Unklarheiten, neue Sachverhalte, besondere Probleme etc. zu behandeln.

Komplexere Projekte mit unterschiedlichen Erhebungsgegenständen erfordern regelmäßig den Einsatz verschiedener Erhebungstechniken.

Übung 9: Auswahl von Erhebungstechniken

Wählen Sie geeignete Erhebungstechniken für die nachfolgenden Aufgabenstellungen aus und begründen Sie Ihre Antwort. Gehen Sie auch auf die Frage ein, inwieweit ein Erhebungsmix zur Lösung der jeweiligen Aufgabe sinnvoll ist.

a) Grobkonzept einer Spartenorganisation

Sie sind als Organisator eines mittelgroßen, diversifizierten Industrieunternehmens damit beauftragt, ein Grobkonzept für eine Spartenorganisation (nach Produkten gegliedert) zu entwickeln. Das Grobkonzept soll alternative Gestaltungsmöglichkeiten so darstellen, dass dem Vorstand eine Entscheidung über die Weiterverfolgung der Spartenorganisation möglich ist, die Grundstruktur der künftigen Organisation erkennbar wird und detaillierterer Untersuchungsbedarf definiert werden kann. Für die Durchführung Ihrer Arbeiten erhalten Sie ein Budget von 50 Manntagen à 8 Stunden.

b) Analyse des Montageprozesses

Sie sollen den Montageprozess eines großen PC-Herstellers kritisch untersuchen und Verbesserungsvorschläge entwickeln. Für die Untersuchung gelten folgende Ziele:

- Die gesamte Durchlaufzeit für den Montageprozess soll auf zwei Stunden verkürzt werden
- Mindestens 95% der Aufträge müssen innerhalb dieser zwei Stunden montiert sein
- Die Durchlaufzeit der übrigen Aufträge darf maximal acht Stunden betragen.

c) Organisationsuntersuchung in einem mittelständischen Unternehmen

Ein mittelständisches Industrieunternehmen beauftragt einen Unternehmensberater damit, die Organisation des gesamten Unternehmens mit Ausnahme der Produktion zu „durchleuchten".

Dabei sollen Aufbauorganisation und Abläufe untersucht werden. Die Untersuchung soll auf relativ kostengünstige Weise „stärkere Schieflagen" und Lösungsmöglichkeiten (grob) aufzeigen. Der Unternehmensberater hat in einem etwa einstündigen Vorgespräch zusätzlich Basisinformationen zum Unternehmen (Produktkataloge, Auszüge aus dem letzten Jahresabschluss, Organigramm) erhalten.

Nach dem Organigramm gestalten sich Aufbauorganisation und Anzahl der Mitarbeiter (MA) im relevanten Bereich wie folgt:

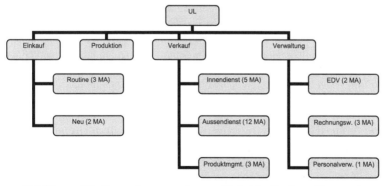

Abbildung 64: Organigramm eines mittelständischen Unternehmens

d) Untersuchung der Arbeitszufriedenheit

Nach einer grundlegenden Umstrukturierung eines großen Industrieunternehmens mit ca. 20 000 Mitarbeitern sind Sie als Organisator damit beauftragt, festzustellen, wie sich die Reorganisation auf die Arbeitszufriedenheit der Mitarbeiter ausgewirkt hat. Zusätzlich soll ihre Untersuchung Bereiche identifizieren, in denen hinsichtlich der Umsetzung der Reorganisationsmaßnahmen Defizite oder Probleme bestehen.

Beispiellösung

a) Grobkonzept einer Spartenorganisation

Im Schwerpunkt des Grobkonzeptes steht die Entwicklung alternativer Gestaltungsmöglichkeiten in Form von Organigrammen sowie deren Beurteilung. Zur Erstellung der Organigramme sind im Wesentlichen folgende Fragen zu beantworten:

- Welche alternativen Möglichkeiten der Spartenbildung bestehen (Anzahl der Sparten, Zuordnung der Produktgruppen)
- Welche Funktionen und Kapazitäten sollen den Sparten zugeordnet werden
- Welche Funktionen sollen zentral wahrgenommen werden?

Zur Beurteilung der verschiedenen Alternativen sind insbesondere folgende Fragen von Bedeutung:

- Mit welchen Interdependenzen bei Produkten, Kunden, Lieferanten, Ressourcennutzung muss in den einzelnen Alternativen gerechnet werden
- Wie können bestehende Überschneidungen ggf. gehandhabt werden
- Welche Auswirkungen hat die Spartenorganisation auf den Führungskräftebedarf?

Die genannten Fragen erfordern eine intensive Beschäftigung mit vorhandenem Datenmaterial wie

- Absatz- und Umsatzstatistiken nach Produkt- und Kundengruppen
- Fertigungskapazitäten und deren Nutzung durch verschiedene Produktgruppen
- Materialverwendung in verschiedenen Produktgruppen.

Damit ist die Dokumentenanalyse die zentrale Erhebungstechnik. Hierauf aufbauend sollten mündliche Befragungen von Vorstand und Funktionsbereichsleitern zu den mit Einführung der Spartenorganisation verfolgten Zielen und den Gestaltungsmöglichkeiten mit jeweiligen Chancen und Risiken geführt werden.

b) Analyse des Montageprozesses

Die Aufgabenstellung ist durch folgende Merkmale charakterisiert:

- Untersuchungsobjekt ist ein Prozess

- die in diesem Prozess und in seinen Teilprozessen realisierten Durchlaufzeiten an und zwischen den einzelnen Bearbeitungsstationen müssen ermittelt werden, um Schwachstellen im bestehenden Prozess und damit Ansatzpunkte für die gewünschte Verkürzung von Durchlaufzeiten erkennen zu können

- alternative Prozessgestaltungen müssen entwickelt und beurteilt werden

- der Montageprozess ist ein Kernprozess des Unternehmens, der sich durch Massenhaftigkeit, Gleichförmigkeit und hohen Kostenanfall auszeichnet. Damit sind auch aufwändige aber valide Erhebungstechniken rechtfertigbar.

Die Erhebung kann wie folgt gestaltet werden:

- Erfassung der Durchlaufzeiten mit Hilfe der Punkt-Intervall-Methode

- Erhebung von Datenmaterial zur Beurteilung der vorliegenden Durchlaufzeiten und zur Entwicklung alternativer Prozessgestaltungen mittels Benchmarking

- Entwicklung alternativer Prozessgestaltungen durch die betroffenen Mitarbeiter mit Hilfe moderierter Gruppendiskussionen.

c) Organisationsuntersuchung in einem mittelständischen Unternehmen

Die Aufgabenstellung ist durch folgende Merkmale charakterisiert:

- die Erhebung muss sich auf die gesamte Organisation beziehen und kann nicht auf vordefinierte Organisationseinheiten und/oder Prozesse konzentriert werden

- gleichzeitig ist der Erhebungsaufwand gering zu halten, so dass aufwändige Techniken wie das Multimomentverfahren sowie die im Business-Reengineering verwandten Techniken, insbesondere das Benchmarking, ausscheiden

- Beobachtungstechniken sind darüber hinaus ungeeignet, weil der Untersuchungsbereich primär im Bürobereich liegt, der Beobachtungen nur sehr begrenzt zugänglich ist

- der Berater hat kein Vorwissen, wird also nicht in der Lage sein, einen strukturierten und standardisierten Fragebogen zu erstellen
- die Gruppe der zu Befragenden ist äußerst homogen, so dass die schriftliche Befragung auch aus diesem Grunde ungeeignet erscheint.

Als Erhebungstechnik eignet sich damit die mündliche Befragung, die zweckmäßigerweise mit Hilfe eines Gesprächsleitfadens geführt wird. Gegenstand dieser Befragung können beispielsweise sein:

- Aufgaben des Gesprächspartners mit Angaben zu Häufigkeiten und Zeitbedarfen (diese können auch mit einer vorgeschalteten Selbstaufschreibung erhoben werden)
- Einbindung dieser Aufgaben in übergeordnete Abläufe
- empfundene Schwachstellen
- Lösungsmöglichkeiten und Verbesserungsvorschläge.

Ergänzend kann auf die Dokumentenauswertung zurückgegriffen werden. Relevante Daten sind z.B. Häufigkeiten von Vorgängen (aus dem Rechnungswesen oder aus EDV-Systemen), bisherige Organisationsuntersuchungen, organisatorische Dokumentation. Die Dokumentenauswertung sollte zeitlich vor der Durchführung der mündlichen Befragung liegen.

d) Untersuchung der Arbeitszufriedenheit

Die Aufgabe ist durch folgende Merkmale gekennzeichnet:

- sehr großer Kreis der zu Befragenden
- die Befragenden sind hinsichtlich der Fragestellung homogen
- Vorwissen über das zu erwartende Untersuchungsergebnis ist zur Formulierung eines Fragebogens nicht erforderlich.

Damit liegen ideale Voraussetzungen für die Durchführung einer schriftlichen Befragung vor. Im Hinblick auf die erforderliche Auswertungseffizienz ist der Fragebogen weitgehend strukturiert und standardisiert zu gestalten.

Im Anschluss an die schriftliche Befragung kann ggf. eine punktuelle mündliche Befragung vorgenommen werden, um Unklarheiten aufzuklären oder unerwarteten Ergebnissen nachzugehen.

5.4.3 Analyse

Die **Analyse** (in anderen Publikationen auch Würdigung genannt) dient der Interpretation der erhobenen Daten im Hinblick auf die beabsichtigte organisatorische Maßnahme. Dabei werden sowohl die vorliegende Situation (einschließlich absehbarer Entwicklungen) als auch die bestehende Organisation gewürdigt (Ist-Zustand). Die Analyse fragt danach, was am Ist-Zustand positiv (Stärken) und negativ ist (Schwächen) und was hieraus an positiven (Chancen) und negativen Entwicklungsmöglichkeiten (Risiken) für die Zukunft resultiert. Die Stärken sollen bei der anstehenden organisatorischen Veränderung möglichst erhalten oder sogar ausgebaut werden, die Schwächen abgebaut werden.

Schwächen sind dabei aufzufassen als Abweichungen von einem erstrebenswerten Soll-Zustand. Sie können sich als offensichtliche Abweichungen von den verfolgten Zielen manifestieren, aber auch nur latent vorhanden sein, wenn eine Abweichung von den formulierten Zielen zwar nicht besteht, aber durch alternative Gestaltungen die Möglichkeit einer verbesserten Zielerreichung bestünde. Zu Tage tretende Schwächen sind dabei im Allgemeinen nicht mit der Problemursache gleichzusetzen. Sie sind häufig nur Ergebnis oder Symptom einer tiefer liegenden Ursache. In der Analyse geht es daher auch darum, die den Schwächen zugrunde liegenden Ursachen zu erkennen, um mit der anstehenden organisatorischen Veränderung die Problemursachen gezielt beseitigen zu können.

Die Beurteilung des Ist-Zustandes kann entweder rein subjektiv, aufgrund vorhandener Erfahrungen und „Störgefühle" oder technikgestützt erfolgen. Hierzu dienen die Techniken der Prüffragenkataloge, des Benchmarking, der Prüfmatrizes und der Problemanalyse. Zur Visualisierung von Sachverhalten stehen die ABC-Analyse und die Portfolioanalyse zur Verfügung (zu Analysetechniken vgl. z.B. Büchi/Chrobok 1997, Schmidt 1997, Daenzer/Huber 1999).

Prüffragenkataloge enthalten eine Zusammenstellung gängiger Schwachstellen und Lösungsmuster zu bestimmten Themenbereichen. Diese können allgemeiner Natur sein (z.B. Prüffragen zur Aufbau- oder Ablauforganisation) oder sich auf spezielle Themenfelder beziehen (z.B. Prüffragen zu einzelnen Funktionen/Teilfunktionen oder einzelnen Prozessen/Teilprozessen). Für jedes Themenfeld ist ein adäquater Prüffragenkatalog notwendig.

Prüffragenkataloge finden sich häufig in der einschlägigen Organisationsliteratur, können bei vorhandener Erfahrung aber auch selbst erstellt werden. Geeignete Prüffragenkataloge sind ein gutes Hilfsmittel bei der Beurteilung des Ist-Zustandes. Ihre wesentlichen Nachteile liegen darin, dass mit ihnen nur bekannte Schwachstellen- und Lösungskategorien aufgezeigt werden und dass sehr spezifische Fragestellungen mit den verfügbaren Prüffragenkatalogen nicht abgearbeitet werden können. Nachfolgend ist ein Ausschnitt aus einem Prüffragenkatalog zur Stellenbildung dargestellt (Abbildung 65).

Prüffragenkatalog zur Stellenbildung
1. Sind die Aufgaben klar beschrieben?
2. Sind die Aufgaben eindeutig abgegrenzt?
3. Sind die Aufgaben vollständig?
4. Gibt es überflüssige Aufgaben?
5. Stimmen Aufgaben, Kompetenzen und Verantwortung überein?
6. Bestehen angemessene Möglichkeiten für die Qualifikationsentwicklung?
7. ....

Abbildung 65: Prüffragenkatalog

Prüfmatrizes sind ein vereinfachtes Verfahren zur Erkennung von Schwachstellen und deren Ursachen. Dabei werden in einer Tabelle typisierte Schwachstellen den typisierten Ursachenkategorien gegenübergestellt. Die Prüfmatrix hat eine steuernde Funktion bei der Suche nach den Ursachen der in einem Projekt konkret festgestellten Schwachstellen.

Ursachenkategorien			
Mängel	zu geringe Automatisierung	zu geringe Kapazität	....
Prozesskosten			
Auslastung			
Durchlaufzeit			
Qualität			
.			
.			
.			
.			

Abbildung 66: Schema einer Prüfmatrix

Benchmarking (vgl. Camp 1994) ist der Vergleich organisatorischer Lösungen (meist von Prozessen) hinsichtlich Qualität, Zeit und Kosten mit einem Bestwert, der so genannten „benchmark". Als Vergleichsobjekte kommen in Betracht:

- vergleichbare Organisationseinheiten oder Prozesse im gleichen (großen) Unternehmen (internes Benchmarking)

5.4 Planung

- Unternehmen der gleichen Branche (wettbewerbsorientiertes Benchmarking)
- vergleichbare Organisationseinheiten oder Prozesse aus anderen Branchen (funktionales Benchmarking).

Das interne Benchmarking hat den Vorteil einer einfachen Datenbeschaffung, führt aber dann zu keinen innovativen Erkenntnissen, wenn die miteinander verglichenen Objekte ähnlich strukturiert sind. Das wettbewerbsorientierte Benchmarking erlaubt dagegen eine sichere Beurteilung der eigenen Position innerhalb der Branche. Allerdings besteht auch hier das Risiko eines nur geringen Erkenntnisfortschrittes, wenn die Vergleichsobjekte innerhalb einer Branche ähnlich gestaltet sind. Zudem sind derartige Wettbewerbsdaten häufig sehr schwer zu erlangen. Die innovativsten Impulse sind im Allgemeinen aus dem funktionalen Benchmarking zu erhalten. Hier wird die Datenbeschaffung auch weniger von Geheimhaltungsabsichten behindert. Allerdings ist meist eine Transformation der Lösungen auf das eigene Unternehmen erforderlich.

Die Verfahren der **Problemanalyse** (vgl. Krüger 1983, Nagel 1992a, Schmidt 1997) dienen der Erkennung, Strukturierung und Beurteilung organisatorischer Probleme. Verfahren der Problemanalyse können unterschiedlich gestaltet werden. Ein exemplarischer Verfahrensablauf wird nachfolgend dargestellt.

Die Probleme werden zunächst gesammelt. Mängelkataloge, die für verschiedenartige Themengebiete typische Probleme enthalten, unterstützen die Erhebung der Probleme.

Die Probleme werden anschließend nach verschiedenen Kriterien klassifiziert und beschrieben. Hierzu gehört die Beantwortung verschiedener, mit dem jeweiligen Problem verbundenen Fragen, z.B. nach

- der Art und dem Ausmaß der Auswirkungen
- dem Ort, an dem die Auswirkungen auftreten
- dem Zeitpunkt/Zeitraum in dem die Auswirkungen auftreten
- dem Ort an dem das Problem lokalisiert wird
- der Klassifikation des Problems als ablauf- oder aufbauorganisatorisches Problem
- den Problemursachen
  Diese werden mit Hilfe vorgegebener Ursachenkategorien festgelegt. Problemursachen können beispielsweise sein:
  - falsche Zielvorgaben
  - inadäquate Ausstattung mit Hard- und Software
  - inadäquate Fertigungskapazität

- inadäquater Ausbildungsstand
- regelwidriges Verhalten etc..

Bei der Bestimmung der Problemursachen erfolgt nicht nur eine Klassifikation nach Ursachenkategorien, sondern auch eine Beschreibung der tatsächlichen Problemursache in der jeweiligen Ursachenkategorie (z.b. „Die Kapazität der Maschine A ist um 15% zu gering").

Anschließend werden die aufgefundenen Probleme im Gesamtzusammenhang betrachtet:

- redundante Probleme werden eliminiert
- Ursache-Wirkungszusammenhänge zwischen den genannten Problemen werden ermittelt
- ausgehend von den genannten Problemen wird nach nicht explizit genannten, aber möglicherweise vorhandenen übergeordneten Problemursachen in vorgelagerten Phasen des Entscheidungsvollzuges gesucht (also z.b. Ausführungsprobleme als Folge von Planungs- oder Steuerungsproblemen)
- ausgehend von den genannten Problemen wird nach nicht explizit genannten, aber möglicherweise vorhandenen Problemursachen in vorgelagerten Stufen des Bearbeitungsprozesses gesucht
- Restriktionen der Problemlösung werden ermittelt.

Zuletzt werden die Probleme in eine Rangordnung gebracht. Hierzu werden Nutzen und Kosten der Problemlösung ermittelt und zueinander ins Verhältnis gesetzt. Diejenigen Probleme mit den günstigsten Nutzen-Kosten-Relationen werden vordringlich gelöst.

Die **ABC-Analyse** dient der Visualisierung quantitativer Sachverhalte. Sie dient dem Organisator insbesondere dazu, beliebige Größen nach ihrer Bedeutung zu ordnen, um hieraus Schlüsse für eine spezifische Behandlung zu ziehen, die der jeweiligen Bedeutung angemessen ist. Hierzu erfolgt eine Einteilung der zu untersuchenden Größe in die Kategorien A, B und C:

- Kategorie A ist durch eine geringe Anzahl an Objekten mit hoher Bedeutung gekennzeichnet. Ihr wird eine hohe Priorität eingeräumt.
- Kategorie B ist durch eine mittlere Anzahl an Objekten mit mittlerer Bedeutung charakterisiert. Ihr wird eine mittlere Priorität eingeräumt.
- Kategorie C umfasst eine große Anzahl von Objekten mit niedriger Bedeutung. Ihr wird niedrige Priorität eingeräumt.

Der Organisator wendet die ABC-Analyse insbesondere dazu an, Stellen, Aufgaben, Prozesse oder Vorgänge (z.b. Materialbestellungen, Kundenaufträge etc.) hinsichtlich ihrer Bedeutung zu klassifizieren. Hierzu werden die zu betrachtenden Objekte absteigend nach ihrem Wert (also nach Erträgen, Deckungsbeiträgen oder Kosten, ersatzweise auch Zeitverbräuchen) sortiert und zu den Kategorien A, B und C zusammengefasst. Es hat sich eingebürgert, in die Kategorie A die wertmäßig bedeutsamen Objekte einzuordnen, die zusammen etwa 80% des gesamten Wertes aller Objekte erreichen. Kategorie B wird im Allgemeinen so definiert, dass die in ihr enthaltenen Objekte etwa weitere 15% des Gesamtwertes erreichen. Die Objekte der Kategorie C vereinen dann bei großer Menge noch etwa 5% des Gesamtwertes auf sich.

Der Zusammenhang zwischen Wert und Menge wird anschließend visualisiert. Hierzu werden auf der x-Achse eines Diagramms die kumulierten Anzahlen der betrachteten Objekte (beginnend mit den Objekten der Kategorie A) und auf der y-Achse die zugehörigen kumulierten Wertgrößen (meist als Prozentwerte) abgetragen. Es ergibt sich folgende Darstellungsform:

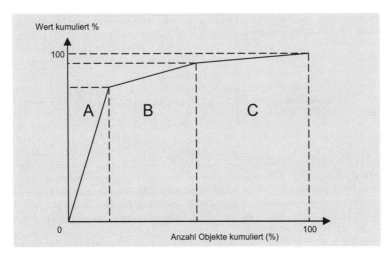

Abbildung 67: ABC-Analyse

Die ABC-Analyse wird angewendet, um Priorisierungen verschiedenster Art vorzunehmen. Nachfolgend werden einige typische Anwendungsfälle dargestellt:

- es sollen die Organisationseinheiten, Aufgaben oder Prozesse mit dem höchsten Kostenanfall für eine geplante Untersuchung ausgewählt werden
- es soll abgeschätzt werden, welchen Aufwand es verursacht, die Durchlaufzeit der wertmäßig bedeutsamsten Vorgänge zu verringern

- es soll abgeschätzt werden, welche Kosteneinsparung durch eine kostengünstigere (meist weniger sorgfältige) Behandlung von Objekten der C-Kategorie realisiert werden kann
- es soll abgeschätzt werden, welche Risiken durch die Delegation wertmäßig wenig bedeutsamer Vorgänge an niedrige Hierarchieebenen entstehen etc..

Die **Portfolio-Analyse** eignet sich bei organisatorischen Fragestellungen dann, wenn die Priorisierung von Objekten aufgrund anderer Merkmale als Menge und Wert vorgenommen werden soll.

Hierzu wird mit Hilfe zweier relevanter Merkmale eine Matrix mit vier (oder neun) Feldern aufgespannt und den einzelnen Feldern werden Prioritäten zugeordnet. Grundsätzlich können wieder beliebige Größen zur Ableitung der Matrix verwendet werden. Nachfolgend ist beispielhaft eine Priorisierung von Prozessen für eine beabsichtigte Standardisierung mit Hilfe der Merkmale Häufigkeit bzw. Gleichförmigkeit des Prozesses dargestellt.

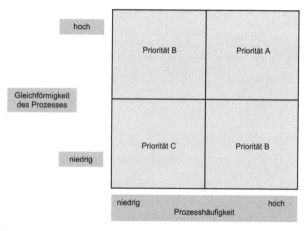

Abbildung 68: Portfolio zur Auswahl der zu standardisierenden Prozesse

Andere Anwendungsgebiete der Portfolio-Analyse im Bereich der Organisation sind beispielhaft:

- die Visualisierung der strategischen Situation von Geschäftsfeldern oder Sparten im Rahmen einer grundlegend strategisch-organisatorischen Neuausrichtung z.B. mit Hilfe des "Marktanteils-Marktwachstums-Portfolios"
- die Klassifikation von Prozessen oder Vorgangsarten anhand der Merkmale Schadenshöhe und Schadenswahrscheinlichkeit im Rahmen eines Risikomanagementsystems etc..

5.4.4 Alternativensuche

Die **Alternativensuche** schließt sich unmittelbar an die Analyse an. Es wird nach Lösungen gesucht, die zur Erreichung der gesetzten Ziele verhelfen. Hierbei werden die Techniken des Strukturthesaurus, Kreativitätstechniken und der morphologische Kasten eingesetzt (vgl. z.B. Büchi/Chrobok 1997, Schmidt 1997, Daenzer/Huber 1999).

Der **Strukturthesaurus** ist eine Sammlung bewährter organisatorischer Lösungsmuster, die nach dem situativen Bezug und nach ihrer Eignung geordnet sind. Ausgehend von den bisherigen Erkenntnissen wird auf dieser Grundlage nach geeigneten Lösungen gesucht. Diese werden erforderlichenfalls an die eigenen Erfordernisse angepasst.

Die Anwendung des Strukturthesaurus oder alternativ der aus dem eigenen Erfahrungs- und Wissenspotential heraus bekannten Lösungen ist als traditionelle Technik der Alternativensuche einzustufen. Vorteil dieser Technik ist es, dass relativ risikolose (da erprobte) Lösungen in kurzer Zeit gefunden werden. Das Innovationspotential dieser Lösungen ist jedoch gering. Die bei hohem Problemdruck notwendigen radikalen Lösungen können mit dieser Technik nicht erarbeitet werden.

Innovativere Ideen können durch Einsatz von **Kreativitätstechniken** erzeugt werden. Hierbei sollen Erfahrungen, Wissen und Intuition verschiedener Personen derart genutzt werden, dass Neues entsteht. Dabei wird nicht nur auf die aus den verschiedenen Potentialen resultierenden Synergieeffekte abgestellt, es sollen auch bewusst bewährte Lösungsschemata verlassen und neue Lösungswege beschritten werden. Allerdings sind Kreativitätstechniken nicht unumstritten, was die Qualität der Lösungsbeiträge anbelangt. Klassische Kreativitätstechniken sind das Brainstorming und die Methode 635.

Brainstorming findet in Gruppen von fünf bis zehn Personen, mit möglichst unterschiedlichem Erfahrungshintergrund, aber aus vergleichbaren Hierarchieebenen, unter Leitung eines Moderators statt. Möglichst ungewöhnliche Ideen sollen geäußert und fortentwickelt werden, „Spinnen" ist ausdrücklich erlaubt. Während der Sitzung ist keine Kritik an den geäußerten Ideen zulässig, um den Ideenfluss nicht zu hemmen. Nach einer Dauer von fünfzehn bis dreißig Minuten werden die gefundenen Ideen gruppiert, visualisiert und von den Gruppenmitgliedern bewertet.

Die **Methode 635** ist dadurch gekennzeichnet, dass sechs Teilnehmer je drei Ideen in fünf Minuten schriftlich notieren (dies gab der Methode 635 auch den Namen). Die Ideen werden zweimal an andere Teilnehmer weitergegeben und von diesen fortentwickelt.

Auf diese Weise entstehen achtzehn weiterentwickelte Lösungsbeiträge in fünfzehn Minuten.

Der **morphologische Kasten** ist eine systematische Technik des Lösungsentwurfs. Hierzu werden zunächst alle relevanten Merkmale (also Gestaltungsdimensionen) mit allen zugehörigen Ausprägungen (also alternativen Gestaltungsmöglichkeiten) erfasst. Anschließend erfolgt eine vollständige Permutation aller Merkmale und Ausprägungen. Aus der sich so ergebenden Maximalzahl an Lösungen werden nun diejenigen Lösungen eliminiert, die sachlich nicht sinnvoll sind oder die wegen unüberwindbarer Akzeptanzbarrieren als nicht sinnvoll erscheinen. Die verbleibenden Lösungen werden hinsichtlich ihres Zielbeitrages bewertet. Die Anwendung des morphologischen Kastens eignet sich besonders bei komplexeren Lösungen mit einer Vielzahl von Gestaltungsmöglichkeiten und Gestaltungsdimensionen.

Merkmal	Ausprägungen				
Art der Instanz	Pluralinstanz		Singularinstanz		
Führungsprinzip	Direktoralprinzip		Kollegialprinzip		
Art der Kollegialität	Ressortkollegialität		Kassationskollegialität		Primatkollegialität
Besetzung durch	Leiter Zentralbereiche	Leiter Sparten	Leiter Zentralbereiche und Sparten		Andere

Abbildung 69: Morphologischer Kasten (Besetzung der obersten Führungsebene)

Übung 10: Auswahl von Techniken der Alternativensuche

Wählen Sie für folgende Aufgabenstellungen geeignete Techniken der Alternativensuche.

1. Einführung einer Spartenorganisation

Eine Aktiengesellschaft hat die Einführung einer Spartenorganisation beschlossen. Die Anzahl der Sparten sowie die Zuordnung von Produkten und Ressourcen zu den Sparten liegen bereits fest. Ihre Aufgabe ist es, alternative Gestaltungsmöglichkeiten im Hinblick auf folgende Fragen zu generieren:

- sollen die Sparten rechtlich verselbstständigt werden und wenn, in welcher Rechtsform, oder sollen sie rechtlich un-

5.4 Planung

selbstständig als cost-, profit oder investment-center gestaltet werden

- wie soll die Koordination der Sparten erfolgen
- unter welchen Bedingungen soll der Leistungsaustausch zwischen den Sparten vorgenommen werden
- auf welcher Grundlage sollen die Verrechnungspreise gebildet werden
- inwieweit sollen die Leiter der Sparten und die Leiter der Zentralbereiche und ggf. weitere Personen in der Unternehmensleitung vertreten sein.

2. Radikale Restrukturierung von Prozessen ohne Rückgriffsmöglichkeit auf Vorerfahrungen Dritter

In einem großen, privat geführten Klinikkonzern sollen die Behandlungsprozesse für standardisierte Krankheitsbilder völlig neu organisiert werden. Ziel ist es, schneller gesicherte Diagnosen zu stellen, Dauer und Kosten des Krankenhausaufenthalts zu verkürzen und einen höheren Behandlungserfolg zu erzielen. Der Klinikkonzern spielt eine Vorreiterrolle bei derartigen Aufgabenstellungen, auf Erkenntnisse anderer Krankenhäuser kann deshalb nicht zurückgegriffen werden.

3. Radikale Restrukturierung von Prozessen mit Rückgriffsmöglichkeit auf Vorerfahrungen Dritter

In einem Krankenhaus in öffentlich-rechtlicher Trägerschaft ist eine radikale Neuorganisation der Behandlungsprozesse beabsichtigt. In anderen Krankenhäusern des selben Trägers liegen bereits umfangreiche Erfahrungen mit vergleichbaren Aufgaben vor.

Beispiellösung

1. Einführung einer Spartenorganisation

Die zu entwickelnden Gestaltungsalternativen sind als Kombinationen verschiedener Ausprägungen der in der Aufgabenstellung fixierten Merkmale (rechtliche Verselbstständigung, Koordination etc.) zu betrachten. Die Anzahl der Ausprägungen je Merkmal ist endlich, die in der Praxis vorkommenden Merkmalsausprägungen sind dem erfahrenen Organisator bekannt.

Damit sind Kreativitätstechniken nicht erforderlich. Es genügt, die verschiedenen Ausprägungen der festgelegten Merkmale so zu kombinieren, dass sinnvolle Gestaltungsalternativen entstehen. Der „morphologische Kasten" ist die hierfür geeignete Technik.

2. Radikale Restrukturierung von Prozessen ohne Rückgriffsmöglichkeit auf Vorerfahrungen Dritter

Der Rückgriff auf bekannte Lösungsmuster, ob aus dem eigenen Erfahrungsbereich oder dem Erfahrungsbereich Dritter (auch außerhalb der eigenen Branche) ist nicht möglich.

Als Techniken zur Entwicklung von Gestaltungsalternativen kommen damit ausschließlich Kreativitätstechniken i.w.S. in Frage.

3. Radikale Restrukturierung von Prozessen mit Rückgriffsmöglichkeit auf Vorerfahrungen Dritter

Hier kann auf bekannte Lösungsmuster aus der gleichen Branche zurückgegriffen werden. Diese Lösungsmuster sind zunächst zu erheben (durch Analyse der in den Schwesterkrankenhäusern vorhandenen Organisationsdokumente, ergänzend durch Befragung) und anschließend auf die eigene Situation zu übertragen und ggf. anzupassen.

Bei komplexeren Anpassungen der Prozesse sind Kreativitätstechniken anzuwenden.

Übung 11: Morphologischer Kasten

Eine Aktiengesellschaft hat die Einführung einer Spartenorganisation beschlossen. Die Anzahl der Sparten sowie die Zuordnung von Produkten und Ressourcen zu den Sparten liegen bereits fest.

Entwickeln Sie einen morphologischen Kasten, der es erlaubt, alternative Gestaltungsmöglichkeiten im Hinblick auf folgende Fragen zu generieren:

- sollen die Sparten rechtlich verselbstständigt werden oder sollen sie rechtlich unselbstständig als Cost-, Profit- oder Investment-Center gestaltet werden

- wie soll die Koordination der Sparten erfolgen

- unter welchen Bedingungen soll der Leistungsaustausch zwischen den Sparten vorgenommen werden

- auf welcher Grundlage sollen die Verrechnungspreise gebildet werden

- inwieweit sollen die Leiter der Sparten und die Leiter der Zentralbereiche und ggf. weitere Personen in der Unternehmensleitung vertreten sein.

Beispiellösung

Merkmale	Ausprägungen			
rechtliche Ver-selbstständigung	eigene Rechts-person	unselbst-ständiges cost center	unselbst-ständiges profit center	unselbst-ständiges investment center
Koordination primär durch	Vorstandsaus-schuss	Zentralbereiche		Pläne
Bedingungen für Leistungs-austausch	Abnahmezwang	Meistbegünsti-gungsklausel		freie Verhand-lung
Verrechnungs-preisgrundlagen	Marktpreis	Marktpreis mit Abschlag	Vollkosten	Vollkosten mit Ab-schlag
Besetzung der Unternehmens-leitung	mit Leitern der Sparten	mit Leitern der Zentral-bereiche	mit Leitern der Sparten und Zentral-bereiche	Andere Führungs-kräfte

Abbildung 70: Morphologischer Kasten - Spartenorganisation

5.4.5 Alternativenbeurteilung

Die **Alternativenbeurteilung** dient der Beurteilung der Lösungsqualität verschiedener Lösungsbeiträge. Die nachfolgende Auswahlentscheidung für eine der Lösungsalternativen wird damit auf eine systematische und nachvollziehbare Basis gestellt. Als Beurteilungsmaßstab werden die mit der jeweiligen organisatorischen Maßnahme verfolgten Ziele verwendet. Diese Ziele wurden zu Beginn der Planungsphase definiert und entsprechend dem im Projektverlauf aufgetretenen Erkenntnisfortschritt ggf. präzisiert, detailliert und korrigiert. Zur Alternativenbeurteilung werden die Techniken der verbalen Bewertung, Argumentationstabellen, das Punktebewertungsverfahren, die Nutzwertanalyse und die Kosten-Nutzen-Analyse eingesetzt (vgl. z.B. Büchi/Chrobok 1997, Schmidt 1997). Zur Beurteilung alternativer Prozessgestaltungen haben sich in letzter Zeit Simulationsverfahren etabliert.

In der **verbalen Bewertung** werden die Vor- und Nachteile der verschiedenen Lösungsalternativen in frei wählbaren Kategorien dargestellt. Es ist nicht notwendig, für alle Lösungsalternativen die gleichen Beurteilungsmaßstäbe anzuwenden. Die Zahl der Beurteilungskriterien kann für die verschiedenen Lösungsalternativen unterschiedlich sein. Eine Gewichtung der einzelnen Bewertungskategorien erfolgt nicht. Die verbale Bewertung ist nachfolgend am Beispiel der Alternativen integrierte Sachbearbeitung oder stark arbeitsteilige Organisation dargestellt.

	Alternativen	
	integrierte Sachbearbeitung	arbeitsteilige Organisation
Vorteile	<ul><li>bessere Qualifikationsmöglichkeiten</li><li>weniger Schnittstellen</li><li>geringere Fehlerhäufigkeiten</li><li>geringere Durchlaufzeiten</li><li>erhöhte Auskunftsfähigkeit</li><li>ein Ansprechpartner für den Kunden</li></ul>	<ul><li>gegenseitige Kontrolle der funktional gebildeten Stellen</li><li>niedrigere Personalkosten</li></ul>
Nachteile	<ul><li>höhere Qualifikationsanforderungen</li><li>höhere Personalkosten</li></ul>	<ul><li>höhere Fehlerhäufigkeiten</li><li>höhere Durchlaufzeit</li><li>schlechtere Auskunftsbereitschaft</li><li>mehrere Ansprechpartner für den Kunden</li></ul>

Abbildung 71: Verbale Bewertung

An diesem Beispiel werden die Nachteile der verbalen Bewertung offensichtlich:

- durch unterschiedliche Anzahl der verwendeten Kriterien und unterschiedliche Beschreibungsintensität kann leicht eine nicht vorhandene Dominanz einer der Alternativen suggeriert werden

- die fehlende Gewichtung lässt ein Gesamturteil nicht zu

- es besteht die Gefahr, dass globale Beurteilungen vorgenommen werden, die nicht auf die Situation des Unternehmens und die verfolgten Ziele abgestellt sind.

Ähnlich problematisch sind **Argumentationstabellen** (Abbildung 72). Hier werden zwar für alle Lösungsalternativen die gleichen (sinnvollerweise an den Zielen orientierten) Beurteilungskriterien verwendet und es erfolgt auch eine Art quantitative Beurteilung. Wegen der fehlenden Zielgewichtung ist ein Gesamturteil allerdings nur dann möglich, wenn eine Alternative die anderen Alternativen in jeder Hinsicht dominiert.

5.4 Planung

Alternativen Ziele	Alternative 1	Alternative 2
Flexibilität	++	-
Produktivität	+	++
Motivation	++	+/-
Koordinationskosten	-	+
Implementierungskosten	-	+

Abbildung 72: Argumentationstabelle

Das **Punktebewertungsverfahren** (vgl. Abbildung 73) verwendet als Beurteilungskriterien für alle Alternativen einheitlich die definierten Ziele. Seitens der Beurteiler werden den Alternativen für jedes Ziel Punktwerte zugeordnet, die das Ausmaß der jeweiligen Zielerreichung widerspiegeln sollen. Gleichzeitig werden den Zielen Zielgewichte in Form von Punkten zugeordnet. Häufig werden für Punktwerte und Gewichte Werte von 1 bis 5 verwendet. Nach durchgeführter Bewertung und Zielgewichtung werden die Punkte je Zielkategorie mit den Zielgewichten multipliziert und die sich so ergebenden Werte je Alternative zu einem Punktwert aufsummiert. Die Alternative mit dem höchsten Punktwert wird als beste Alternative angesehen.

Die Hauptkritik gegenüber dem Punktebewertungsverfahren wendet sich gegen das Zustandekommen der Punktwerte und Zielgewichte. Es wird (formal zu Recht) bezweifelt, dass die Punktwerte und Zielgewichte die tatsächliche Präferenz der Entscheider widerspiegeln. Eine weitere Kritik wendet sich gegen die Multiplikation von Zielgewichten und Punktwerten, da das hierfür notwendige Intervallskalenniveau nicht gegeben sei. Gleichwohl ist das Punktebewertungsverfahren wegen seiner Einfachheit und leichten Durchschaubarkeit in der Praxis weit verbreitet.

Die **Nutzwertanalyse** ähnelt dem Punktwertverfahren, ist aber anders als dieses nutzentheoretisch exakt aufgebaut. Hierzu werden zunächst je Ziel die Zielerreichungsgrade der Alternativen bestimmt, wobei unterschiedliche Dimensionen (z.B. €, Zeiten, %-Werte, verbale Beurteilungen) und beliebige Skalenniveaus verarbeitet werden können. Diese Zielerreichungsgrade werden anschließend nutzentheoretisch exakt in so genannte bedingte Nutzenwerte (in einem Intervall von 0 bis 1) normiert. Auch die Gewichte werden formal korrekt gebildet. Schließlich wird je Alternative die Summe aus den Produkten von Nutzenwert und

Zielgewicht gebildet. In einer Sensitivitätsanalyse wird anschließend überprüft, ob die Rangfolge der Alternativen bei einer Veränderung von Nutzenwerten und Zielgewichten stabil bleibt.

Die Nutzwertanalyse ist damit im Gegensatz zum Punktebewertungsverfahren formal korrekt. Sie leidet jedoch unter dem Mangel, dass zur Ermittlung der bedingten Nutzenwerte relativ komplexe und aufwändige Transformationen erforderlich sind. Problematisch ist darüber hinaus die Nachvollziehbarkeit des Bewertungsergebnisses, insbesondere bei einer hohen Anzahl von Zielkategorien. Die Problematik, dass Kosten und Nutzen bestehender Organisation nur sehr schwer abgeschätzt werden können und für geplante Maßnahmen noch schwieriger zu prognostizieren sind, trägt der Nutzwertanalyse die Kritik der Scheinexaktheit ein.

Inwieweit dem Punktebewertungsverfahren oder der Nutzwertanalyse der Vorzug gegeben wird hängt daher - zumindest in der Praxis - stark von persönlichen Vorlieben und den in einem Unternehmen vorhandenen Gepflogenheiten ab.

Ziele	Gewicht	Alternative 1 Punkte	Alternative 2 Punkte
Flexibilität	5	5	1
Produktivität	3	4	5
Motivation	4	5	1
Koordinationskosten	5	1	4
Implementierungskosten	2	1	3
Punktesumme gewichtet		64	50

Gewichte: 1=unwichtig, 5=sehr wichtig
Punkte: 1=geringer Zielbeitrag, 5=sehr hoher Zielbeitrag.

Abbildung 73: Punktebewertungsverfahren

Die **Kosten-Nutzen-Analyse** ist eine Variante der Nutzwertanalyse. Der Nutzen der Alternativen wird wie bei der Nutzwertanalyse ermittelt, die Kosten der Alternativen werden bei der Nutzenermittlung im Gegensatz zur Nutzwertanalyse nicht berücksichtigt. Die Kosten werden vielmehr aufsummiert und zu den erzielten Nutzenwerten ins Verhältnis gesetzt.

5.4 Planung

Der hieraus resultierende Kostenwert je Punkt ist ein Maß für das „Preis-Leistungs-Verhältnis" der verschiedenen Lösungen. Allerdings ist die Lösung mit dem besten Preis-Leistungs-Verhältnis nicht zwingend eine hinreichend gute Lösung. Die Beurteilung des Verfahrens entspricht ansonsten der Beurteilung der Nutzwertanalyse.

Im Zuge der deutlich verbesserten Leistungsfähigkeit von PC-Systemen werden in den letzten Jahren zunehmend **Simulationsverfahren** zur Entwicklung und Beurteilung alternativer Prozessgestaltungen eingesetzt. Hierzu werden zunächst die in einem Prozess erforderlichen Teil-Aktivitäten definiert und zu Prozessketten verknüpft. Alternative Wege unterschiedlicher Vorgangsarten (also z.B. Bestellungen von Standardprodukten versus Bestellung auftragsspezifisch zu fertigender Produkte) werden durch Verzweigungen in den Prozessketten, mit ggf. unterschiedlichen Aktivitäten und Aktivitätsfolgen berücksichtigt. Alle Prozesse zusammen bilden mit ihren Verknüpfungen ein Prozessmodell des Unternehmens.

Die in den Prozessen vorzunehmenden Aktivitäten werden anschließend zu Aufgabenträgern oder Gruppen von Aufgabenträgern zugeordnet. Die Kapazität der Aufgabenträger und die für die Tätigkeit der Aufgabenträger anfallenden Kosten pro Zeiteinheit werden festgelegt. Ebenso wird der Zeitbedarf je Aktivität festgelegt, wobei für heterogene Vorgänge (also z.b. für Angebote unterschiedlicher Komplexität) Wahrscheinlichkeitsverteilungen für unterschiedliche Zeitdauern definiert werden können. Für jeden Prozess werden wiederum Wahrscheinlichkeitsverteilungen für die Häufigkeiten der prozessauslösenden Vorgänge (also z.B. die Häufigkeit der Kundenanfragen pro Zeiteinheit) definiert.

Auf der Grundlage dieser Daten kann nun eine Simulation erfolgen. Hierzu werden auf der Basis der definierten Häufigkeiten und Wahrscheinlichkeitsverteilungen Vorgänge per Zufallsgenerator generiert und an die erste Bearbeitungsstation eines Prozesses geleitet. Nach Abarbeitung eines Vorgangs erfolgt innerhalb des Systems eine Weiterleitung an die in der Prozesskette definierte, nächste Bearbeitungsstation.

In Abhängigkeit von den für die Bearbeitung der unterschiedlichen Aktivitäten vorhandenen Kapazitäten und den pro Zeiteinheit eingespeisten Vorgangszahlen bilden sich vor einigen Bearbeitungsstationen Warteschlangen, während andere Bearbeitungsstationen möglicherweise nicht vollständig ausgelastet sind. Kapazitätsauslastung und Engpässe werden auf diese Weise ermittelt. Als Ergebnis der hieraus resultierenden Wartezeiten und der systemseits eingestellten Bearbeitungszeiten ergeben sich die Durchlaufzeiten der Vorgänge. Zusätzlich werden die Kosten für die Bearbeitung eines Vorganges simuliert.

Die Ergebnisse der Simulation dienen sowohl zur Beurteilung alternativer Prozessgestaltungen als auch zu deren Verbesserung. Hierzu werden beispielsweise die Kapazitäten an die simulierte Kapazitätsbelastung angepasst oder es werden Aktivitäten vereinfacht, zusammengelegt oder eliminiert. Die Simulation hat sich als wertvolles Werkzeug der Prozessgestaltung erwiesen.

Die Optimierung der Anzahl und Standorte dislozierter Distributionseinheiten ist ein weiteres Einsatzgebiet für Simulationsrechnungen. Hierzu werden auf der Grundlage geeigneter Modelle Kosten und/oder Erlöse einer variierenden Anzahl von Distributionseinheiten simuliert. Als zu maximierende Zielfunktionen werden Erlöse oder Erträge, als zu minimierende Zielfunktionen Aufwendungen oder Kosten verwendet. Durch Nebenbedingungen wird sichergestellt, dass die Leistungserbringung oder der Kundenservice nicht beeinträchtigt werden.

Beispielhafte Anwendungen sind:

- die Ermittlung einer kostenminimalen Anzahl kundennaher Auslieferungsläger
- die Ermittlung einer ertragsmaximalen Anzahl von Verkaufsstellen oder Filialen
- etc..

Die Ergebnisse der Simulation werden wie in Abbildung 74 visualisiert.

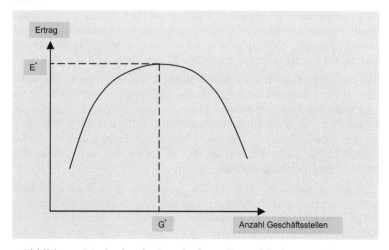

Abbildung 74: Optimale Geschäftsstellenzahl als Ergebnis einer Simulationsrechnung

An die Beurteilung der Alternativen schließt sich die hier nicht näher beschriebene **Alternativenauswahl** an. Während die Alternativenbeurteilung weitgehend Aufgabe des Organisators ist, wird die Auswahlentscheidung seitens der hierfür zuständigen Instanzen vorgenommen.

Dabei wird nicht zwingend die von den Organisatoren vorgeschlagene Alternative präferiert. Hierfür bestehen unterschiedliche Gründe, beispielsweise:

- die Alternative wird intuitiv nicht akzeptiert
- es bestehen Realisierungshindernisse, die von den Organisatoren nicht berücksichtigt wurden
- die Lösungsbeiträge der Alternativen und die Zielgewichte werden von den Entscheidern anders eingeschätzt als von den Organisatoren
- die Entscheider präferieren eine andere, im Alternativenvergleich nicht enthaltene Lösungsalternative.

5.5 Realisation

In der **Realisationsphase** wird die gewählte organisatorische Lösung umgesetzt. Die Realisationsphase umfasst zwei Schritte, den Systembau und die Implementierung.

5.5.1 Systembau

Im **Systembau** werden die in der Planungsphase ausgewählten Lösungen in anwendungsfähige Lösungen überführt. Dies bedeutet bei organisatorischen Projekten schwerpunktmäßig die Fertigstellung der bereits in der Planungsphase begonnenen Dokumentation der Lösung. Die Dokumentation ist als Implementierungsvoraussetzung um so wichtiger, je radikaler die vorgenommene organisatorische Veränderung ist.

Die Dokumentation besteht i.w. aus

- Organigrammen
- Stellenbeschreibungen
- Funktionendiagrammen
- Geschäftsordnungen
- Unterschriftenregelungen
- Ablaufbeschreibungen und/oder graphischen Darstellungen von Arbeitsabläufen

und wird heute üblicherweise in Organisationshandbüchern zusammengefasst (zu Dokumentationstechniken vgl. z.B. Büchi/Chrobok 1997, Bühner 1996, Schmidt 1997).

Mit Hilfe der genannten Instrumente der Strukturformalisierung soll Transparenz über die getroffenen Regelungen geschaffen, die Einarbeitung neuer Mitarbeiter erleichtert und die Koordination verschiedener Organisationseinheiten erleichtert werden. Die schriftliche Fixierung der getroffenen Regelungen ist zudem Voraussetzung für die Vereinfachung der Kontrolle, da sich Kontrolle bei sachgemäß getroffenen Regelungen auf die Prüfung der Einhaltung der Regeln beschränken kann.

Stellenbeschreibungen sollen Transparenz über die Aufgaben, Kompetenzen und Verantwortlichkeiten, über die Überstellungs- und Unterstellungsverhältnisse, über Stellvertretung und Berichtspflichten schaffen. Sie enthalten im Allgemeinen folgende Inhalte (vgl. Abbildung 75):

- Stellenbezeichnung

- Dienstrang (falls dieser nicht durchgängig in den Stellenbezeichnungen enthalten ist)

- Unmittelbar vorgesetzte Stelle(n)

- Unmittelbar unterstellte Stellen

- Stellvertretung

- Stellenziele (diese sind auf ein bis zwei Hauptziele zu beschränken)

- Aufgaben (Diese stellen den umfangreichsten Teil von Stellenbeschreibungen dar. Bei Instanzen erfolgt gelegentlich eine Differenzierung nach Ausführungsaufgaben und Führungsaufgaben.)

- Befugnisse (hier ist es zur Vermeidung von Widersprüchen und Redundanzen zweckmäßig, auf die jeweils aktuelle Unterschriftenregelung zu verweisen)

- Eingehende und ausgehende Informationen (Im Hinblick auf die notwendige Knappheit von Stellenbeschreibungen können hier nur die wichtigsten Informationen aufgeführt werden. Die Angabe allgemeiner ein- und ausgehender Informationen ist nicht zwingend erforderlich, zweckmäßig ist es dagegen, spezifische Berichtspflichten aufzuführen.)

- Zusammenarbeit mit anderen Stellen (sofern besondere Abstimmungsnotwendigkeiten bestehen).

Einzelaufträge, Mitarbeit in Projekten, Ausschüssen oder Arbeitskreisen (mit Ausnahme dauerhaft implementierter Einrichtungen) und quantitative Zielvorgaben verändern sich im Allgemeinen zu schnell, als dass sie Gegenstand der meist nur selten aktualisierten Stellenbeschreibungen sein sollten. Anforderungen an den Stelleninhaber sind Gegenstand eigenständiger Anforderungsprofile und nicht in (den ohnehin meist zu umfangreichen) Stellenbeschreibungen aufzuführen.

Stellenbeschreibung	Stand: März 2002

Stellenbezeichnung:
Leiter Rechnungswesen
Rang:
Abteilungsleiter
Unmittelbarer Vorgesetzter:
Geschäftsführer Finanzen und Rechnungswesen
Direkt unterstellte Stellen:
Gruppenleiter Hauptbuchhaltung
Gruppenleiter Kreditorenbuchhaltung
Gruppenleiter Debitorenbuchhaltung
Vertritt bei Abwesenheit:
Geschäftsführer Finanzen und Rechnungswesen
Wird bei Abwesenheit vertreten durch:
Gruppenleiter Hauptbuchhaltung
Stellenziele:
Zeitnahe Bereitstellung der Jahres- und Quartalsabschlüsse sowie der Steuerbilanz
Aktualität und Richtigkeit der Rechnungswesendaten
Sicherstellung einer jederzeitigen Zahlungsfähigkeit
Aufgaben:
Erstellung der Jahres- und Quartalsabschlüsse nach IAS
Erstellung der Steuerbilanz
Erstellung aller Steuererklärungen und –voranmeldungen
Steuerung und Kontrolle des Zahlungseingangs und des Forderungsmanagements
Cash-Management und Geldanlagen
..
Sicherstellung von Datenaktualität und -richtigkeit in der Abteilung
Führung der Abteilung
Besondere Berichtspflichten:
Monatlicher Routinebericht Rechnungswesen und Finanzen
Ausnahmeberichte nach eigenem Ermessen
Befugnisse:
Prokura gemeinsam mit einem Geschäftsführer
Bankvollmacht für die Konten ....
Die Befugnisse richten sich im Übrigen nach der jeweils aktuellen Unterschriftenregelung.

Abbildung 75: Stellenbeschreibung

Stellenbeschreibungen müssen klar und eindeutig formuliert sein, die Aufgaben der verschiedenen Stellen präzise abgrenzen und kritische Aufgabenbereiche hervorheben bzw. mit hohem Detaillierungsgrad darstellen. Zur Sicherstellung von Akzeptanz und Anwendung muss der Umfang von Stellenbeschreibungen auf eine, maximal zwei Seiten beschränkt werden. Eine vollständige Abbildung aller Aufgaben eines Stelleninhabers mit durchgängig hohem Detaillierungsgrad ist damit kaum realisierbar. Stellenbeschreibungen erfordern einen hohen Aufwand für Erstellung und Pflege. Es besteht ein ausgeprägtes Risiko, dass Stellenbeschreibungen von den Anwendern nicht genutzt werden.

Funktionendiagramme stellen in tabellarischer Form das Zusammenwirken verschiedener Stellen bei der Erfüllung bestimmter Aufgaben dar. Die Aufgaben werden in den Zeilen, die Stellen in den Spalten der Tabelle abgetragen. Die Zellen der Tabelle enthalten die Teilaufgaben, die eine Stelle bei der einzelnen Aufgabe übernimmt. Die Teilaufgaben werden nicht individuell bezeichnet, sondern es werden Aufgabentypen verwendet, die sich an das Phasenschema von Entscheidungsprozessen anlehnen. Folgende Aufgabentypen sind gebräuchlich:

- P: Planung / Entscheidungsvorbereitung
- EG: Grundsatzentscheidung
- EA: Entscheidung im Ausnahmefall
- EN: Entscheidung im Normalfall
- EW: Entscheidung in wichtigen Fällen
- EM: Mitentscheidung
- EK: Kollektiventscheidung
- A: Ausführung
- AW: Ausführungsvorbehalt in wichtigen Fällen
- K: Kontrolle
- B: Beratung
- V: Vorschlag.

Funktionendiagramme zeigen in übersichtlicher Form alle Aufgaben einer Stelle sowie die Interdependenzen verschiedener Stellen bei der Erfüllung einer Aufgabe.

Sie können als Grundlage für Stellenbeschreibungen und Ablaufschemata verwendet werden. Sie stellen bei der Erarbeitung von Stellenbeschreibungen ein wesentliches Hilfsmittel für die Verteilung der Teilaufgaben auf Stellen dar. Durch ihre Übersichtlichkeit können spezifische Organisationsmängel, wie fehlende Teilaufgaben, mehrfach wahrgenommene Aufgaben oder zu starke

Aufgabenteilung leicht diagnostiziert werden. Der Änderungsaufwand ist gering. Allerdings lässt die sehr schematische Darstellung eine detaillierte Regelung der Aufgaben nicht zu.

Ein Beispiel eines Funktionendiagramms für ausgewählte Verkaufsaufgaben findet sich in Abbildung 76.

Aufgaben \ Stellen	Sachbearb. Innendienst	Produktmanager	Verkaufsleiter	GF Verkauf
Anfragenbearbeitung	A	B	EN	EW
Angebote	A	B	EN	EW
Auftragsbestätigung	A		K	
.				
.				

Abbildung 76: Funktionendiagramm

Unterschriftenregelungen regeln in tabellarischer Form die Unterschriftsberechtigungen, im Allgemeinen in Abhängigkeit von der Art des Vorgangs und von Betragsgrenzen. Die Zeilen enthalten die relevanten Vorgänge, die Spalten die beteiligten Stellen und in den Zellen werden durch Ankreuzen die jeweiligen Unterschriftsrechte dargestellt. Die Tabellenform macht Unterschriftenregelungen übersichtlich. Der Erstellungs- und Änderungsaufwand ist gering. Die Übersichtlichkeit erleichtert die Diagnose unzweckmäßig gestalteter Unterschriftenregelungen. Nachfolgende Tabelle zeigt einen Ausschnitt aus einer Unterschriftenregelung.

Vorgänge \ Stellen	AL Verkauf	GF Verkauf	GF Finanzen
Angebote			
bis 10 Tsd. €	X		
über 10 Tsd. bis 100 Tsd. €	X	X	
über 100 Tsd. €		X	X
.			

Abbildung 77: Unterschriftenregelung

Geschäftsordnungen regeln meist in Form verbaler Beschreibungen die Zuständigkeiten, Informations- und Koordinationspflichten und –mechanismen auf der Ebene der Unternehmensleitung.

Arbeitsablaufbeschreibungen sind verbale Beschreibungen von Arbeitsabläufen. Für umfassendere Teilprozesse, wie z.B. die Auftragsabwicklung, werden in der Reihenfolge der einzelnen Arbeitsschritte für jeden Arbeitsschritt dargestellt:

- die zuständigen Stellen
- Beschreibungen der einzelnen Arbeitsschritte
- Vorgaben für die Durchführung der Arbeitsschritte
- zu verwendende Formulare, EDV-Programme, Informationen
- Verweise auf die geltende Unterschriftenregelung
- Informationspflichten und Berichtspflichten
- Pflichten für die Weitergabe des bearbeiteten Vorganges
- der Bezug zum nachfolgenden Arbeitsschritt.

Arbeitsablaufbeschreibungen haben erhebliche Nachteile. Sie sind mit hohem Änderungs- und Pflegeaufwand verbunden und leiden häufig unter mangelnder Aktualität. Das Risiko der Nichtanwendung ist hoch. Der verbalen Darstellung mangelt es bei komplexeren Prozessen meist an der notwendigen Präzision. Die Anwendbarkeit von Arbeitsablaufbeschreibungen ist deshalb auf weniger komplexe Vorgänge beschränkt. Nicht-Lineare Prozessfolgen mit einer Vielzahl von Verzweigungen und Rücksprüngen sind wegen der mangelnden Übersichtlichkeit verbal nicht darstellbar. Wegen ihrer grundsätzlichen Verständlichkeit für Anwender (im Gegensatz zu graphischen Ablaufdarstellungen) kann auf die Anwendung von Arbeitsablaufbeschreibungen bei neu gestalteten Prozessen, insbesondere aber bei geldnahen Prozessen (z.B. Ausschreibung und Vergabe von Lieferantenaufträgen, Zahlungsverkehr etc.) oder risikobehafteten Prozessen nicht verzichtet werden.

Graphische Darstellungen von Arbeitsabläufen beruhen auf den nachfolgend kurz charakterisierten Grundstrukturen (vgl. beispielhaft Liebelt 1992):

- Kette
- UND-Verzweigung
- UND-Verknüpfung
- ODER-Verzweigung
- ODER-Verknüpfung
- ODER-Rückkopplung.

Kette

Die Kette ist eine lineare Abfolge von Bearbeitungsschritten ohne Verzweigungen.

UND-Verzweigung

Aufgaben, die parallel zueinander ausgeführt werden, werden durch eine UND-Verzweigung dargestellt. Die Verzweigung wird durch einen Punkt symbolisiert.

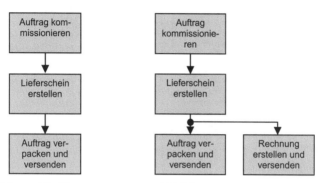

Abbildung 78: Kette   Abbildung 79: UND-Verzweigung

UND-Verknüpfung

Wenn die nach einer UND-Verzweigung parallel laufenden Aufgaben wieder zusammengeführt werden und eine gemeinsame Weiterbearbeitung des Vorgangs erfolgt, wird dies durch die UND-Verknüpfung dargestellt. Die erste Aufgabe nach der UND-Verknüpfung kann erst ausgeführt werden, wenn beide Äste nach der UND-Verzweigung vollständig abgearbeitet sind. Die Verknüpfung wird durch einen Punkt gekennzeichnet.

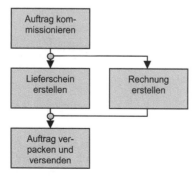

Abbildung 80: UND-Verknüpfung

ODER-Verzweigung

Zwei oder mehrere, sich ausschließende Alternativen werden durch die ODER-Verzweigung dargestellt. Die Verzweigung wird durch eine Raute dargestellt. Die für die Alternativen geltenden Bedingungen werden angegeben.

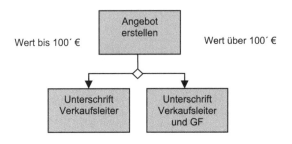

Abbildung 81: ODER-Verzweigung

ODER-Verknüpfung

Wenn die alternativen Äste nach einer ODER-Verzweigung wieder zusammengeführt werden und eine gemeinsame Weiterbearbeitung des Vorgangs erfolgt, wird dies durch die ODER-Verknüpfung dargestellt. Die Zusammenführung wird durch einen Pfeil dargestellt.

Abbildung 82: ODER-Verknüpfung

ODER-Rückkopplung

Wird nach einem Bearbeitungsschritt geprüft, ob der Vorgang weiter bearbeitet werden kann, oder ob zu einem früheren Bearbeitungsschritt zurückgesprungen werden muss, weil die bisherige Bearbeitung noch unvollständig, fehlerhaft etc. ist, wird dies

5.5 Realisation

durch eine ODER-Rückkopplung dargestellt. Die Rückkopplung entspricht von der graphischen Darstellung her der ODER-Verzweigung, allerdings erfolgt die „Verzweigung" nach oben.

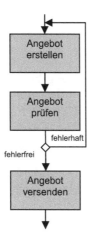

Abbildung 83: ODER-Rückkopplung

Die abgebildeten Grundstrukturen sind die logische und graphische Grundlage unterschiedlicher Visualisierungstechniken, deren Darstellung hier aus Platzgründen unterbleiben soll. Im Vergleich zur verbalen Arbeitsablaufbeschreibung haben graphische Darstellungen von Arbeitsabläufen den Vorteil höherer Präzision. Sie sind aber für organisatorisch nicht geschulte Anwender kaum verständlich.

Neben der Erstellung der Dokumentation erfolgt im Systembau auch die Ausführung notwendiger flankierender Maßnahmen, wie z.B.

- Anpassung/Neuprogrammierung von EDV-Programmen
- Durchführung erforderlicher Baumaßnahmen
- Beschaffung erforderlicher Sachmittel.

5.5.2 Implementierung

Die **Implementierung** ist die Einführung der im Systembau konzipierten, anwendungsreifen Lösung in den laufenden Betrieb. Um eine zügige und reibungslose Implementierung sicherzustellen, wird mit einer Grobplanung der Implementierung häufig bereits parallel zur Planungsphase begonnen. Die Implementierung ist abgeschlossen, wenn die Lösung vollständig und reibungsfrei umgesetzt ist.

Implementierungsstrategien sollen die zügige und reibungsfreie Implementierung unterstützen.

Verhaltensstrategien der Implementierung (Krüger 1992) beschäftigen sich mit der Art des Einbezuges der Anwender in der Einführungsphase. Hierzu stellt sich zunächst die Frage, ob bei der Einführung eher das Wissen um die neue organisatorische Lösung und die Anpassung der vorhandenen Kenntnisse und Fähigkeiten im Vordergrund stehen sollen oder ob die Erhöhung von Motivation und Veränderungsbereitschaft den Schwerpunkt bilden sollen Zusätzlich ist zu beantworten, ob der Einführungsstil direktiv/autoritär oder nichtdirektiv/kooperativ sein soll.

Generell gilt, dass das Akzeptanzrisiko einer organisatorischen Maßnahme durch Maßnahmen zur Steigerung von Motivation und Veränderungsbereitschaft deutlich gesenkt werden kann. Je größer das Ausmaß der persönlichen Betroffenheit für die Anwender ist, um so wichtiger werden Motivationsanstrengungen.

Die Bedeutung wissensorientierter Maßnahmen (also insbesondere von Schulungs- und Ausbildungsmaßnahmen) steigt mit dem Ausmaß und der Komplexität der organisatorischen Veränderungen. Radikale Organisationsveränderungen sind meist komplex und führen zu erheblicher Betroffenheit und Ängsten bei den Beteiligten. Hier sind gleichzeitig intensive Schulungs- und Motivationsanstrengungen zu unternehmen. Ausschließlich wissensorientierte Maßnahmen führen in diesen Fällen zu einem hohen Akzeptanzrisiko.

Das Akzeptanzrisiko hängt zusätzlich zu der wissens- oder motivationsorientierten Grundorientierung von dem praktizierten **Einführungsstil** ab. Je kooperativer und nicht-direktiver der Einführungsstil ist, desto geringer sind die Akzeptanzbarrieren. Allerdings wird das geringe Akzeptanzrisiko durch erhöhten Zeitbedarf und erhöhte Kosten erkauft und das Risiko des Versandens einer Maßnahme ist deutlich höher als bei einer direktiven Einführung. Insbesondere bei tief greifenden Reorganisationsprozessen, bei denen es auf schnelle Umsetzung ankommt und ein Versanden auf jeden Fall vermieden werden muss, werden deshalb in der Praxis dennoch direktive Einführungsstile gewählt.

Die so genannte **Bombenwurfstrategie** (Kirsch/Esser/Gabele 1979) ist u.a. durch einen direktiven Einführungsstil gekennzeichnet. Hier wird ohne Partizipation der Betroffenen ein Grobkonzept entwickelt und schlagartig und unwiderruflich in Kraft gesetzt. Aufkommende Widerstände gegen die Einführung werden mit harten Machtmitteln sanktioniert. Das Grobkonzept wird anschließend sukzessive detailliert.

5.5 Realisation

Der Erfolg der Bombenwurfstrategie hängt im Einzelfall davon ab, ob der Überraschungseffekt gelingt und ob die Detailprobleme trotz der fehlenden Akzeptanz der Beteiligten widerspruchsfrei gelöst werden können.

Sachstrategien der Implementierung (vgl. Krüger 1992, Schmidt 1997) befassen sich mit der Frage des Einführungsbereiches und des Übergangs von der alten zur neuen Organisation. Für den **Einführungsbereich** bestehen folgende Gestaltungsmöglichkeiten:

- **Piloteinführung**: Die Lösung wird zunächst in einem abgegrenzten Pilotbereich im Echtbetrieb eingesetzt und nach erfolgreichem Einsatz auf weitere Bereiche des Unternehmens ausgeweitet. Im Pilotvorhaben gemachte Fehler können bei Ausweitung des Einführungsbereiches vermieden, positive Erfahrungen wiederholt werden.

  Bei der Einführung im Pilotbereich wird nur vergleichsweise wenig Implementierungskapazität benötigt, durch im Pilotvorhaben gewonnene Mitarbeiter kann die Implementierungskapazität für den weiteren Einführungsprozess vergrößert werden.

  Voraussetzung für die Piloteinführung ist allerdings, dass das Pilotvorhaben von der übrigen Organisation relativ unabhängig ist. Insbesondere muss die zeitgleiche Anwendung unterschiedlicher organisatorischer Lösungen in verschiedenen Teilen der Organisation ohne größere Schwierigkeiten möglich sein.

- **Sukzessive Einführung („roll-out")**: Die Lösung wird zunächst in abgegrenzten Bereichen der Organisation eingesetzt und dann sukzessive auf weitere Teilbereiche der Organisation ausgeweitet. Vor- und Nachteile sowie Anwendungsvoraussetzungen sind denen der Piloteinführung vergleichbar.

  Das funktionale Einführungsrisiko und der Kapazitätsbedarf für die Einführung werden verringert. Sukzessive Einführungen werden häufig mit einer vorgeschalteten Piloteinführung kombiniert.

- **Gesamteinführung**: Die Lösung wird in der gesamten Organisation zeitgleich eingeführt. Hierdurch steigt das Funktionsrisiko, also das Risiko durch nicht ausgereifte Lösungen erheblich. Zugleich besteht ein hoher Bedarf an Implementierungskapazität. Der Zeitbedarf bis zum Abschluss der Implementierung wird gegenüber der Piloteinführung und der sukzessiven Einführung erheblich verringert.

  Die Gesamteinführung ist dann unumgänglich, wenn die Interdependenzen in der Organisation so hoch sind, dass in verschiedenen Bereichen der Organisation nicht zeitgleich mit verschiedenen organisatorischen Lösungen gearbeitet werden kann.

Auch für den **Übergang von der alten zur neuen Organisation** bestehen alternative Gestaltungsmöglichkeiten:

- **Parallelbetrieb**: Die alte und die neue Lösung werden zeitgleich nebeneinander betrieben. Dabei wird die alte Lösung häufig als Ausfallverfahren angewendet, d.h. bei eintretenden Schwierigkeiten mit der neuen Lösung wird auf das alte Verfahren zurückgegriffen.

  Der Parallelbetrieb vermindert zwar die Funktionsrisiken in der Implementierung erheblich, führt jedoch zu erheblichem Aufwand für den Parallelbetrieb, einer hohen Belastung für die betroffenen Mitarbeiter und zu Schnittstellenproblemen zwischen altem und neuem Verfahren. Er wird deshalb meist nur für begrenzte Zeit und nur in Bereichen mit hohem Funktionsrisiko angewendet.

- **Stufenweiser Übergang**: Voneinander abgegrenzte Elemente der neuen Lösung werden nacheinander eingeführt. Die erforderliche Einführungskapazität und das Einführungsrisiko werden hierdurch begrenzt. Allerdings besteht die Gefahr, dass Inkompatibilitäten zu den noch vorhandenen Elementen der alten Lösung geschaffen werden, die dann durch ggf. aufwändige Übergangslösungen und Schnittstellen gehandhabt werden müssen.

  Der stufenweise Übergang ist nur dann möglich, wenn die neue organisatorische Lösung aus einzelnen, voneinander relativ unabhängigen Elementen besteht.

- **Schlagartige Einführung**: Alle Elemente der neuen Lösung werden zeitgleich eingeführt. Diese Einführungsart hat den höchsten Bedarf an Implementierungskapazität und birgt das höchste Funktionsrisiko. Schnittstellenprobleme und Übergangslösungen lassen sich jedoch weitgehend vermeiden. Der Zeitbedarf bis zum Abschluss der Implementierung ist gegenüber der stufenweisen Einführung deutlich verringert.

  Schlagartige Einführungen sind unabdingbar, wenn zwischen den einzelnen Elementen der neuen Lösungen derartige Interdependenzen bestehen, dass die Anwendung einzelner Elemente die Anwendung mehrerer anderer Elemente voraussetzt.

Einführungsbereich und Übergang von alter zu neuer Organisation sind im Grundsatz voneinander unabhängig. Damit ergeben sich vielfältige Kombinationsmöglichkeiten mit spezifischen Vor- und Nachteilen.

Die Auswirkungen alternativer Sachstrategien auf das Funktionsrisiko finden sich in nachfolgender Abbildung (nach Krüger 1992).

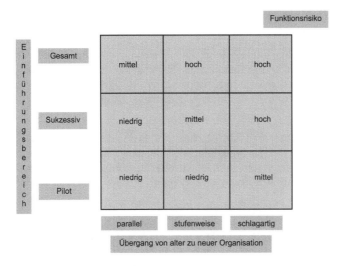

Abbildung 84: Sachstrategie und Funktionsrisiko

Übung 12: Implementierung

Beurteilen Sie alternative Möglichkeiten für den Übergang von alter zu neuer Organisation und den Einführungsbereich der Organisation bezüglich folgender Fragestellungen:

1. Einführung einer neuen Software für Finanzbuchhaltung in einem mittelständischen Unternehmen mit 500 Mitarbeitern an einem Standort
2. Einführung einer modularen, integrierten Software mit den Modulen Finanzbuchhaltung, Kostenrechnung, Lohn- und Gehaltsbuchhaltung, Materialwirtschaft, Produktionsplanung und -steuerung, Fakturierung in einem Konzern mit rund 40 000 Mitarbeitern und sechs autonomen Sparten, die ihrerseits in relativ unabhängig voneinander operierende Ländergesellschaften gegliedert sind.
3. Verlegung des Standorts eines Großflughafens.

Verwenden Sie hierzu jeweils geeignete Beurteilungskriterien zur Auswahl verschiedener Modelle.

Stellen Sie dar, welche Anforderungen an die Planungsphase und die Implementierungsvorbereitung aus der von Ihnen für geeignet gehaltenen Implementierungsalternative resultieren.

Beispiellösung

1. **Einführung einer neuen Software für Finanzbuchhaltung in einem mittelständischen Unternehmen mit 500 Mitarbeitern an einem Standort**

   Organisationseinheiten, die in diesem Unternehmen für eine Piloteinführung oder eine sukzessive Einführung in Frage kommen, lassen sich nicht sinnvoll abgrenzen. Damit kommt als Einführungsbereich nur das gesamte Unternehmen in Betracht.

   Eine sukzessive Einführung der Finanzbuchhaltungssoftware ist wegen fehlender Modularität bzw. zu hoher Interdependenzen zwischen evtl. vorhandenen Teilmodulen der in Frage kommenden Software nicht möglich bzw. sinnvoll.

   Damit verbleiben die schlagartige Einführung und der Parallelbetrieb. Der Parallelbetrieb bedeutet extrem hohe Belastungen des Personals. Bei nachhaltig nicht beseitigbaren Mängeln der neuen Software ist ein Rückgriff auf die alte Software im Allgemeinen ohne besondere Risiken (lediglich zusätzlicher Aufwand für das Nachbuchen) möglich. Ein Parallelbetrieb ist deshalb nicht gerechtfertigt, eine schlagartige Einführung ist sinnvoll.

   Mit einer nicht funktionsfähig implementierten Finanzbuchhaltung sind erhebliche Unannehmlichkeiten verbunden. Im Vergleich zu den unter Ziffer 2 und 3 dieser Übung skizzierten Vorhaben ist jedoch das Implementierungsrisiko wesentlich geringer. Damit ist eine Planung und Implementierungsvorbereitung mit mittlerer Sorgfalt notwendig.

2. **Einführung einer modularen Software in einem diversifizierten, dislozierten Großkonzern**

   In diesem Konzern sind Sparten und ggf. deren Ländergesellschaften relativ unabhängige Einführungsbereiche. Damit sind sowohl die Piloteinführung, die sukzessive Einführung als auch die Gesamteinführung möglich.

   Wegen der geringen Interdependenzen zwischen den Sparten und Ländergesellschaften sind bei einer sukzessiven Einführung keine besonderen Aufwendungen für die Herstellung von Schnittstellen zwischen den unterschiedlichen Softwares der getrennt operierenden Organisationseinheiten zu erwarten. Im Hinblick auf Lösungsqualität, Implementierungsrisiko, Implementierungskosten und Kapazitätsbedarf für die Implementierung empfiehlt sich eine Piloteinführung mit nachfolgender sukzessiver Einführung.

5.5 Realisation

Zwischen den Modulen der Software bestehen dagegen erhebliche Interdependenzen. Eine sukzessive Einführung der Module wird deshalb im Allgemeinen zu erheblichem Aufwand für die Herstellung von Schnittstellen zwischen den Modulen der alten und neuen Software führen.

Deshalb ist die schlagartige Einführung aller Module in abgegrenzten Organisationseinheiten (vgl. oben) dann die sinnvolle Einführungsalternative, wenn zum einen erhebliche Aufwendungen für die Schaffung von Schnittstellen erforderlich sind und die schlagartige Umstellung zum anderen mit der vorhandenen Kapazität bewältigt werden kann. Die Entscheidung für eine sukzessive oder schlagartige Einführung der Module kann jedoch nur unter exakter Prüfung der im Einzelfall gegebenen Verhältnisse erfolgen.

Funktionsstörungen insbesondere in den Modulen Materialwirtschaft, Produktionsplanung und -steuerung und Fakturierung können erhebliche, ggf. sogar unternehmensbedrohende Risiken mit sich bringen. Derartigen Risiken ist durch eine sehr sorgfältige Planungsphase und Implementierungsvorbereitung zu begegnen.

Inwieweit darüber hinaus ein Parallelbetrieb für notwendig gehalten wird, ist objektiv und ohne weitere Kenntnis des Einzelfalls kaum zu beantworten. Allerdings ist darauf hinzuweisen, dass ein Parallelbetrieb wegen der erheblichen Belastung der Mitarbeiter ohnehin kaum über längere Zeit durchgehalten werden kann.

3. Verlegung des Standorts eines Großflughafens

Die Situation ist dadurch gekennzeichnet, dass alle Funktionsbereiche (z.B. Passagierabfertigung, Sicherheitskontrolle, Gepäckausgabe, Flugsicherung etc.), insbesondere sicherheitsrelevante Funktionen, am neuen Standort in der Sekunde der Inbetriebnahme reibungslos funktionieren müssen. Damit ist sowohl im Hinblick auf die Einführungsbereiche als auch im Hinblick auf den Übergang von der alten zur neuen Organisation eine Gesamteinführung notwendig.

Dem mit dieser Gesamteinführung verbundenen, extremen Funktionsrisiko muss durch eine extrem sorgfältige Planungsphase und Implementierungsvorbereitung (z.B. Einweisung der Mitarbeiter in die neuen Arbeitsplätze, Probebetrieb vor Inbetriebnahme etc.) begegnet werden.

5.6 Kontrolle

Die **Kontrollphase** dient dazu, die Funktionsfähigkeit und Akzeptanz der implementierten Lösung sowie das Ausmaß der Zielerreichung zu überprüfen, Schwierigkeiten bei der Anwendung festzustellen und aus Umfeldveränderungen resultierende Anpassungsnotwendigkeiten zu erkennen. Kleinere Anpassungen werden ohne erneuten Durchlauf der Planungsphase vorgenommen, weit reichende Anpassungsnotwendigkeiten führen in der Regel zu einem neuen Organisationsvorhaben mit erneutem Durchlauf von Planungs- und Realisationsphase.

Die in der Kontrollphase eingesetzten Erhebungs- und Analysetechniken entsprechen den unter 5.4.2 und 5.4.3 dargestellten Techniken.

5.7 Exkurs – Business-Reengineering

Business-Reengineering (Hammer/Champy 1996) ist eine Meta-Technik, die in einem eigenständigen Vorgehensmodell den gesamten Reorganisationsprozess von der Planung bis zur Kontrolle erfasst und in den einzelnen Bearbeitungsschritten der Phasen jeweils spezifische Techniken zum Einsatz bringt. Business-Reengineering kann insoweit weder als Vorgehensmodell noch als Technik eingeordnet werden und wird deshalb am Ende des Kapitels zur Organisationsmethodik in Form eines Exkurses behandelt.

Zweck des Business-Reengineering ist ein radikaler Umbau des Unternehmens mit simultaner Verbesserung in den Zielkategorien Kosten, Kundenorientierung, Durchlaufzeiten und Qualität in erheblichen Größenordnungen. Dabei wird die Art des bisherigen Geschäfts vollständig auf den Prüfstand gestellt und es werden die zentralen Geschäftsprozesse einer umfassenden Neuordnung und Verschlankung unterzogen. Dabei steht das gesamte Geschäft und die gesamte Organisation vorbehaltlos zur Disposition. Business-Reengineering steht insoweit für einen völligen Neubeginn in Form einer Radikalkur.

Nachfolgend wird dargestellt, wie Business-Reengineering ein Redesign der zentralen Prozesse vornimmt.

Zur Sicherstellung bestmöglicher Unterstützung wird ein Reengineering-Projekt unmittelbar an das Top Management eines Unternehmens angebunden. Für jeden Geschäftsprozess oder Wertschöpfungsbereich wird ein Prozessverantwortlicher (oder Prozesseigner) aus dem oberen Management ernannt, der für die Detailstrukturierung des Geschäftsprozesses, die Steuerung seines Reengineering-Teams und die Realisierung eines kontinuierlichen Verbesserungsprozesses verantwortlich ist. Das Reengineering-Team umfasst Führungskräfte des mittleren Managements aus allen von dem jeweiligen Geschäftsprozess tangierten Unternehmensbereichen. Es nimmt in regelmäßigen Treffen die Analyse und das Redesign der ihm zugeordneten Prozesse vor.

In einer **Voruntersuchung** werden zunächst die wichtigsten Geschäftsprozesse sowie Ansatzpunkte für das Reengineering (erfolgskritische Geschäftsprozesse, Geschäftsprozesse mit signifikanten Schwachstellen) identifiziert und die Veränderungsbereitschaft wird abgeklärt. In der anschließenden **Prozessanalyse** werden die bestehenden Prozesse vor dem Hintergrund der definierten Ziele und der sich aus einem Benchmarking ergebenden Daten bewertet. Anschließend erfolgt eine Abschätzung des Handlungsbedarfs. Im nächsten Schritt, der **Prozessgestaltung**, wird ein erstes Prozessdesign vorgenommen. Aus den redesignten Prozessen wird dann ein integriertes Prozessmodell des Unternehmens erstellt, mit Hilfe geeigneter Software simuliert und hinsichtlich der Zielerreichung bewertet. Aus der Simulation sich ergebende Anpassungsnotwendigkeiten werden in einem erneuten Prozessdesign berücksichtigt, das einer erneuten Simulation unterzogen wird usw.. Anschließend erfolgt die **Realisierung**. Nach abgeschlossenem Reengineering wird in der **Kontrollphase** eine laufende Überprüfung und eine kontinuierliche Verbesserung der Geschäftsprozesse vorgenommen. Veränderungen der Rahmenbedingungen machen nach einiger Zeit gegebenenfalls ein erneutes Reengineering erforderlich.

Bei der Neugestaltung der Prozesse werden neben dem zentralen Aspekt der Prozessorientierung und -integration folgende Tendenzen organisatorischer Gestaltung (vgl. 4.4) berücksichtigt:

- die Dezentralisierung der Leistungsbereiche in Form teilautonomer Arbeitsgruppen oder fraktaler Unternehmen
- die Erweiterung der Aufgabeninhalte und der Verantwortung der Mitarbeiter in vertikaler und horizontaler Hinsicht
- die Integration indirekter Funktionen und der Führungskräfte in den Wertschöpfungsprozess
- und eine intensive Nutzung der Informationstechnologie zur Steuerung und Kontrolle reorganisierter Prozesse sowie als Hilfsmittel bei der Abbildung, Analyse, Neugestaltung und Simulation von Prozessen.

Gegenüber einer **klassischen Vorgehensweise** bei der Reorganisation von Strukturen und Prozessen unterscheidet sich Business-Reengineering durch

- die Radikalität des Veränderungsanspruches und des Lösungsentwurfes

- die wesentlich intensivere Anwendereinbindung (wenn auch nicht zwingend auf der Ebene der prozessausführenden Mitarbeiter)
- den wesentlich intensiveren Technikeinsatz
- die wesentlich intensivere Suche nach Bestwerten und neuartigen Lösungen, auch außerhalb der eigenen Branche und jenseits überkommener Lösungsmuster
- die wesentlich intensivere planerische Durchdringung des Problems
- wesentlich höhere Kosten und Zeitbedarfe.

Die Beurteilung des Business-Reengineering ist uneinheitlich. Euphorischen Meldungen stehen kritische Stimmen gegenüber, die auf die hohe Misserfolgsquote von Reengineering-Projekten verweisen. Eindeutige empirische Befunde stehen noch aus.

Literatur zu Kapitel 5

Büchi, R., Chrobok, R., Organisations- und Planungstechniken im Unternehmen, 2. Aufl., Stuttgart 1997

Bühner, R., Betriebswirtschaftliche Organisationslehre, 8. Aufl., München, Wien 1996

Camp, R. C., Benchmarking, München, Wien 1994

Daenzer, W. F., Huber, F., Hrsg., Systems Engineering, 10. Aufl., Zürich 1999

Drumm, H. J., Organisationsplanung, in: Frese, E., Hrsg., Handwörterbuch der Organisation, 3. Aufl., Stuttgart 1992, Sp. 1589-1602

Haller-Wedel, H., Das Multimoment-Verfahren in Theorie und Praxis. Ein statistisches Verfahren zur Untersuchung von Vorgängen in Industrie, Wirtschaft und Verwaltung, Bd. 2, 2. Aufl., München 1969

Hammer, M., Champy, J., Business Reengineering, 6. Aufl. Frankfurt, New York 1996

Kirsch, W., Esser, W.-M., Gabele, E., Das Management des geplanten Wandels von Organisationen, Stuttgart 1979

Krüger, W., Grundlagen der Organisationsplanung, Gießen 1983

Krüger, W., Organisationsmethodik, in: Frese, E., Hrsg., Handwörterbuch der Organisation, 3. Aufl., Stuttgart 1992, Sp. 1572-1589

Liebelt, W., Ablauforganisation, Methoden und Techniken der, in: Frese, E., Hrsg., Handwörterbuch der Organisation, 3. Aufl., Stuttgart 1992, Sp. 19-34

Nagel, P., Problemanalyse und -lösung, Techniken der, in: Frese, E., Hrsg., Handwörterbuch der Organisation, 3. Aufl., Stuttgart 1992 (a), Sp. 2014-2024

Nagel, P., Zielformulierung, Techniken der, in: Frese, E., Hrsg., Handwörterbuch der Organisation, 3. Aufl., Stuttgart 1992 (b), Sp. 2626-2634

Schmidt, G., Methode und Techniken der Organisation, 11. Aufl., Gießen 1997

6. Projektorganisation und Projektmanagement

In Kapitel 5 wurden unter dem Begriff der Organisationsmethodik das methodische Vorgehen in Organisationsprozessen und die dabei einzusetzenden Techniken dargestellt. Fragen der organisatorischen Gestaltung und des Managements von Projekten wurden dabei ausgeklammert. Die nachfolgende Darstellung erhebt keinen Anspruch auf vollständige Behandlung der Fragen der Projektorganisation und des Projektmanagement, vielmehr werden die dem Verfasser besonders wichtig erscheinenden Aspekte Aufbauorganisation und Gestaltungsträgerschaft sowie Projektplanung und -steuerung, die Erstellung von Angeboten und das Projektmarketing behandelt.

6.1 Aufbauorganisation von Projekten

Projektorganisation kann idealtypisch in Form der Linien-Projektorganisation, der Stabs-Projektorganisation, der Matrix-Projektorganisation oder der reinen Projektorganisation gestaltet werden (vgl. z.B. Bleicher 1991, Grün 1992). Mischformen sind möglich, werden nachfolgend jedoch nicht dargestellt.

Bei der **Linien-Projektorganisation** werden die Projektaufgaben nebenamtlich von Mitarbeitern der Basisorganisation übernommen. Für die Erfüllung der Projektaufgaben steht deshalb nur ein geringes Maß an Kapazität zur Verfügung. Zudem besteht das Risiko, dass die Projektaufgaben zu Gunsten der Routineaufgaben zurückgestellt werden. Die Linien-Projektorganisation eignet sich deshalb nur für Projekte geringen Umfangs und niedriger Komplexität, deren Realisierung im Interesse der durchführenden Fachabteilung liegt.

Bei der **Stabs-Projektorganisation** übernehmen bestehende Stäbe die Verfolgung der Projektaufgaben. Punktuell erfolgen Leistungsbeiträge von Fachabteilungen. Auch hier wird das Projekt parallel zu den Routineaufgaben bearbeitet, so dass die Kapazitätsproblematik gegenüber der Linien-Projektorganisation allenfalls geringfügig verbessert ist. Die Stabs-Projektorganisation eignet sich damit nur für Projekte geringer Größe und Komplexität.

In der **Matrix-Projektorganisation** werden ergänzend zur bestehenden Routineorganisation Projektmanager als Matrixinstanzen implementiert. Die Projektmanager verfügen im Allgemeinen nur über geringe eigene personelle Ressourcen; die Realisation der Projektaufgaben obliegt im Wesentlichen den Linienstellen. Aufgabe der Projektmanager ist die Koordination der Projekte über die Linieninstanzen hinweg.

Es ergibt sich folgende Organisation:

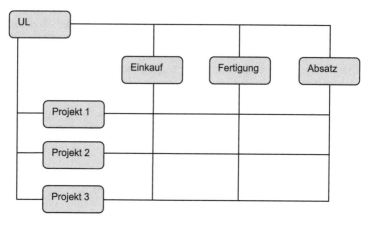

Abbildung 85: Matrix-Projektorganisation auf Unternehmensebene

Eine zweckmäßige Aufgabenverteilung zwischen Projektmanager und Linieninstanzen gestaltet sich in diesem Modell wie folgt:

- Die Projektmanager haben die Projektverantwortung. Sie sind für Projektplanung, -steuerung und -kontrolle zuständig und definieren die von den Linieninstanzen zu erbringenden Beiträge in sachlicher und zeitlicher Hinsicht.

- Die Realisation der angeforderten Leistungsbeiträge obliegt den Linienstellen. Die Linieninstanzen entscheiden darüber, von welchen Mitarbeitern und auf welche Weise diese Leistungsbeiträge erbracht werden.

Die Matrix-Projektorganisation löst das Problem der Bereitstellung ausreichender Ressourcen lediglich insoweit, als für die Projektplanung, -steuerung und -kontrolle eigene Kapazitäten bereitgestellt werden und die Aufgabe der Projektrealisation auf mehrere Linienstellen verteilt wird. Sehr umfangreiche und komplexe Projektaufgaben können in dieser Organisationsform daher im Allgemeinen nicht zufrieden stellend gelöst werden.

Die Bewältigung des mit Matrixorganisationen stets verbundenen hohen Konfliktpotentials erfordert einen relativ hohen Aufwand für die Schulung der Mitarbeiter. Dieser Aufwand ist nur dann

6.1 Aufbauorganisation von Projekten

gerechtfertigt, wenn die Bearbeitung von Projektaufgaben zum Alltag einer Organisation gehört. Besonders günstig ist die Matrix-Projektorganisation bei häufigem Wechsel der zu bearbeitenden Projektaufgaben. Diese können durch Implementierung neuer Projektmanager in der Organisation verankert werden, ohne dass dies nennenswerte Auswirkungen auf die Basisorganisation hat. Wenn Projektaufgaben abgeschlossen sind, wird der zuständige Projektmanager mit neuen Projektaufgaben betraut oder wieder in die Basisorganisation eingegliedert. Auch die Beendigung von Projekten bleibt damit ohne wesentliche Auswirkungen auf die Basisorganisation. Zusammenfassend eignet sich die Matrix-Projektorganisation besonders bei wechselnden, parallel abzuarbeitenden Projekten mittlerer Größe und Komplexität.

Die **reine Projektorganisation** ist dadurch gekennzeichnet, dass unter weitgehender Loslösung von der bestehenden Basisorganisation eigenständige Organisationseinheiten aufgebaut werden, die sich ausschließlich mit der Bearbeitung von Projektaufgaben befassen. Nur diese Organisationsform ist geeignet, das Problem der ausreichenden Ressourcenbereitstellung für größere Projekte zu lösen. Dieser Vorteil wird allerdings mit dem Nachteil erkauft, dass die Wiedereingliederung der Mitarbeiter in die Basisorganisation bei Beendigung des Projektes im Allgemeinen mit erheblichen Friktionen verbunden ist. Die reine Projektorganisation ist deshalb nur geeignet bei wenigen Projekten mit großem Umfang, hoher Komplexität und hoher strategischer Bedeutung und Reichweite.

Unabhängig von der gewählten Projekt-Organisationsform benötigen Projektorganisationen eine innere Struktur. Diese ist bei kleinen Projekten, die weitgehend von einem Mitarbeiter erledigt werden, relativ einfach, kann bei Großprojekten jedoch sehr komplex und umfangreich sein. Die innere Strukturierung der Projektorganisation umfasst im Einzelnen:

- die Zerlegung der Projektaufgabe in Teilaufgaben
- die Zuordnung dieser Teilaufgaben zu Organisationseinheiten (also Stellen, Gruppen etc.)
- die Festlegung der Verantwortlichkeiten sowie der Entscheidungs- und Weisungsbefugnisse.

Neben der inneren Strukturierung der Projektorganisation ist die organisatorische Anbindung des Projektes von Bedeutung. Hierfür hat sich bei komplexeren Projekten die Einrichtung so genannter Lenkungsausschüsse bewährt. Der Lenkungsausschuss entscheidet im Vorfeld über die Durchführung und die sachliche und personelle Konzeption des Projektes, nimmt die Berichterstattung der beauftragten Projektmitglieder entgegen und trifft die im Projektverlauf erforderlichen Grundsatzentscheidungen.

Mitglieder des Lenkungsausschusses sind im Allgemeinen Vertreter der betroffenen Fachabteilungen sowie bei besonders wichtigen Projekten auch Vertreter der Unternehmensleitung. Kleinere Projekte, die im Kern nur einzelne Fachabteilungen betreffen, werden dagegen meist unmittelbar an die Leitung der jeweiligen Fachabteilung angebunden.

6.2 Gestaltungsträgerschaft

Gestaltungsträger sind alle Personen, institutionellen Einheiten oder Gruppen mit formalem oder faktischem Einfluss auf den Organisationsprozess, also im Wesentlichen Organisatoren und Anwender (vgl. hierzu und nachfolgend Krüger 1992).

Traditionell werden organisatorische Gestaltungsprozesse von den Organisatoren dominiert. Hierfür bestehen folgende Gründe:

- die Anwender verfügen nicht über die erforderliche Fachkompetenz oder die für die Projektbearbeitung notwendige Zeit

- die Einbindung einer Vielzahl von Anwendern führt zu abnehmender Effizienz des Organisationsprozesses, konterkariert Geheimhaltungsnotwendigkeiten und erhöht das Risiko eines Versandens der organisatorischen Maßnahme.

Mit der genannten Dominanz der Organisatoren sind jedoch verschiedene Probleme verbunden:

- es besteht das Risiko, dass die von den Organisatoren entwickelten Lösungen an den Anforderungen der Praxis vorbeigehen

- es besteht das Risiko einer erheblich verminderten Anwenderakzeptanz, besonders bei Problemen mit hoher Bedeutung und Reichweite

- es entsteht hoher Aufwand für die Erzielung von Anwenderakzeptanz und die Kommunikation der Lösung an die Anwender.

Hieraus resultiert die Forderung nach einer intensiveren Einbindung der Anwender. Die Anwendereinbindung ist dabei hinsichtlich der **Intensität** und dem **Prozessbezug der Einbindung** zu differenzieren. Die Intensität der Einbindung reicht von einer eher passiven Informationsbereitstellung (beispielsweise als Gesprächspartner in einem Interview) über eine aktive Mitwirkung am Projekt bis hin zur verantwortlichen Projektdurchführung.

Beim Prozessbezug der Einbindung sind alternativ eine punktuelle Mitwirkung an einzelnen Phasen des Organisationsprozesses, eine prozessbegleitende Mitwirkung am Beginn und Ende jeder Phase oder eine durchgängige Beteiligung am gesamten Projekt

6.2 Gestaltungsträgerschaft

denkbar. Durch Kombination der Ausprägungen der beiden Merkmale resultieren vielfältige Gestaltungsmöglichkeiten.

Idealtypische Gestaltungen der Anwendereinbindung sind die Modelle „Anwaltsplaner", „partizipative Projektarbeit" und „Organisationsentwicklung".

Im Modell des **Anwaltsplaners** (vgl. Krüger 1992) werden die Anwender nur indirekt am Organisationsprozess beteiligt. Ihre Interessen werden von dem so genannten Anwaltsplaner gegenüber den Projektverantwortlichen vertreten. Voraussetzung hierfür ist ein wechselseitiger Informationsaustausch zwischen Anwaltsplaner und Anwendern. Daneben kann einzelfallabhängig eine direkte Einbindung der Anwender in einzelne Phasen des Organisationsprozesses erfolgen.

Der Anwaltsplaner muss zur Erfüllung seiner Aufgaben über ausgezeichnetes Anwender- und Problemlösungswissen verfügen, muss aber nicht selbst Anwender sein.

Bei der **partizipativen Projektarbeit** werden die Anwender direkt am Organisationsprozess beteiligt. Diese Beteiligung umfasst eine laufende Beteiligung an der Erarbeitung der Problemlösung sowie eine zumindest teilweise Beteiligung am Entscheidungsfindungsprozess. Zur Realisierung dieses Beteiligungsumfanges werden einzelne Anwender für die Projektarbeit freigestellt.

Die Projektleitung kann, muss aber nicht in der Fachabteilung liegen; sie kann auch zwischen Anwendern und Organisator derart aufgeteilt werden, dass der Fachbereich für die Konzeption der Lösung, der Organisator dagegen für die technische Umsetzung der Lösung verantwortlich ist. Vorteile der partizipativen Projektarbeit liegen in höherer Realitätsnähe der Lösung, verbesserter Anwenderakzeptanz und verringerten Kommunikations- und Kooperationsbarrieren zwischen Anwendern und Organisatoren.

Im Modell der **Organisationsentwicklung** wird der gesamte Problemlösungsprozess maßgeblich von den Anwendern durchgeführt. Bei Bedarf erfolgt eine Beratung der Anwender durch die Organisatoren. Vorrangiges Ziel der Organisationsentwicklung ist die Erzielung von Lernprozessen und Verhaltensänderungen bei den Anwendern. Die organisatorischen Strukturen werden erst zu einem späteren Zeitpunkt an das geänderte (und dann bereits erprobte) Verhalten angepasst.

Generell gilt: Je höher das Ausmaß der persönlichen Betroffenheit der Anwender ist, um so intensiver muss die Anwendereinbindung sein. Dennoch lässt sich die grundsätzlich gebotene intensive Anwendereinbindung aus Kapazitäts-, Zeit-, Kosten- und Geheimhaltungsgründen nicht immer realisieren. In diesem Fall muss zumindest versucht werden, die Anforderungen der

Anwender zu erfassen und die erarbeitete Lösung möglichst gut zu „verkaufen".

6.3 Erstellung von Angeboten

Die **Erstellung von Angeboten** ist einer der wesentlichen Schritte im Verlauf eines Projektes. Die Qualität des Angebotes ist von entscheidender Bedeutung für die Auftragserteilung durch den potentiellen Mandanten. Qualitativ hochwertige Angebote erfüllen folgende, wesentliche Funktionen bzw. Anforderungen:

- Sie zeigen dem potentiellen Auftraggeber, dass sein Problem verstanden worden ist und dass der potentielle Auftragnehmer fachlich und persönlich qualifiziert ist, das Problem kompetent und mit größtmöglichem Kundennutzen zu lösen.

- Sie schaffen Klarheit über Art und Umfang der vom Auftragnehmer zu erbringenden Leistungen, über das zu erzielende Ergebnis, über den Zeitraum der Leistungserbringung, über die Haftung des Auftragnehmers, über Mitwirkungspflichten des Auftraggebers und die Höhe der vom Auftraggeber zu erbringenden Gegenleistung. Präzision und Klarheit des Angebotes tragen daher wesentlich zur Verringerung des Risikos von Vertragsauseinandersetzungen bei.

- Das Angebot strukturiert darüber hinaus das Projekt in sachlicher, zeitlicher, prozessualer und kapazitativ/finanzieller Hinsicht und ist damit Grundlage detaillierterer Projektplanungen, der Durchführung des Projektes und der Kontrolle des Projektfortschrittes und des Projekterfolges.

Qualifizierte Angebote können im Allgemeinen nur auf der Grundlage ausführlicher **Akquisitionsgespräche** erstellt werden. Aufgabe dieser Gespräche ist es, die Erwartungen des potentiellen Auftraggebers detailliert zu erfassen und Einigkeit über das Vorgehen im Projekt zu erzielen.

Nicht selten findet der Anbieter dabei die Situation vor, dass seitens des potentiellen Auftraggebers Unklarheit hinsichtlich der Ziele und der zu erreichenden Ergebnisse besteht. In diesen Fällen ist es Aufgabe des potentiellen Auftragnehmers, die Zielvorstellungen des potentiellen Mandanten im Akquisitionsgespräch herauszuarbeiten. Überlegungen zu einer geeigneten Vorgehensweise bestehen seitens des potentiellen Auftraggebers nur in den seltensten Fällen. Die Erarbeitung eines geeigneten Vorschlags zum Vorgehen ist im Gegenteil ureigene Aufgabe des potentiellen Auftragnehmers.

Um die Akzeptanz des noch zu erstellenden Angebotes sicherzustellen, empfiehlt es sich, die wesentlichen Eckpunkte des Angebotes, also insbesondere Ausgangssituation, Problemdefinition, Ziele und erwartete Ergebnisbeiträge sowie die Vorgehensweise und, soweit absehbar, auch eine grobe Kostenschätzung am Ende des Akquisitionsgespräches gemeinsam mit dem potentiellen Mandanten zu rekapitulieren.

Zur Gliederung von Angeboten hat sich folgendes **Gestaltungsmuster** bewährt:

1. Ausgangssituation
2. Projektziele
3. Vorgehensweise – alternativ Leistungsinhalt und Leistungsumfang
4. Mitwirkung des Auftraggebers
5. Projektorganisation und Zeitplan
6. Projektteam
7. Besondere Qualifikationsmerkmale (incl. Referenzen)
8. Kostenschätzung
9. Auftragsbedingungen (incl. Haftungsbegrenzung)
10. Ggf. Anlagen (Lebensläufe, Referenzen, Geschäftsbericht, Veröffentlichungen, Auftragsbedingungen, Haftungsvereinbarung).

Je nach Auftragsvolumen und Umfang des Angebots kann es geboten sein, die dargestellten Gliederungspunkte zusammenzufassen oder weiter zu detaillieren.

Für die Abfassung von Angeboten gelten folgende **Grundsätze**:

1. **Kundenbezogenheit, Problembezogenheit und Lösungskompetenz dokumentieren**

Die Erfolgschance von Angeboten ist deutlich erhöht, wenn das Angebot individuell auf den Kunden zugeschnitten ist. Es ist daher zweckmäßig, im Angebot aufzuzeigen, dass der Anbieter die Situation des Kunden, sein Problem und seine Erwartungen verstanden hat. Zugleich soll das Angebot dem potentiellen Kunden aufzeigen, welchen Lösungsbeitrag er von der Beratungsleistung zu erwarten hat und dass der Anbieter über eine besondere Lösungskompetenz für das spezifische Mandantenproblem verfügt.

Die besondere Lösungskompetenz besteht insbesondere in der spezifischen Eignung des Projektteams für diesen Auftrag. Bei der Beschreibung des Projektteams sind daher Ausbildung, Berufserfahrung, Branchenerfahrung und insbesondere die Erfahrung in vergleichbaren Projekten besonders herauszustellen. Zusätzlich sind Referenzen anzugeben, die zur Branche des potentiellen Auftraggebers und der spezifischen Problemstellung passen.

Standardangebote sind im Allgemeinen nicht geeignet, um die Anforderungen der Problem- und Kundenbezogenheit zu erfüllen. Gleichwohl können Standards für die Angebotserstellung (z.b. Standardgliederung, Standardformulierungen, standardisierte Auftrags- und Haftungsbedingungen, standardisierte Anlagen etc.) erheblich dazu beitragen, die Qualität der Angebote und die Effizienz der Angebotserstellung zu erhöhen.

2. Klare Beschreibung der zu erbringenden Leistungen und der Projektergebnisse

Die seitens des Anbieters zu erbringenden Leistungen sind hinsichtlich Art und Umfang so vollständig und präzise wie möglich zu beschreiben (also z.b. "... hierzu werden wir ca. 50 einstündige Interviews mit ausgewählten Führungskräften zu den Themenbereichen .... durchführen.").

Möglichst präzise und unzweideutig sind auch die Ergebnisse der durchzuführenden Arbeiten darzulegen (also z.b. "Ergebnis unserer Arbeiten ist eine Grobkonzeption, die dem Vorstand die verschiedenen Möglichkeiten der Konzernorganisation so darstellt, dass Klarheit über die Gestaltung der verschiedenen Alternativen besteht und eine qualifizierte Alternativenauswahl möglich ist. Im Einzelnen werden die Alternativen durch Organigramme und etwa einseitige Kurzbeschreibungen dargestellt. Stellenbeschreibungen und andere formalisierte Organisationsbeschreibungen werden zweckmäßigerweise erst nach der Entscheidung für eine bestimmte Alternative erarbeitet.").

Besondere Vorsicht ist bei der Übernahme der vom potentiellen Auftraggeber formulierten Ziele als **Projektziele** geboten, da die Erreichbarkeit dieser Ziele à priori vom Auftragnehmer kaum eingeschätzt werden kann. Um möglichen Konflikten bei Nichterrreichung der Ziele vorzubeugen, ist statt einer Formulierung wie "Projektziel ist die Senkung der Gemeinkosten um 30%" besser eine Formulierung wie „Der Vorstand beabsichtigt die Gemeinkosten um 30% zu senken. In diesem Zusammenhang soll mit externer Unterstützung ein Projekt durchgeführt werden, das mögliche Einsparungspotentiale und deren Höhe aufzeigt.", zu gebrauchen.

Neben den vom Auftragnehmer zu erbringenden Leistungen sind auch besondere **Mitwirkungspflichten** des Auftraggebers nach Art und Umfang festzulegen. Dies gilt insbesondere dann, wenn umfangreichere Projektaufgaben durch Personal des Auftraggebers bearbeitet werden sollen oder wenn umfangreicheres Datenmaterial durch den Auftraggeber in bestimmter Form bereitgestellt werden muss.

Bei der Formulierung von Angeboten sind darüber hinaus folgende, wichtige Einzelaspekte zu beachten:

6.3 Erstellung von Angeboten 175

1. Bei den Vorschlägen zur **Projektorganisation** ist darauf zu achten, dass das Projekt organisatorisch bei Entscheidungsträgern angebunden wird, die einerseits am Erfolg des Projektes interessiert sind und andererseits über genügend Macht und Einfluss verfügen, um das Projekt wirksam unterstützen zu können.

   Wenn die Berichterstattung (wie häufig) gegenüber einem aus mehreren Personen bestehenden Lenkungsausschuss erfolgen soll, empfiehlt es sich, seitens des Auftraggebers eine Person benennen zu lassen, die als Ansprechpartner im täglichen Projektablauf dient, und die über die Kompetenz verfügt, eilbedürftige Entscheidungen im Projektverlauf zu treffen.

2. Ein im Angebot enthaltener **Zeitplan** sollte realistisch sein. Sofern die Einhaltung des Zeitplans von Zulieferungen des Mandanten oder Dritter abhängt, empfiehlt es sich, dies im Zeitplan darzustellen. Dies kann beispielsweise mit folgender Formulierung geschehen: "Die Abschlusspräsentation kann ca. 4 Wochen nach Vorliegen der XY-Daten erfolgen".

3. Besteht Unsicherheit hinsichtlich des zu erbringenden Leistungsumfangs, z.B. weil der Umfang der vom potentiellen Auftraggeber angeblich bereits erbrachten Vorleistungen zum Zeitpunkt der Angebotserstellung nicht abgeschätzt werden kann, oder weil sich der Auftragnehmer vorbehält Art und Umfang der Leistung im Projektverlauf zu verändern, empfiehlt sich eine **Öffnungsklausel** für den im Angebot festgelegten Preis.

   Eine derartige Öffnungsklausel kann beispielsweise wie folgt formuliert werden: "Die vorliegende Kalkulation entspricht dem bei Angebotserstellung vorliegenden Kenntnisstand und den oben aufgeführten Leistungsarten und -umfängen. Sollten im Projektverlauf Ereignisse eintreten, die eine Anpassung der Kalkulation erforderlich machen, würden wir Ihnen dies rechtzeitig anzeigen, und das weitere Vorgehen einvernehmlich mit Ihnen abstimmen.".

   Inwieweit bei der Bepreisung Festhonorare, Stundenhonorare oder Erfolgshonorare zum Ansatz gebracht werden und ob bei der Verrechnung von Stundenhonoraren differenzierte Stundensätze oder nur durchschnittliche Stundensätze kalkuliert werden ist nur einzelfallabhängig zu entscheiden. In jedem Fall ist die Preisstellung eine der schwierigsten Aufgaben bei der Angebotserstellung, sie ist jedoch eher "Kunst als Wissenschaft".

4. Wesentlicher Bestandteil eines Angebotes sind die Allgemeinen Auftragsbedingungen und eine Vereinbarung zur Begren-

zung der Haftung. Derartige Regelungen sollten nur mit sachkundigem juristischen Beistand erarbeitet werden, um das Risiko der Unwirksamkeit zu begrenzen.

6.4 Projektplanung und -steuerung

Die **Projektplanung** (vgl. Büchi/Chrobok 1997, Schmidt 1997) beginnt mit der Festlegung eines geeigneten Vorgehensmodells und der Zuordnung geeigneter Techniken zu den einzelnen Bearbeitungsschritten. Bei umfangreicheren Projekten ist im Allgemeinen eine weitere Zerlegung der einzelnen Bearbeitungsschritte in Teilschritte oder Teilaufgaben erforderlich.

Auf dieser Grundlage werden anschließend geplant:

- der für die Bearbeitung der einzelnen Teilaufgaben erforderliche zeitliche Aufwand, wobei nach den unterschiedlichen Qualifikationsanforderungen zu differenzieren ist

- die logischen Abhängigkeiten zwischen den einzelnen Bearbeitungsschritten

- die zur Bearbeitung der Projektaufgabe notwendigen personellen Kapazitäten, differenziert nach Qualifikationsanforderungen

- der sich aus Zeitaufwand, Kapazität und Abhängigkeiten zwischen Teilprojekten ergebende Zeitbedarf für einzelne Bearbeitungsschritte und das Gesamtprojekt

- die mit dem Projekt verbundenen sächlichen und personellen Aufwendungen und das hieraus resultierende Projektbudget.

Bei komplexeren Projekten hat sich für diese Planungsaufgabe die so genannte **Netzplantechnik** bewährt. Die Verfahren der Netzplantechnik sind in der Lage, die Abhängigkeiten zwischen Teilprojekten explizit darzustellen und auch die Interdependenzen zwischen verfügbarer Kapazität und der häufig kritischen Gesamtdauer von Projekten zu berücksichtigen. Durch leistungsfähige PC-Software wurde der Einsatz der Netzplantechnik in letzter Zeit vereinfacht. Zur Netzplantechnik wird auf die umfangreiche einschlägige Literatur verwiesen.

Die große Zahl der in der Organisationspraxis anfallenden kleineren und mittleren Projekte (die dabei durchaus ein Honorarvolumen von mehreren Hunderttausend Euro erreichen können) kann mit der wesentlich einfacheren Technik des **Balkendiagramms** (Abbildung 86) bearbeitet werden. Das Balkendiagramm bildet die einzelnen Bearbeitungsschritte mit ihrer geplanten Zeitdauer und ihren zeitlichen Abhängigkeiten ab.

6.4 Projektplanung und -steuerung

Während die Projektplanung auf die gedankliche Durchdringung und Bewältigung des Projektes vor dem Projektbeginn gerichtet ist, zielt die **Projektsteuerung** auf die Bewältigung des laufenden Projektes. Grundlage der Projektrealisation und der Projektsteuerung ist die Projektplanung. In der Realisationsphase werden die in der Planungsphase vorgegebenen Aktivitäten von den dafür vorgesehenen Aufgabenträgern in der vorgesehenen Art und Weise umgesetzt. Im Verlauf der Realisation konkretisieren die Instanzen die Vorgaben der Planung durch persönliche Weisungen. Diese Weisungen stellen bereits Steuerung dar. Sie sind wie die Planung auf die Realisation zukünftiger Handlungen gerichtet, stellen also **Vorwärtskoordination** dar. Je präziser und detaillierter die Planung ist, desto weniger sind derartige steuernde Eingriffe erforderlich.

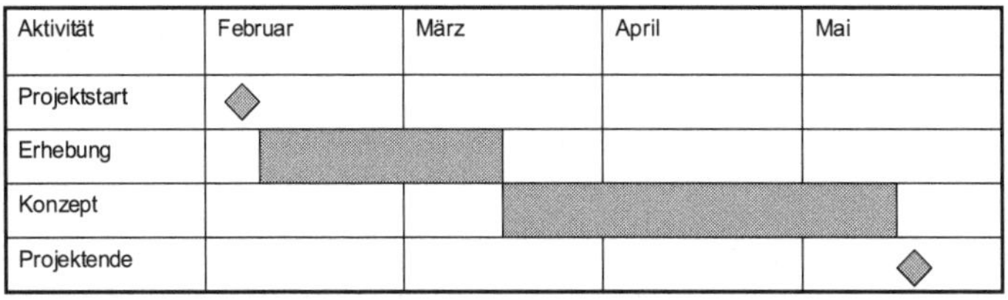

Aktivität	Februar	März	April	Mai
Projektstart	◆			
Erhebung				
Konzept				
Projektende				◆

Abbildung 86: Balkendiagramm (schematisch)

Die Projektsteuerung umfasst als weitere wesentliche Komponente die so genannte **Feedbackkoordination**: Die für das Projekt zuständigen Instanzen ermitteln im Rahmen des Projektverlaufes die realisierten Ist-Ergebnisse, vergleichen diese mit den Soll-Ergebnissen der Planung und reagieren bei relevanten Abweichungen mit Korrekturmaßnahmen in Form persönlicher Weisungen oder in Form von Plananpassungen. Gegenstände der Feedbackkoordination sind im Wesentlichen:

- die Einhaltung des finanziellen Budgets und zwar für einzelne Bearbeitungsschritte und insgesamt
- die Einhaltung der zeitlichen Vorgaben und zwar für einzelne Bearbeitungsschritte und insgesamt
- die Sicherung der Qualität der einzelnen Bearbeitungsschritte und der Projektergebnisse
- die Sicherung eines konsequenten und zielgerichteten Projektmarketing (vgl. hierzu 6.5).

Es ist offensichtlich, dass eine effektive Steuerung eine detaillierte und tragfähige Planung voraussetzt. Nur wenn die Planungskategorien auf die bei der Realisierung kleiner Bearbeitungsschritte zu realisierenden Ergebnisse in zeitlicher, kostenmäßiger und qualitativer Hinsicht abstellen, können durch Steuerung Abweichungen erkannt und gehandhabt werden.

Steuerung ist zwar auf die Erkennung und Handhabung von Abweichungen gerichtet, hat deshalb jedoch keinen reaktiven Charakter.

Vielmehr können bereits bei der Projektplanung folgende besondere Risikobereiche identifiziert werden:

- Risiken aufgrund von fachlichen bzw. persönlichen Schwächen des eingesetzten Personals
- Risiken aufgrund besonderer Schwierigkeit bzw. Komplexität einzelner Projektaufgaben
- Risiken aufgrund erwarteter Widerstände einzelner Personen oder Fachbereiche
- Risiken aufgrund besonders kritischer Terminsetzungen in der Ablaufplanung
- Risiken aufgrund besonders unsicherer Kostenschätzungen etc..

In der Realisationsphase ist diesen Risiken dadurch Rechnung zu tragen, dass die steuernden Aktivitäten in den identifizierten Risikobereichen besonders intensiv und zeitnah erfolgen. Im Einzelfall kann dies zu einer täglichen Analyse des Arbeitsfortschritts in zeitlicher, qualitativer und finanzieller Hinsicht führen.

6.5 Projektmarketing

Organisationsprojekte bringen für die Anwender zum Teil erhebliche Veränderungen mit sich. Zugleich können sie als Kritik an den bisher geübten Verfahrensweisen betrachtet werden. Widerstand der Anwender gegen Organisationsprojekte ist daher wahrscheinlicher als die Akzeptanz. Akzeptanz für ein Organisationsprojekt bzw. seine Ergebnisse muss darüber hinaus auch bei den Entscheidern hergestellt werden.

Aufgabe des **Projektmarketing** ist es, durch geeignete Marketingmaßnahmen diese Akzeptanz bei Anwendern und Entscheidern zu erzielen. Marketing umfasst dabei nicht nur das „Verkaufen" des Projektes durch geeignete Kommunikationsmaßnahmen sondern beginnt bereits mit der bedarfsgerechten Gestaltung des Projektes. Gundsätzlich sind hierzu die Schritte Wertbestimmung, Werterstellung und Wertvermittlung erforderlich.

Die **Wertbestimmung** hat dabei die Aufgabe, durch eine bedürfnisgerechte Gestaltung des Projektes einerseits die notwendige Akzeptanz bei den relevanten Entscheider- und Anwendergrup-

6.5 Projektmarketing

pen zu erzielen und andererseits sicherzustellen, dass die objektiv notwendigen organisatorischen Maßnahmen realisiert werden. Hierzu sind im Einzelnen folgende Schritte zu durchlaufen:

- Die Ermittlung der objektiven Bedürfnisse, im Sinne der zur Verbesserung der Zielerreichung notwendigen Maßnahmen.

- Die Ermittlung der Motive und der subjektiven Bedürfnisse von Anwendern und Entscheidungsträgern, also derjenigen Maßnahmen, die aus Sicht der Betroffenen wünschenswert wären. Diese Bedürfnisse stimmen nur zufällig mit den objektiven Bedürfnissen überein.

- Die bedürfnisgerechte Konzeption des Projektes in Angebots- oder Antragsform (Projektantrag). Dabei ist im Allgemeinen ein Kompromiss zwischen den objektiven Bedürfnissen und den unterschiedlichen Bedürfnissen der verschiedenen Anwender- und Entscheidergruppen zu finden. Dies ist bei stark divergierenden objektiven und subjektiven Bedürfnissen problematisch. Projekte, die in derartigen Konstellationen durchgeführt werden, haben im Zweifel nur geringe Aussichten auf Erfolg.

Die **Wertvermittlung** ist darauf abgestellt, in allen Phasen des Organisationsprojektes Akzeptanz für das Projekt zu erhalten, also das Projekt an Anwender und Entscheider zu „verkaufen". Die Wertvermittlung von Organisationsprojekten umfasst im Wesentlichen Maßnahmen der persönlichen und nicht persönlichen Kommunikation von der Beantragung bis zur erfolgreich abgeschlossenen Umsetzung des Projektes. Hier sind an vorderster Stelle zu nennen:

- Projektanträge und entsprechende Präsentationen bzw. Angebote und Angebotspräsentationen

- persönliche Gespräche der Organisatoren mit Entscheidern, Anwendern, sonstigen Interessengruppen

- Workshops in allen Phasen des Organisationsprozesses

- Projekt(zwischen)berichte und Präsentationen.

Formal gelten für derartige Kommunikationsmaßnahmen die hinlänglich bekannten Regeln für Gesprächsführung und Präsentationen, die hier nicht weiter behandelt werden sollen. Inhaltlich müssen diese Kommunikationsmaßnahmen stark auf die Motivations- und Bedürfnisstruktur der Beteiligten, aber auch auf die objektiven Unternehmensbedürfnisse abgestellt werden.

Im Vordergrund stehen damit folgende Inhalte:

- Was ist aus Sicht des Unternehmens notwendig?
- Welche Maßnahmen werden realisiert?

- Welche Verbesserungen werden dadurch für das Unternehmen erreicht?
- Welche positiven Konsequenzen werden dadurch für die Anwender erreicht?
- Welche Konsequenzen hat dies für die Arbeitssituation der Anwender?
- Welche Maßnahmen werden getroffen, um die organisatorischen Veränderungen ohne negative Konsequenzen für die Anwender zu realisieren bzw. um negative Konsequenzen abzumildern?
- Welche (gewünschten) Maßnahmen können nicht realisiert werden und warum?

Technische Details der Gestaltung und Umsetzung stehen bei wertvermittelnden Kommunikationsmaßnahmen im Hintergrund. Ehrlichkeit in der Kommunikation ist für die nachhaltige Erreichung von Akzeptanz unabdingbar.

Die **Werterstellung** beginnt unmittelbar nach Erteilung des Projektauftrages. Sie umfasst alle Phasen und Bearbeitungsschritte des Organisationsprozesses von der Planung bis zur erfolgreich abgeschlossenen Umsetzung. Im Gegensatz zu Produkten, die außerhalb der Sphäre des Kunden erstellt werden, sind Organisationsprojekte Dienstleistungen, die im unmittelbaren Kontakt mit den „Kunden" (also Anwendern, Entscheidern und sonstigen Interessengruppen) erstellt werden. Für die Akzeptanz der Dienstleistung Organisationsprojekt sind damit nicht nur die Qualität der Projektkonzeption und der Projektergebnisse entscheidend, sondern auch die vom „Kunden" subjektiv wahrgenommene Qualität des Prozesses, in dem diese Dienstleistung erstellt wird. Bei der subjektiven Beurteilung der Qualität eines Organisationsprojektes durch Entscheider und Anwender spielen vor allem folgende Merkmale eine Rolle:

- die subjektiv empfundene fachliche und persönliche Qualifikation der Organisatoren
- die empfundene Offenheit und Ehrlichkeit der Organisatoren
- die Reibungslosigkeit, mit der der Organisationsprozess abläuft
- das Ausmaß an Vorbereitung, das die Organisatoren in Interviews, Workshops und Präsentationen zeigen
- die Qualität der von den Organisatoren erarbeiteten Unterlagen (Angebote, Berichte, Präsentationsunterlagen, Schulungsunterlagen, Stellenbeschreibungen, Ablaufdiagramme, Organisationshandbücher) in inhaltlicher und formaler Hinsicht, insbesondere die Verständlichkeit derartiger Unterlagen

- die Qualität von Präsentationen und Schulungsmaßnahmen
- der Einsatz zeitgemäßer Instrumente, Techniken und Methoden.

Zusammenfassend ist festzuhalten, dass Projektmarketing von erheblicher Bedeutung für den Projekterfolg ist und nicht nur die bedürfnisgerechte Gestaltung der zu erbringenden Dienstleistung und ihren „Verkauf" umfasst, sondern sich auch auf den eigentlichen Leistungserstellungsprozess erstreckt.

Literatur zu Kapitel 6

Bleicher, K., Organisation, 2. Aufl., Wiesbaden 1991

Büchi, R., Chrobok, R., Organisations- und Planungstechniken im Unternehmen, 2. Aufl., Stuttgart 1997

Grün, O., Projektorganisation, in: Frese, E., Hrsg., Handwörterbuch der Organisation, 3. Aufl., Stuttgart 1992, Sp. 2102-2115

Krüger, W., Organisationsmethodik, in: Frese, E., Hrsg., Handwörterbuch der Organisation, 3. Aufl., Stuttgart 1992, Sp. 1572-1589

Schmidt, G., Methoden und Techniken der Organisation, 11. Aufl., Gießen 1997

7. Fallklausuren

7.1 Herkunft der Fallklausuren und verwendete Fallmethode

Die nachfolgenden Fallklausuren beruhen auf der langjährigen Tätigkeit des Autors als Organisator, bilden aber im Einzelnen kein konkretes Unternehmen oder Projekt detailgetreu ab. Soweit die Fallklausuren unternehmensbezogene Fakten, Zahlen und Gestaltungsmuster enthalten, wurden diese mit Rücksicht auf die Verschwiegenheitspflicht des Autors ohne Rückgriff auf konkrete Projektdaten frei formuliert. Ähnlichkeiten oder Parallelen zu den vom Autor durchgeführten Projekten oder zu bestehenden Unternehmen sind deshalb rein zufällig und vom Autor keinesfalls beabsichtigt. Auch ist es in keiner Weise beabsichtigt, Beispiele für gute oder schlechte Organisation oder Unternehmensführung zu geben.

Um sicherzustellen, dass die Fallklausuren durch Studierende in angemessener Zeit bearbeitet werden können, war es notwendig, die Komplexität der Fälle gegenüber der Realität deutlich zu verringern. Dabei wurde bewusst kein Wert auf exakte Wiedergabe branchentypischer Kennzahlen, Gepflogenheiten oder Gestaltungsmuster gelegt. Aus didaktischen Gründen wurden vielmehr nicht selten gewisse Zuspitzungen der Realität vorgenommen. Der Wert der Fallklausuren für die Examensvorbereitung oder die Gewinnung erster organisatorischer Erfahrungen wird dadurch nicht reduziert. Erfahrungen des Verfassers mit mehreren Studentengenerationen zeigen, dass die erfolgreiche Bewältigung der Fallklausuren trotz erheblich reduzierter Komplexität immer noch hohe Ansprüche an Leistungsfähigkeit und Leistungsbereitschaft der Studenten stellt.

Die nachfolgenden Fallklausuren folgen entweder der Case-Study-Method oder der Incident-Method. **Case-Studies** beschreiben mehr oder minder umfangreich konkrete Unternehmenssituationen und fordern von den Bearbeitern das Treffen und Begründen von Entscheidungen auf der Grundlage des vorgegebenen Datenmaterials.

Die von derartigen Fallklausuren simulierte Entscheidungssituation entspricht exakt der Situation, in der sich der Organisator nach Abschluss der Erhebung befindet: Die erhobenen Daten sind zu analysieren und alternative Gestaltungsvorschläge sind zu entwickeln und zu beurteilen. Diejenigen Fallklausuren, die

Fragen der Organisationsgestaltung zum Gegenstand haben, wurden deshalb als Case-Studies konzipiert.

Nach der **Incident-Method** aufgebaute Fälle beschreiben kurz und meist lückenhaft einen Vorfall und fordern von den Bearbeitern Vorschläge zum weiteren Vorgehen, insbesondere zur Beschaffung entscheidungsrelevanter Daten. Weitere Informationen zum Fall werden nicht gegeben.

Fälle, die nach der Incident-Method gestaltet sind, entsprechen präzise der Entscheidungssituation des Organisators zu Beginn eines Projektes: Probleme, Ziele oder potentielle Vorhaben sind meist mit geringer Präzision formuliert, der Informationsstand ist lückenhaft und der Organisator hat die Aufgabe, einen geeigneten Vorgehensplan, insbesondere zur Generierung der notwendigen Daten, zu entwickeln. Fallklausuren, die Fragen der Organisationsmethodik zum Gegenstand haben, wurden deshalb nach der Incident-Method aufgebaut.

7.2 Auswahl der Fälle

Dieses Buch enthält folgende Fallklausuren:

1. **Fallklausuren aus dem Bereich der Organisationsgestaltung**

- Fallklausur 1: Rahmenstruktur eines Chemiekonzerns
- Fallklausur 2: Aufbauorganisation eines mittelständischen Industrieunternehmens
- Fallklausur 3: Prozessoptimierung der Teilprozesse Wareneingang, Qualitätskontrolle, Rechnungsbearbeitung und Zahlungsdurchführung

2. **Fallklausuren aus dem Bereich der Organisationsmethodik**

- Fallklausur 4: Entwicklung eines Fragebogens zum Risikomanagement
- Fallklausur 5: Geschäftsprozessoptimierung
- Fallklausur 6: Bankorganisation
- Fallklausur 7: Reorganisation Neuwagenvertrieb
- Fallklausur 8: Unternehmensfusion

3. **Fallklausuren, die Kenntnisse aus beiden Bereichen erfordern**

- Fallklausur 9: Spartenorganisation
- Fallklausur 10: Konzernorganisation

7.2 Auswahl der Fälle

- Fallklausur 11: Erstellung eines Angebotes
- Fallklausur 12: Matrixorganisation.

Eine Sammlung von zwölf Fallklausuren kann die Realität der Organisationspraxis nicht annähernd wiedergeben. Um dennoch eine möglichst gute Vorbereitung auf die Gegebenheiten der Praxis, aber auch auf die "Eventualitäten" von Examensklausuren zu ermöglichen, wurde die Sammlung der Fallklausuren in diesem Buch bewusst breit angelegt. Dies betrifft zunächst den "Mix" der Themen, der Fragen der organisatorischen Gestaltung und der Organisationsmethodik umfasst und dabei sowohl aufbau- als auch ablauforganisatorische Fragestellungen beinhaltet. Neben Themen mit aktuellem Bezug wie "Unternehmensfusion", "Risikomanagement", "Reorganisation Neuwagenvertrieb" oder "Prozessoptimierung" finden sich auch klassische Themen wie "Rahmenstruktur eines Chemiekonzerns", "Spartenorganisation", "Konzernorganisation" oder "Matrixorganisation". Die Besonderheiten unterschiedlicher Unternehmensgrößen spiegeln sich in den Fallklausuren wieder. Mit der Fallklausur 4: "Entwicklung eines Fragebogens ....." wurde gezielt eine Aufgabe gestellt, mit denen Organisatoren nach Abschluss ihres Studiums häufiger konfrontiert werden.

Unabhängig vom Gebrauch zweier unterschiedlicher Fallmethoden (vgl. 7.1), die zwangsweise unterschiedliche Umfänge der Fallklausuren zur Folge haben, wurden der Umfang der Klausurentexte und die Strukturiertheit der Aufgaben bewusst variiert. Die Falltexte bestehen in extremen Fällen nur aus wenigen Zeilen. Hierdurch soll der Umgang mit den in der Praxis überwiegenden, wenig konkreten und schlecht strukturierten Organisationsaufgaben geübt werden, die den Einsatz der eigenen Vorstellungs- und Strukturierungskraft erfordern.

Die Fallklausuren unterscheiden sich darüber hinaus hinsichtlich der geforderten Bearbeitungsmethoden. Zum einen sind Sachverhalte unter eine übergeordnete Kategorie idealtypischer Gestaltungen, Vorgehensmuster oder Anwendungsvoraussetzungen zu subsumieren. Zum anderen sind, unter Rückgriff auf bekannte Gestaltungsmuster oder durch Einsatz der eigenen Kreativität, Lösungen für die dargestellte Situation zu entwickeln. Dabei enthält die Klausurensammlung Aufgaben, die weitgehend auf der Grundlage des vorhandenen theoretischen Wissens gelöst werden können, aber auch Aufgaben, deren Bewältigung ein gewisses kreatives Geschick erfordert.

Ein schwerwiegendes Problem bei jeglicher Klausurenbearbeitung ist die so genannte Stichwortfalle, bei der die Klausuraufgabe unzulässigerweise so fehl- oder uminterpretiert wird, dass die Klausur als Themaverfehlung zu werten ist. Insbesondere wird von Studierenden der Organisationslehre gerne der Fehler begangen, die Ausrichtung der Fallklausur auf den methodisch-technischen oder den gestalterischen Aspekt (oder eine Kombination beider Aspekte) nicht zu beachten. Dies führt beispielsweise in einer Klausur, in der die Entwicklung eines Vorgehensmodells für die Planung und Implementierung einer Spartenorganisation gefordert wird, dazu, dass alternative Gestaltungsmöglichkeiten der Spartenorganisation ausführlich dargestellt und beurteilt werden, die eigentliche Aufgabenstellung aber weitgehend oder sogar vollständig unbearbeitet bleibt.

Um den Studierenden dazu zu verhelfen, die Gefahr von Stichwortfallen besser zu erkennen und zu umgehen, wurden einige Fallklausuren bewusst so gestaltet, dass sie bei ähnlichen Ausgangssituationen und Aufgabenstellungen andere Schwerpunktsetzungen verlangen.

Der weitaus überwiegende Teil der Fallklausuren ist bereits von mehreren Studentengenerationen erprobt.

7.3 Hinweise zur Bearbeitung der Fallklausuren

Die Fallklausuren erfüllen eine **Doppelfunktion**. Sie sollen die Studierenden zunächst anleiten, ihr theoretisches Wissen auf einen praktischen Fall anzuwenden, um so den Umgang mit ihrem „Handwerkszeug" und konkreten praktischen Aufgabenstellungen zu erlernen. Sie dienen insoweit der Vorbereitung auf die künftige Berufspraxis als Organisator.

Daneben erfüllen die Fallklausuren den ebenso wichtigen Zweck der Vorbereitung auf das Examen. Sie dienen der Sicherung und Überprüfung des vorhandenen Wissens sowie der Vertiefung der Anwendungskenntnisse und bereiten gezielt auf die Bearbeitung von Examensklausuren vor, die über rein reproduzierende Aufgabenstellungen hinaus gehen.

Bei der Bearbeitung von Fallklausuren hat sich folgende **Vorgehensweise** bewährt:

- Zunächst muss (bei umfangreicheren Aufgabenstellungen) versucht werden, einen Überblick über die Fallklausur zu erlangen. Die Fragen zur Fallklausur werden identifiziert und gelesen, um die weitere Bearbeitung des Falles gezielt auf die Beantwortung der Fragen ausrichten zu können. Der Text wird anschließend "überflogen", um eine erste Orientierung zu erreichen.

- Der Text wird langsam und sinnerfassend durchgelesen. Wichtige Fragestellungen, Detailprobleme, Stichworte werden markiert. Längere Texte können aus Zeitgründen meist nur

7.3 Hinweise zur Bearbeitung der Fallklausuren

einmal durchgelesen werden, bei kurzen Texten ist ein zwei- bis dreimaliges Lesen sinnvoll.

- Die Aufgabenstellung wird herausgearbeitet. Präzises Lesen ist hier unumgänglich. Besonderes Augenmerk ist darauf zu legen, dass die Aufgabenstellung nicht unzulässigerweise auf einzelne, in der Fallklausur enthaltene Stichworte verengt wird (Stichwortfalle).

- Die Aufgabenstellung wird in Teilprobleme/Teilaufgaben gegliedert. Abhängigkeiten zwischen Teilaufgaben werden stichwortartig beschrieben.

- Die zur Themenbehandlung notwendigen theoretischen Aspekte werden stichpunktartig aufgelistet.

- Alternative Lösungsmöglichkeiten für die verschiedenen Teilaufgaben werden stichpunktartig aufgelistet und einer ersten groben Beurteilung unterzogen.

- Anhand der notierten Stichworte wird eine Gliederung erstellt. Bei Examensklausuren ist im Allgemeinen eine relativ grobe Gliederung (ca. vier Hauptgliederungspunkte, zwei Gliederungsebenen) ausreichend.

- Die Arbeit wird geschrieben. Dabei hat es sich als zweckmäßig erwiesen, dem "Hauptteil" der Arbeit ein Kapitel "Aufgabenstellung und Vorgehensweise" voranzustellen, das in kurzer Form das Problemverständnis und die relevanten Rahmenbedingungen aufzeigt und dem Leser einen Überblick über die beabsichtigte Bearbeitung der Fallklausur gibt.

Die nachfolgenden **Qualitätsmerkmale** und Beurteilungskriterien **für wissenschaftliche Arbeiten** sollten beachtet werden:

1. Themenbezug

Das Thema ist erfasst und durchdacht. Das Problem ist definiert und abgegrenzt und ggf. in einen größeren Zusammenhang gestellt.

2. Vollständigkeit und Ausgewogenheit

Alle notwendigen Elemente, Bearbeitungsschritte und Sachdefinitionen sind dargestellt. Das notwendige theoretische Wissen ist erkennbar vorhanden. Tiefe und Breite der Darstellung sind angemessen gewichtet. Argumentation und Problembehandlung weisen einen angemessenen Tiefgang auf, sind also nicht oberflächlich.

3. Logik und Objektivität

Die Gedankenführung ist logisch, in sich geschlossen, widerspruchsfrei, durchgängig und durch Dritte nachvollziehbar. Die einzelnen Elemente der Arbeit sind in einer sachlogischen Reihenfolge dargestellt. Alle Aussagen sind argumentativ gestützt. Sachverhalte und Alternativen unterliegen einem kritischen Umgang. Beurteilungen beruhen auf Abwägungen und Begründungen. Subjektive Wertungen oder Vorurteile sind in der Arbeit nicht enthalten.

4. Eigenständigkeit

Die Arbeit enthält eigenständige Gedanken, zieht Schlussfolgerungen, kombiniert verschiedene Wissenselemente und zeichnet sich durch kreative Anwendung der vorhandenen Kenntnisse aus.

5. Sprache

Die Sprache ist exakt, präzise und verständlich. Das fachspezifische Begriffsrepertoire wird verwendet.

6. Form

Die Arbeit ist angemessen tief gegliedert und durch geeignete Elemente (Absätze, Einrückungen etc.) strukturiert. Abbildungen werden in angemessenem Maß eingesetzt.

Je nach Aufgabenstellung werden diese Qualitätsanforderungen unterschiedlich gewichtet.

Den Fallklausuren sind folgende **Hinweise und Erläuterungen** vorangestellt, die den Bearbeiter unterstützen sollen:

- eine Kurzdarstellung der Fallklausur
- eine Kurzbeschreibung der mit der Fallklausur verfolgten Lernziele
- die wissensmäßigen Bearbeitungsvoraussetzungen und besondere Bearbeitungshinweise
- Hinweise auf Parallelen zu anderen Fallklausuren
- Textstellen- bzw. Literaturhinweise für die Aktualisierung des theoretischen Wissens vor Bearbeitung der Fallklausur.

Die Fallklausuren entsprechen mit Ausnahme der Fallklausur 9 "Spartenorganisation", die auf eine Klausurdauer von 180 Minuten ausgerichtet ist, einer **Klausurdauer von 90 Minuten**. Diese Zeitvorgaben sind jedoch nur realisierbar, wenn die Bearbeiter sicher über das relevante Wissen verfügen und mit der Bearbeitung derartiger Fallklausuren vertraut sind.

Wenn diese Voraussetzungen nicht gegeben sind, ist zur Realisierung qualitativ geeigneter Lösungen ein deutlich höherer Zeitbedarf anzusetzen. Einschließlich einer Auffrischung des vorhandenen theoretischen Wissens ist bei geringer Erfahrung in der Bearbeitung von Fallklausuren ein Zeitbedarf von mehreren Stunden nicht unrealistisch. Ein mehrmaliges Abarbeiten der Fallklausuren mit zunehmend intensiver Problembehandlung trägt nach Erfahrung des Autors sowohl zur Erweiterung des Problemverständnisses als auch zur Verbesserung des Umgangs mit Fallklausuren bei.

Die Lösungen zu den einzelnen Fallklausuren wurden bewusst als **Beispiellösungen** bezeichnet, um zum Ausdruck zu bringen, dass eine beste Lösung der dargelegten Aufgabenstellungen nicht existiert. Dies betrifft zum einen die Tatsache, dass in der Organisationspraxis stets verschiedene Möglichkeiten der organisatorischen und methodisch/technischen Gestaltung bestehen, deren Vor- und Nachteile à priori nicht gesichert beurteilt werden können.

Zum anderen können im Grundsatz gleiche Inhalte und Ergebnisse durchaus in unterschiedlicher Weise (also z.B. in unterschiedlicher Reihenfolge oder mit unterschiedlicher Schwerpunktbildung) dargestellt werden, ohne dass eine objektive Priorisierung der einen oder anderen Darstellungsform möglich ist. Die dargelegten Beispiellösungen können insofern nur als Anhaltspunkt zur Überprüfung der von den Bearbeitern jeweils erzielten Lösungsqualität dienen.

Die Beispiellösungen dienen jedoch nicht nur als Maßstab für die Beurteilung der von den Studierenden erarbeiteten Klausuren, sondern sie stellen vor allem einen Thesaurus organisatorischer Vorgehensweisen dar, der dem (angehenden) Organisator einen echten Lernfortschritt ermöglicht.

Fallklausur 1: Rahmenstruktur eines Chemiekonzerns

Einführung

1. Kurzdarstellung der Fallklausur

Die Fallklausur stammt aus dem Bereich der Organisationsgestaltung und ist dort der Aufbauorganisation zuzuordnen.

Für einen diversifizierten, global tätigen Chemiekonzern sind, vor dem Hintergrund der in relativ überschaubarer Form dargestellten Unternehmenssituation, alternative Möglichkeiten für die Gestaltung der organisatorischen Rahmenstruktur des Unternehmens zu entwickeln und zu beurteilen.

Die Klausur ist auf einen Transfer des Lernstoffes auf einen wenig komplexen Fall gerichtet.

2. Lernziele

- Erfassen von Rahmenbedingungen organisatorischer Gestaltung aus einem Falltext (Zielgewicht 10%)

- Entwickeln alternativer Gestaltungsmuster für die Wahl des obersten Spezialisierungskriteriums und des Leitungssystems in einem diversifizierten, global tätigen Unternehmen (Zielgewicht 40%)
- Entwickeln alternativer Gestaltungsmuster für die Koordination in dezentralisierten Organisationen (Zielgewicht 30%)
- Beurteilen der selbst entwickelten Gestaltungsalternativen vor dem Hintergrund der gegebenen Rahmendaten (Zielgewicht 20%).

3. Bearbeitungsvoraussetzungen

- Kenntnis der Gestaltungsmuster Funktionale Organisation, Matrixorganisation und Spartenorganisation, ihrer Vor- und Nachteile und Anwendungsvoraussetzungen
- Kenntnis der Gestaltungsmuster Internationaler Unternehmen
- Kenntnis der Einbindung von Funktionsbereichen in die Unternehmensorganisation.

4. Besondere Bearbeitungshinweise

Entscheiden Sie sich zunächst für eine der Gestaltungsalternativen Funktionale Organisation, Spartenorganisation oder Matrixorganisation und begründen Sie Ihre Entscheidung. Diskutieren Sie anschließend unterschiedliche Merkmale und Ausprägungen der von Ihnen gewählten Grundstruktur.

5. Parallelen zu anderen Fallklausuren

Die Aufgabenstellung der Fallklausur weist Ähnlichkeiten zu derjenigen der Fallklausur 2 "Aufbauorganisation eines mittelständischen Industrieunternehmens" auf. Sie unterscheidet sich jedoch von dieser durch die wenig komplexe Darstellung der Unternehmenssituation. Der Schwerpunkt der Aufgabenstellung liegt im Gegensatz zu Fallklausur 2 nicht in der Erfassung, Analyse und Interpretation einer komplexen Fallsituation, sondern auf der Entwicklung und Beurteilung alternativer Gestaltungsmöglichkeiten für das dominante Spezialisierungskriterium, das Leitungssystem und die Koordination.

6. Textstellen- und Literaturhinweise

Lesen Sie vor Bearbeitung der Fallklausur Kapitel 4.1.1 bis 4.1.3 dieses Buches.

Falltext

Ein weltweit tätiger Konzern ist in den Geschäftsfeldern Grundstoffchemie, Pharmazie, Gentechnologie, Agrochemie, Kosmetik und Herstellung von Grundstoffen für Halbleiter tätig. Das Um-

Fallklausur 1: Rahmenstruktur eines Chemiekonzerns

satzvolumen beträgt bei 80 000 Mitarbeitern weltweit umgerechnet 20 Milliarden €. Die einzelnen Felder sind teilweise stark, teilweise kaum diversifiziert und unterscheiden sich hinsichtlich des Ausmaßes an Produkt- und Prozessinnovation erheblich. Die Wettbewerbsstrukturen werden durch Fusionen und Geschäftsfeldbereinigungen häufig in kürzester Zeit radikal verändert. Insgesamt ist die Umwelt des Chemiekonzerns als komplex und dynamisch einzustufen.

Die Geschäftsfelder unterscheiden sich erheblich hinsichtlich der notwendigen Produktionsanlagen und, mit Ausnahme der Grundlagenforschung auch hinsichtlich des erforderlichen Know-Hows. Die Produktion erfolgt weltweit an dezentralen Standorten in Nähe der jeweiligen Absatzmärkte. Zwischen den Kunden der verschiedenen Geschäftsfelder bestehen nur geringe Überschneidungen, die Kundenanforderungen an Produkt-, Preis-, Kommunikations- und Distributionspolitik sind zwischen den Geschäftsfeldern sehr heterogen.

Die für das Unternehmen relevanten rechtlichen Rahmenbedingungen (Umweltrecht, Arzneimittelrecht, Lebensmittelrecht, Produkthaftungsrecht etc.) variieren weltweit. Die Marktbedingungen sind für die Geschäftsfelder Grundstoffchemie, Agrochemie, Halbleiter weltweit weitgehend homogen, in den übrigen Geschäftsfeldern dagegen etwas heterogener. In fast allen Geschäftsfeldern sind Kunden vorhanden, die im Rahmen einer Konzernstruktur selbst weltweit tätig sind und einer überregionalen Koordination bedürfen.

Diskutieren Sie alternative Möglichkeiten für die Gestaltung der organisatorischen Rahmenstruktur des Unternehmens. Gehen Sie dabei insbesondere auf die Fragen der Wahl des dominanten Spezialisierungskriteriums, der Sicherstellung bereichsübergreifender Koordinationserfordernisse und des zu wählenden Leitungssystems ein.

Beispiellösung

1. Aufgabenstellung

Für einen diversifizierten, global tätigen Chemiekonzern sind alternative Möglichkeiten für die Gestaltung der organisatorischen Rahmenstruktur des Unternehmens zu entwickeln und zu beurteilen. Dabei ist insbesondere auf die Wahl des dominanten Spezialisierungskriteriums, die Sicherstellung bereichsübergreifender Koordinationserfordernisse und das zu wählende Leitungssystem einzugehen.

2. Dominantes Spezialisierungskriterium

Das Unternehmen ist groß, stark diversifiziert und sieht sich komplexen und dynamischen Umwelten gegenüber. Damit sind die grundlegenden Anwendungsvoraussetzungen für eine Spartenorganisation gegeben. Die vorhandenen Produktionsanlagen sind wegen grundlegend unterschiedlicher Technologien eindeutig den Produktgruppen zuordenbar. Überschneidungen zwischen den Kunden der verschiedenen Produktbereiche bestehen nur in sehr geringem Umfang.

Die Sparten können im Grundsatz nach Produktgruppen, Kundengruppen oder Regionen gebildet werden. Aufgrund der geringen Überschneidungen zwischen den Kunden verschiedener Produktgruppen einerseits und der erheblichen Unterschiede zwischen der Fertigungstechnologie und dem produktgruppenspezifischen Know-How andererseits bietet sich zunächst eine Gliederung der Sparten nach Produktgruppen an. Diese sind mit Agrochemie, Grundstoffchemie etc. bereits vorgegeben.

Ein konkurrierendes Gliederungsmerkmal für die Spartenbildung ergibt sich allerdings aus einer gewissen Heterogenität einzelner Regionen hinsichtlich der rechtlichen Rahmenbedingungen und der Marktanforderungen. Damit resultieren zwei konkurrierende grundlegende Gestaltungsformen für die Rahmenstruktur des Chemiekonzerns. **Alternative 1** besteht in der Gliederung nach Produktgruppen als oberstem Gliederungskriterium und unterhalb der Produktgruppen in einer weiteren Untergliederung nach Regionen.

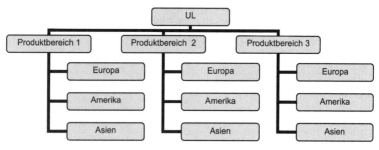

Abbildung 87: Alternative 1 – Produktbereiche als dominierendes Organisationskriterium

Alternative 2 ist dagegen eine Gliederung nach Regionen als oberstem Gliederungskriterium mit einer nachfolgenden Untergliederung der Regionen nach Produktgruppen.

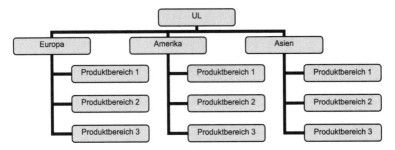

Abbildung 88: Alternative 2 – Regionen als dominierendes Organisationskriterium

3. Sicherstellung spartenübergreifender Koordinationserfordernisse

Spartenübergreifenden Koordinationserfordernissen könnte in **Alternative 1** dadurch Rechnung getragen werden, dass gleichrangig zu den Sparten eine zentrale Grundlagenforschung (ZA F&E) eingerichtet wird.

Betriebsgrößeneffekte und eine zentrale Koordination der Regionalbereiche der Sparten im Bereich Recht könnten durch eine den Sparten gleichrangige Zentralabteilung Recht mit regionaler Untergliederung erreicht werden.

Innerhalb der Sparten Agrochemie, Grundstoffchemie und Halbleiterherstellung wären zur Nutzung von Betriebsgrößeneffekten im Marketing und zur Sicherstellung eines weltweit einheitlichen Marketings Zentralabteilungen für das Marketing einzurichten. Zusätzlich wäre innerhalb der Sparten eine „Zentralabteilung" für die Koordination der regionsübergreifenden Kunden einer Sparte zu implementieren.

Eine weitere Zentralisierung von Funktionen (z.B. im Verwaltungsbereich) zur Erzielung von Betriebsgrößeneffekten ist grundsätzlich denkbar, im Rahmen der Aufgabenstellung und Angaben zur Unternehmenssituation hier aber nicht zu bearbeiten.

Die Zentralabteilungen würden mit funktionalen Weisungsbefugnissen gegenüber den Sparten bzw. den Regionen ausgestattet. Damit ergäbe sich das in Abbildung 89 ausschnittsweise dargestellte Organigramm.

In **Alternative 2** würde spartenübergreifenden Koordinationserfordernissen dadurch Rechnung getragen, dass unterhalb der Unternehmensleitung (gleichberechtigt zu den Regionen) Zentralabteilungen für Forschung und Entwicklung, Kundenmanagement und Marketing eingerichtet würden.

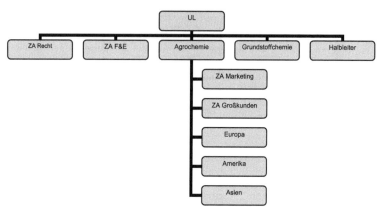

Abbildung 89: Alternative 1 – Produktbereiche mit Zentralabteilungen

Innerhalb der Regionen würden Zentralabteilungen für Recht etabliert. Damit ergäbe sich das in Abbildung 90 ausschnittweise dargestellte Organigramm.

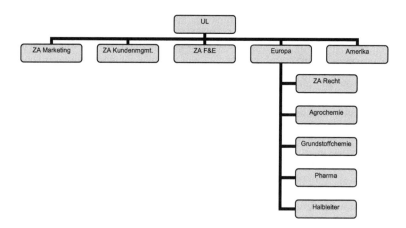

Abbildung 90: Alternative 2 - Gebietsdivisionen mit Zentralabteilungen

Insgesamt ist Alternative 2 weniger geeignet, die gewünschte Autonomie der Sparten zu erreichen, da sie einen größeren Umfang an Funktionen zentralisiert als Alternative 1. Zudem ist Alternative 2 durch ein höheres Konfliktpotential zwischen Sparten und Zentralbereichen gekennzeichnet als Alternative 1. Die Heterogenität der Produkte ist darüber hinaus stärker ausgeprägt als die der Regionen. Eine Spartenorganisation mit Produktbereichen als oberstem Gliederungskriterium ist deshalb die geeignete Gestaltung für den Chemiekonzern.

4. Leitungssystem

Das Leitungssystem ist in seiner Grundstruktur ein Einlinien- oder Stab-Linien-System, allerdings bestehen funktionale Weisungsbefugnisse der Zentralabteilungen (sofern sie nicht eine reine Servicefunktion ausüben) gegenüber den Produkt- und Regionalbereichen. Insoweit handelt es sich partiell um ein Mehrliniensystem.

Fallklausur 2: Aufbauorganisation eines mittelständischen Industrieunternehmens

Einführung

1. Kurzdarstellung der Fallklausur

Die Fallklausur stammt aus dem Bereich der Organisationsgestaltung und ist dort der Aufbauorganisation zuzuordnen. Für ein mittelständisches, diversifiziertes Unternehmen sind alternative aufbauorganisatorische Gestaltungsmöglichkeiten zu entwickeln und zu beurteilen.

Ein Schwerpunkt der Klausur besteht in der sinnentnehmenden Erfassung und gedanklichen Verdichtung des umfangreichen Datenmaterials zur internen und externen Situation des Unternehmens sowie seiner bisherigen Organisation. Der zweite Schwerpunkt der Klausur liegt auf der Anwendung des so gewonnenen Problemverständnisses für die Entwicklung und Beurteilung alternativer aufbauorganisatorischer Gestaltungen.

2. Lernziele

- Erfassen komplexer Rahmenbedingungen organisatorischer Gestaltung aus einem Falltext (Zielgewicht 25%)
- Entwickeln eines qualifizierten Problemverständnisses für die dargestellte Situation (Zielgewicht 25%)
- Entwickeln alternativer aufbauorganisatorischer Gestaltungsmöglichkeiten in einer komplexen Rahmensituation (Zielgewicht 30%)

- Beurteilen alternativer aufbauorganisatorischer Gestaltungsmöglichkeiten in einer komplexen Rahmensituation (Zielgewicht 20%).

3. **Bearbeitungsvoraussetzungen**

- Kenntnis der Gestaltungsmuster Funktionale Organisation, Matrixorganisation und Spartenorganisation, ihrer Vor- und Nachteile und Anwendungsvoraussetzungen
- Kenntnis der Einbindung von Funktionsbereichen in die Unternehmensorganisation.

4. **Besondere Bearbeitungshinweise**

Entwickeln Sie zunächst ein Verständnis für die internen und externen situativen Bedingungen des Unternehmens. Versuchen Sie insbesondere, sich über die Interdependenzen von Produktgruppen, Kundengruppen, Produktion und Vertriebswegen klar zu werden. Konkretisieren und beurteilen Sie anschließend die im Falltext vorgeschlagenen idealtypischen Gestaltungen für die hier vorliegende Situation.

5. **Parallelen zu anderen Fallklausuren**

Die Aufgabenstellung der Fallklausur weist Ähnlichkeiten zu derjenigen der Fallklausur 1 "Rahmenstruktur eines Chemiekonzerns" auf. Sie unterscheidet sich jedoch von dieser durch die vergleichsweise komplexe Darstellung der Unternehmenssituation. Der Schwerpunkt der Aufgabenstellung liegt im Vergleich zu Fallklausur 1 stärker auf der Erfassung, Analyse und Interpretation einer komplexen Fallsituation.

6. **Textstellen- und Literaturhinweise**

Lesen Sie vor Bearbeitung der Fallklausur Kapitel 4.1.1 und 4.1.2 dieses Buches.

Falltext

Ein Funktional gegliedertes Unternehmen ist durch folgende Situation gekennzeichnet:

1. **Produkte**

- Das Unternehmen stellt fünf Produktgruppen her und vertreibt diese.
- Die Produkte der Produktgruppe 1, 2, 3 und 4 sind Gebrauchsgüter.
- Die Produkte der Produktgruppe 5 gehen in den Fertigungsprozess von Industriekunden ein.

Fallklausur 2: Aufbauorganisation Industrieunternehmen

2. Kunden

- Produktgruppe 1, 2, 3 und 4 werden an private Endkunden und Endkunden in Wirtschaft und öffentlicher Hand (Großmengen) vertrieben.
- Produktgruppe 5 wird ausschließlich an Industriekunden vertrieben.

3. Produktion

- Die Produkte werden in zwei Werken produziert.
- Die Sach- und Personalkosten der Fertigung (ohne Materialkosten) betragen (Mio. €):

Werk 1			Werk 2			
Bereich 1	Bereich 2	Bereich 3	Bereich 1	Bereich 2	Bereich 3	Bereich 4
20	25	40	10	55	65	40

- Die Kapazitäten der beiden Werke werden wie folgt von den Produktgruppen in Anspruch genommen (Bereiche mit gleichen Ziffern verfügen über gleichartige Produktionstechnologie):

PG	Werk 1			Werk 2			
	Bereich1	Bereich2	Bereich3	Bereich1	Bereich2	Bereich3	Bereich4
1	2 000	4 000	3 000				
2	12 000	6 000	2 000	3 000			
3	8 000	4 000	6 000				
4				5 000	14 000	12 000	9 000
5				7 000	14 000	8 000	12 000
Summe	22 000	14 000	11 000	15 000	28 000	20 000	21 000
Kapazität	25 000	18 000	13 000	16 000	32 000	23 000	24 000
frei	3 000	4 000	2 000	1 000	4 000	3 000	3 000

4. Standardisierungsgrad und Erklärungsbedürftigkeit der Produkte

- Die Produkte der Produktgruppe 1, 2 und 3 sind in hohem Maße standardisiert und wenig erklärungsbedürftig.
- Die Produkte der Produktgruppe 4 sind, soweit sie an Endverbraucher abgesetzt werden, stark standardisiert und wenig

erklärungsbedürftig, soweit sie jedoch an Großabnehmer aus Wirtschaft und öffentlicher Hand abgesetzt werden, durch kundenspezifische Anforderungen und mittlere (anwendungsbezogene) Erklärungsbedürftigkeit gekennzeichnet.

- Produkte der Produktgruppe 5 werden ausschließlich kundenindividuell gefertigt und sind in höchstem Maße erklärungsbedürftig.

5. Absatzwege

Die Produkte werden über folgende Absatzwege abgesetzt:

- an private Endkunden über
  - Großhandel – Facheinzelhandel – Privatkunde
  - Einkaufsverbände – Facheinzelhandel – Privatkunde
  - Facheinzelhandel - Privatkunde
  - Kaufhaus/Warenhaus – Privatkunde
  - Großbetriebsformen des Handels (SB/CC) – Privatkunde
- an Kunden aus Wirtschaft und öffentlicher Hand über
  - Fachhandel - Kunde
  - direkt
- an Industriekunden (Produktgruppe 5) - direkt.

6. Vertriebsorganisation

- Für den Vertrieb ist ein Geschäftsführer zuständig.

- Der Vertrieb selbst ist nach Kundengruppen gegliedert und besteht aus folgenden Vertriebsbereichen:
  - Vertriebsbereich Facheinzelhandel (incl. Großhandel, Einkaufsverbände)
  - Vertriebsbereich Kaufhaus/Warenhaus
  - Vertriebsbereich SB/CC
  - Vertriebsbereich direkt (Produktgruppen 1, 2, 3 und 4)
  - Vertriebsbereich Industrie (Produktgruppe 5).

- Jeder Vertriebsbereich verfügt über einen eigenen Innendienst und Außendienst.

7. Vertriebsmitarbeiter

- Jeder Vertriebsbereich wird durch einen Vertriebsleiter geleitet.

- Die einzelnen Vertriebsbereiche haben folgende Mitarbeiterzahlen:
  - Facheinzelhandel: 35 Aussendienstmitarbeiter (ADM), 15 Innendienstmitarbeiter (IDM)
  - Kaufhaus/Warenhaus: 25 ADM, 10 IDM
  - SB/CC: 10 ADM, 5 IDM
  - direkt: 15 ADM, 5 IDM
  - Industrie: 10 ADM, 5 IDM.

8. **Umsatzerlöse**

Mio. €	Facheinzelhandel	Kaufhaus/Warenhaus	SB/CC	direkt	Industrie *
PG 1	40	90	25	90	(10)
PG 2	50	75	25	10	(5)
PG 3	20	60	10	10	(5)
PG 4	60	40	25	40	(10)
PG 5					200

*: Zahlen in Klammern sind der Umsatz des Vertriebsbereiches direkt mit Industriekunden.

9. **Ergebnisse aus Interviews mit Verkaufsmitarbeitern**

Interviews mit Verkaufsmitarbeitern haben zu folgenden, als valide eingeschätzten Aussagen geführt

- Die Teilnahme an Ausschreibungen im Bereich direkt führt zu Konflikten mit großen Facheinzelhandelskunden, die selbst an der Ausschreibung teilnehmen.
- Die Produktgruppe 5 wird im Hinblick auf die Neuproduktentwicklung benachteiligt, dadurch werden erhebliche Marktchancen nicht genutzt.
- Bei Engpässen in der Produktion kommt es häufig zu Machtkämpfen zwischen den Vertriebsbereichen – Sachfragen und Kundenbelange gehen dabei unter.
- Folgende Lösungsvorschläge werden unterbreitet:
  - Einführung einer Spartenorganisation
    - Produkte als Sparten
    - Kundengruppen als Sparten
  - Verbesserung der Koordination bei Beibehaltung der Funktionalen Organisation.

Skizzieren Sie, welche internen und externen Schwierigkeiten mit der bestehenden Organisation zu erwarten sind. Entwickeln Sie hierauf aufbauend alternative Gestaltungsvorschläge für die Organisation des Unternehmens, beurteilen Sie deren Eignung in der gegebenen Situation und geben Sie eine Empfehlung ab.

Beispiellösung

1. Ausgangssituation und Aufgabenstellung

In einem Funktional organisierten, diversifizierten mittelständischen Unternehmen treten offenbar Schwierigkeiten im Bereich Vertriebsorganisation auf. Daten zu Produktgruppen, Kundengruppen, Produktion und Absatz sowie Aussagen von Mitarbeitern zu bestehenden Mängeln im Vertriebsbereich sind gegeben.

Im Einzelnen ist das Unternehmen durch folgende interne und externe Zahlen und Fakten charakterisiert:

- Das Unternehmen produziert und vertreibt fünf Produktgruppen, mit unterschiedlichem Standardisierungsgrad und unterschiedlicher Erklärungsbedürftigkeit.

- Die Fertigung erfolgt in zwei Werken mit jeweils 3 bzw. 4 Bereichen, mit werksbezogenen Schwerpunkten auf bestimmten Produktgruppen.

- Der Vertrieb ist nach Kundengruppen organisiert. Es besteht eine Vielzahl von Absatzwegen, die zum Teil in Konkurrenz um die selben Kunden stehen.

- Jeder Vertriebsbereich vertreibt im Grundsatz jede Produktgruppe.

- Die Industriekunden werden von 2 Vertriebsbereichen bearbeitet.

- Es bestehen erhebliche Überschneidungen
  - der Produktgruppen in der Fertigung
  - der Produktgruppen im Hinblick auf die Kundengruppen.

- Folgende Schwachstellen wurden artikuliert:
  - eine Benachteiligung der Produktgruppe 5 bei der Neuproduktentwicklung
  - Verteilungskämpfe zwischen den Vertriebsbereichen bei Produktionsengpässen
  - Konkurrenz der Vertriebswege direkt und Facheinzelhandel bei Ausschreibungen von Industriekunden.

- Von den befragten Vertriebsmitarbeitern wurden die Einführung einer nach Produktgruppen oder Kundengruppen gegliederten Spartenorganisation oder die Beibehaltung der

Funktionalen Organisation mit verbesserter Koordination vorgeschlagen.

Aufgabe ist es, zu skizzieren, welche internen und externen Schwierigkeiten mit der bestehenden Organisation zu erwarten sind. Hierauf aufbauend sind alternative Gestaltungsvorschläge für die Organisation des Unternehmens zu entwickeln und zu beurteilen.

2. Beurteilung der bei der derzeitigen Organisation zu erwartenden Schwierigkeiten

In der derzeitigen Situation bestehen folgende Mängel und Risiken:

- das Risiko einer Beeinträchtigung des Kundenverhältnisses zu wichtigen Fachhandelskunden durch die gegebene Konkurrenzsituation mit dem Vertriebsbereich direkt

- eine mangelnde Nutzung von Marktchancen durch die interne Benachteiligung der Produktgruppe fünf

- ein im Hinblick auf die Qualifikation der Aussendienstmitarbeiter möglicherweise zu breites Sortiment im Vertriebsbereich direkt

- eine kostenintensive Marktbearbeitung mit fünf Vertriebsbereichen

- eine parallele Bearbeitung der Industriekunden durch die Vertriebsbereiche Industrie und direkt

- eine mangelnde Berücksichtigung der Kundenbelange bei Engpässen

- eine im Hinblick auf die anderen Vertriebsbereiche möglicherweise zu geringe Zahl an Aussendienstmitarbeitern im Vertriebsbereich Industrie (vgl. Tabelle).

Vertriebsbereich	FEH	KH/WH	SB/CC	direkt	Industrie
Umsatzerlöse/ADM (Mio. €)	5	11	9	10	20
Erklärungsbedarf	niedrig	niedrig	niedrig	niedrig/ mittel	hoch

Generell besteht bei der bestehenden Organisationsform in der vorliegenden Situation die Gefahr einer Verminderung von Flexibilität, Innovationsfähigkeit, Markt- und Kundenorientierung sowie ein erhebliches Ausmaß an Reibungsverlusten.

3. Alternative Gestaltungsmöglichkeiten und deren Bewertung

3.1. Spartenorganisation mit Produktgruppen als Sparten

Ausgehend von dem Datenmaterial bieten sich zwei Gestaltungen an.

Bei Gestaltungsmöglichkeit **A** wird jede der bestehenden Produktgruppen eine eigene Sparte. Der Absatz wird zwingend den Sparten zugeordnet. Wegen der bestehenden Überschneidungen in der Fertigung muss die Produktion entweder zentral bleiben oder die Ressourcen müssen auf die Sparten aufgeteilt werden. Die letztere Gestaltungsvariante hat den Vorteil, dass die Konkurrenz der Sparten um Produktionskapazität entfällt, sie wird jedoch mit einer weniger effizienten Ressourcennutzung erkauft.

Im Hinblick auf die bestehende Konkurrenz um knappe Kapazitäten der F&E bietet es sich an, auch die F&E aufzuteilen und den Sparten zuzuordnen. Notwendigkeiten zur Dezentralisierung der Beschaffung und der Verwaltung sind aus den Angaben nicht zu entnehmen.

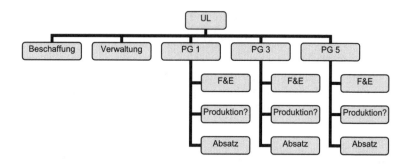

Abbildung 91: Alternative A mit fünf Produktdivisionen und ungeklärter Zuordnung der Produktion (Ausschnitt)

Unter der Annahme, dass die Produktion zentral bleibt, ist die Wirkung der Reorganisation gering. Die Schwachstellen mit Ausnahme der Ressourcenkonkurrenz um die Forschung und Entwicklung bleiben im Wesentlichen bestehen. Durch die Spartenorganisation nach Produktgruppen entstehen jedoch redundante Vertriebe. Damit wird jeder Kunde von bis zu fünf Vertriebsorganisationen bearbeitet, es entstehen erhöhte Kosten für Reisen und Kundenbearbeitung und ein deutlich erhöhter Administrationsaufwand (z.b. durch Verfünffachung der Rechnungen pro Kunde, wenn die Rechnungsstellung durch jede Sparte erfolgt). Zugleich erhöht sich auch für den Kunden der Aufwand in Einkauf und Rechnungsbearbeitung. Zudem entsteht das Risiko unabgestimmten Verhaltens gegenüber dem Kunden.

In Gestaltungsmöglichkeit **B** werden nur zwei Sparten, bestehend aus den Produktgruppen eins bis drei einerseits und vier und fünf andererseits, gebildet. Der Absatz wird den Sparten zugeordnet. Die Aufteilung der Produktionskapazitäten ist aufgrund der gegebenen Produktzuordnung zu den Werken unproblematisch möglich. Die Forschung und Entwicklung wird wie in Gestaltungsmöglichkeit A dezentralisiert, Beschaffung und Verwaltung bleiben zentral.

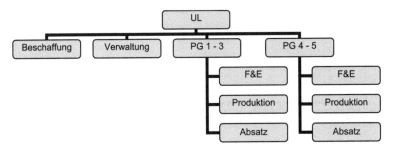

Abbildung 92: Alternative B mit zwei Produktdivisionen und dezentralisierter Produktion

3.2. Spartenorganisation mit Kundengruppen als Sparten

Auch hier bieten sich wieder zwei Gestaltungen an. In Gestaltungsmöglichkeit **C** werden die fünf Kundengruppen zu Sparten. Der Absatzbereich wird den Sparten zugeordnet. Wegen der erheblichen Überschneidungen in der Produktion und der F&E (jede Sparte vertreibt im Grundsatz jedes Produkt) ist eine Dezentralisierung dieser Funktionen kaum vorstellbar. Notwendigkeiten für eine Dezentralisierung von Beschaffung und Verwaltung sind aus der Angabe nicht zu entnehmen.

In dieser Gestaltung wird die bisherige Gliederung des Absatzbereiches zur Gliederung der Sparten. Es ergibt sich keine Veränderung gegenüber dem Status Quo. Wesentliche Verbesserungen sind durch diese organisatorische Gestaltung nicht zu erwarten. Durch aufkommende Spartenegoismen besteht im Gegenteil noch die Gefahr einer Verstärkung der bestehenden Probleme.

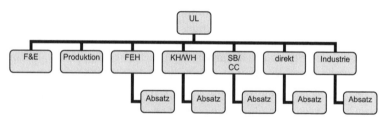

Abbildung 93: Alternative C mit fünf Kundendivisionen und zentralisierter F&E und Produktion

In Gestaltungsmöglichkeit **D** werden aus den Kundengruppen Facheinzelhandel, Kaufhaus/Warenhaus und SB/CC einerseits und Industrie andererseits zwei Sparten gebildet. Absatz und F&E werden den Sparten zugeordnet. Die Überschneidungen in der Produktion können nicht durch Verlagerung der Produktion von Werk 2 auf Werk 1 beseitigt werden. Eine Dezentralisierung der Produktion ist deshalb kaum vorstellbar.

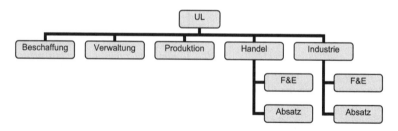

Abbildung 94: Alternative D mit zwei Kundendivisionen und zentraler Produktion

Bei weiterhin zentraler Produktion ergibt sich keine wesentliche Verbesserung des Status Quo. Allenfalls ergibt sich durch die Zusammenlegung der bisherigen Vertriebsbereiche direkt und Industrie eine gewisse Verbesserung in der Marktbearbeitung dieser Kunden sowie eine Stärkung der internen Machtposition.

3.3. Verbesserung der Koordination

In der Gestaltungsalternative **E** wird die Funktionale Organisation beibehalten. Für die Neuproduktentwicklung, die Ressourcenzuordnung bei Engpässen sowie die Abstimmung des Angebotsverhaltens zwischen konkurrierenden Vertriebsbereichen werden Koordinationsorgane in Form von Ausschüssen oder Stäben eingerichtet.

Zusätzlich wird der Einsatz der technokratischen Koordinationsinstrumente (Pläne) intensiviert. Durch die Bereitstellung von Kapazitätspuffern in Produktion und F&E können Ressourcenkonflikte verringert werden. Sofern dies im Hinblick auf die Heterogenität der Kundenanforderungen möglich ist, sollten die Vertriebsbereiche Facheinzelhandel und Kaufhaus/Warenhaus sowie SB/CC einerseits sowie direkt und Industrie andererseits zusammengelegt werden. Hierdurch wäre eine Verminderung der Vertriebsaufwendungen und eine Verringerung der internen Komplexität möglich.

Die Gestaltungsalternative E bietet eine Chance zur Beseitigung der bestehenden Schwachstellen, ohne dass eine Aufteilung der Ressourcen und eine stets mit Reibungsverlusten verbundene, grundlegende Reorganisation notwendig ist.

4. Auswahlempfehlung

Es wird empfohlen, die Funktionale Organisation beizubehalten und die Koordination zu verbessern.

Fallklausur 3: Prozessoptimierung der Teilprozesse Wareneingang, Qualitätskontrolle, Rechnungsbearbeitung und Zahlungsdurchführung

Einführung

1. Kurzdarstellung der Fallklausur

Die Fallklausur stammt aus dem Bereich der Organisationsgestaltung und ist dort der Ablauforganisation zuzuordnen. Für ein mittelständisches Unternehmen sind, auf der Grundlage einer umfangreicheren Datensammlung, bestehende Prozesse zu analysieren und zu beurteilen. Hierauf aufbauend sind erste, grob spezifizierte Maßnahmen zur Verbesserung der Prozesse im Hinblick auf Durchlaufzeit und Kosten zu entwickeln.

Ein Schwerpunkt der Klausur besteht in der sinnentnehmenden Erfassung und Analyse umfangreichen Datenmaterials. Dies beinhaltet zum einen eine Beurteilung der gegebenen Gestaltung der Prozesse vor dem Hintergrund zeitgemäßer Anforderungen an die Prozessgestaltung, der Kenntnis typischer Schwachstellen von Prozessen und der Kenntnis möglicher Gestaltungsmuster von Prozessen. Zum anderen sind gegebene Daten wie Durchlaufzeiten, Kapazitätsbedarfe und -auslastungen einer Beurteilung zu unterziehen. Hierbei kann teilweise auf Kenntnisse bestimmter Techniken (wie z.B. der Punkt-Intervall-Methode) zurückgegriffen werden, die Hinweise für die Analyse des mit ihnen erhobenen Datenmaterials geben, es ist jedoch auch der gesunde Menschenverstand gefordert.

7. Fallklausuren

Der zweite Schwerpunkt der Klausur liegt in der Entwicklung alternativer Prozessgestaltungen, die zeitgemäßen Anforderungen entsprechen und die geeignet sind, die festgestellten Schwachstellen zu beseitigen. Hierbei kann auf bekannte Gestaltungsmuster (Strukturthesaurus) zurückgegriffen werden oder es können auf kreativem Wege (gestützt durch die zu beseitigenden Mängel) eigenständige Gestaltungen entwickelt werden.

2. Lernziele

- Sinnentnehmendes Erfassen der Situationsfaktoren, der Prozessgestaltung und der Prozessergebnisse aus einem Falltext (Zielgewicht 20%)

- Freies oder auf bekannten Strukturmustern basierendes Beurteilen von Prozessen und Prozessergebnissen (Zielgewicht 40%)

- Entwickeln geeigneter Lösungsvorschläge für die Reorganisation von Prozessen auf kreativem Wege oder unter Rückgriff auf bekannte Gestaltungsmuster und -regeln (Zielgewicht 40%).

3. Bearbeitungsvoraussetzungen

- Kenntnis der Prinzipien zeitgemäßer ablauforganisatorischer Gestaltung
- Kenntnis der Punkt-Intervall-Methode.

4. Besondere Bearbeitungshinweise

---

5. Parallelen zu anderen Fallklausuren

Die Fallklausur befasst sich wie Fallklausur 5 "Geschäftsprozessoptimierung" mit der Gestaltung von Prozessen. Die vorliegende Fallklausur ist schwerpunktmäßig auf die Beurteilung von Prozessen auf der Grundlage umfangreichen Datenmaterials und die hierauf aufbauende Entwicklung eigenständiger Gestaltungsvorschläge zur Verbesserung der Prozesse abgestellt. Schwerpunkt von Fallklausur 5 ist dagegen die Konzipierung geeigneter Vorgehensmodelle zur Optimierung von Prozessen.

6. Textstellen- und Literaturhinweise

Lesen Sie vor Bearbeitung der Fallklausur Kapitel 4.3 und 4.4 dieses Buches.

Falltext

Sie sind Organisator in einem mittelgroßen Industrieunternehmen und damit beauftragt, die Teilprozesse Wareneingang, Qualitätskontrolle, Rechnungsbearbeitung und Zahlungsdurchführung zu reorganisieren. Ziel der Reorganisation ist die Senkung der Prozesskosten und die Verkürzung der Durchlaufzeiten. Hintergrund der beabsichtigten Senkung der Durchlaufzeit für den Rechnungsdurchlauf sind Beschwerden wichtiger, großer Lieferanten, die die bisherige Praxis, den Skontoabzug auch bei Zahlung nach Ablauf der Skontofrist noch vorzunehmen, nicht mehr akzeptieren wollen.

Nach Ihren Erhebungen mit Hilfe eines Laufzettels gestalten sich die relevanten Prozesse wie folgt:

- Bei der Wareneingangskontrolle wird die Übereinstimmung von Bestellung, Lieferschein und Lieferung in quantitativer und qualitativer Hinsicht geprüft und der Zugang zum Wareneingangsbestand gebucht. Mengenunterschreitungen werden gegenüber dem Lieferanten unverzüglich gerügt und der Lieferant wird zur Nachlieferung aufgefordert. Falschlieferungen, offensichtlich beschädigte Ware und Mengenüberschreitungen von mehr als 10% werden gerügt und an den Lieferanten zurückgesandt.

- Die mit Prüfzeichen versehenen Lieferscheine werden mit den Bestellkopien an den Einkauf weitergeleitet.

- In der Qualitätskontrolle wird die Qualität des Materials mit geeigneten Verfahren überprüft. Qualitätsmängel werden gegenüber dem Lieferanten gerügt, nicht brauchbares Material wird an den Lieferanten zurückgesandt.

- Bei positivem Ergebnis der Qualitätskontrolle wird der Zugang zum Lagerbestand gebucht.

- Die eingehenden Lieferantenrechnungen werden an die Rechnungsprüfstelle weitergeleitet. Dort wird anhand Bestellungen, Lieferscheinen und Protokollen der Qualitätskontrolle überprüft, ob die Rechnungen hinsichtlich Art, Menge und Preisen mit Bestellung und Lieferung übereinstimmen und ob Qualitätsmängel zu einer Verringerung des Rechnungsbetrages führen (sachliche Rechnungsprüfung). Die Lieferantenrechnungen werden anschließend mittels Taschenrechner nachgerechnet (rechnerische Rechnungsprüfung). Sachliche und rechnerische Rechnungsprüfung werden jeweils von hierauf spezialisierten Mitarbeitern durchgeführt.

- Sachliche und rechnerische Rechnungsprüfung werden mit Prüfstempel, Datum und Namenszeichen auf dem Rechnungsbeleg vermerkt.

- Die geprüften Rechnungen werden anschließend durch den Einkaufsleiter zur Zahlung freigegeben ("angewiesen"). Die Zahlungsfreigabe wird mit Anweisungsstempel, Datum und Namenszeichen auf den Rechnungsbelegen vermerkt.

- Die sachlich und rechnerisch geprüften sowie angewiesenen Rechnungsbelege werden in die Kreditorenbuchhaltung verbracht und dort mit Angabe der Fälligkeiten erfasst. Die Fälligkeiten sollen dabei so gesetzt werden, dass Skontoabzug möglich ist.

- Einmal pro Woche wird EDV-gestützt eine Zahlungsvorschlagsliste erstellt, in der die fälligen Zahlungen aufgelistet sind. Die Zahlungsvorschlagsliste wird durch den Abteilungsleiter Finanz- und Rechnungswesen einer groben Plausibilitätskontrolle unterzogen und freigegeben. Die Freigabe wird mit Datum und Namenszeichen vermerkt.

- Für die freigegebenen Zahlungen werden EDV-gestützt Schecks erstellt.

- Die Schecks werden von zwei Bankbevollmächtigten unterzeichnet und anschließend durch das Sekretariat des Leiters Finanz- und Rechnungswesen an die Lieferanten gesandt.

Für den Rechnungsdurchlauf liegen Ihnen folgende kumulierte Durchlaufzeiten vor, die mit Hilfe der Punkt-Intervall-Methode ermittelt wurden:

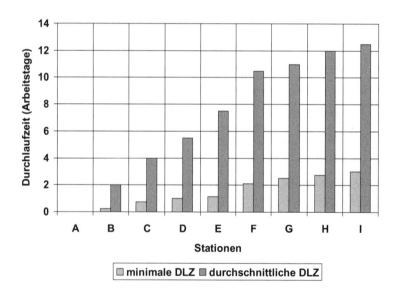

Abbildung 95: Minimale und durchschnittliche Durchlaufzeit bei der Rechnungsbearbeitung

Die Zeiten wurden jeweils nach abgeschlossener Bearbeitung an der jeweiligen Bearbeitungsstation erfasst.

Die Bearbeitungsstationen sind wie folgt definiert:

A: Rechnungseingang

B: sachliche Rechnungsprüfung

C: rechnerische Rechnungsprüfung

D: Anweisung der Rechnung

E: Rechnungserfassung

F: Zahlungsvorschlagsliste

G: Freigabe der Zahlungsvorschlagsliste

H: Unterschreiben der Schecks

I: Versand der Schecks.

Eine Kumulation der an den einzelnen Stationen jeweils maximalen Durchlaufzeiten führt zur nachfolgend abgebildeten (fiktiven) mm-Durchlaufzeit (DLZ mm). Zusätzlich ist in der Grafik die Durchlaufzeit dargestellt, die von 95% der Belege unterschritten oder erreicht wird.

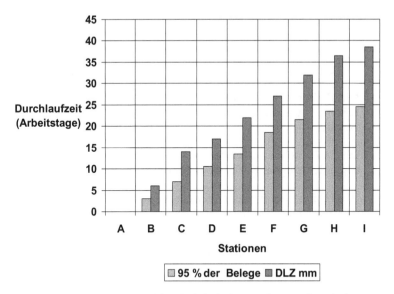

Abbildung 96: MM-Durchlaufzeit bei der Rechnungsbearbeitung

Daneben haben Sie in einer schriftlichen Befragung die nachfolgend dargestelllten Daten zu Wareneingang, Qualitätskontrolle und Rechnungsdurchlauf erhoben:

Vorgang	Anzahl Vorgänge pro Monat	Anzahl Vorgänge pro Tag (maximal)	Zeitbedarf pro Vorgang	Zeitbedarf pro Monat (Mannkapazitäten)	Kapazität (Mannkapazitäten)	Kapazitätsauslastung (%)
Wareneingang (Bestellpos.)	6 000	500	15 min	9,4	16,0	59
Qualitätskontr. (Bestellpos.)	6 000	500	10 min	6,3	8,0	78
sachl. Rechnungsprüfg (Rechnungen)	3 000	300	3 min	0,95	1,0	95
rechn. Rechnungsprüfg. (Rechnungen)	3 000	300	3 min	0,95	1,0	95
Zahlungsfreigabe (Rechnungen)	3 000	300	0,5 min	0,2	n.a.	n.a.
Rechnungserfassung (Rechnungen)	3 000	300	3 min	0,95	1,0	95

Zum Arbeitsbereich Wareneingang verfügen Sie über Benchmarks aus einem Arbeitskreis Wareneingang, in dem Sie Mitglied sind. Der Bestwert für Wareneingänge vergleichbarer Struktur liegt dabei bei 5 Minuten je Wareneingang. Sie lassen daraufhin die Prozessstruktur des Wareneingangs in Ihrem Haus erheben. Dabei ergibt sich folgender Ablauf:

- Nach Anmeldung der Lieferanten-LKW an der Pforte erfolgt die Anfahrt der LKW an der Laderampe.

- Mitarbeiter des Wareneingangsbereichs nehmen den Lieferschein entgegen und suchen die dazugehörige Bestellung heraus.

- In der Zwischenzeit wird das Material vollständig durch Personal des Lieferanten bzw. Spediteurs entladen.

- Mitarbeiter des Wareneingangs prüfen die Übereinstimmung von Bestellung, Lieferschein und Lieferung in quantitativer und qualitativer Hinsicht.

- Mengenunterschreitungen werden auf dem Lieferschein vermerkt.

- Falschlieferungen, offensichtlich beschädigte Ware und Mengenüberschreitungen von mehr als 10% werden nicht akzeptiert. Derartiges Material wird durch Personal des Lieferanten oder Spediteurs unmittelbar nach Feststellung des Mangels wieder in den Liefer-LKW verbracht. Die Rücksendung wird auf dem Lieferschein vermerkt.

- Die geprüfte Ware wird durch Mitarbeiter des Wareneingangs aus dem Rampenbereich auf die Bereitstellflächen für die Qualitätskontrolle verbracht.

- Der Zugang zum Wareneingangsbestand wird durch Mitarbeiter des Wareneingangsbereichs gebucht.

- Die mit Korrekturen und Prüfzeichen versehenen Lieferscheine werden mit den Bestellkopien an den Einkauf weitergeleitet.

- Unterlieferungen, Fehllieferungen sowie beschädigte Ware werden durch den Einkauf zeitnah gegenüber dem Lieferanten gerügt und der Lieferant wird zur Nachlieferung aufgefordert.

Zu den Rahmenbedingungen und Ergebnissen der Qualitätskontrolle liegen Ihnen folgende Daten vor:

Material-gruppe	Bestellpos. pro Monat	Anteil Bestellwert (%)	Anteil Lieferungen mit Qualitätsmängeln (%)	Anteil nach DIN / ISO 9000 ff zertifizierter Lieferanten (%)	Anteil an den Kosten der Qualitätskontrolle (%)
A	1 200	17,0	3,050	85	20
B	500	13,0	0,010	95	5
C	300	5,0	0,005	98	5
D	1 500	32,0	0,001	100	25
E	1 300	18,0	0,001	100	25
F	1 200	15,0	0,001	100	20

Die in den Materialgruppen D und E festgestellten Qualitätsmängel sind geringfügige Maßabweichungen, die keinen negativen Einfluss auf den Fertigungsprozess und die Erzeugnisqualität haben.

Arbeiten Sie auf der Grundlage der vorliegenden Daten potentielle Schwachstellen heraus und entwickeln Sie erste Vorschläge zur Verbesserung des Prozesses im Hinblick auf Durchlaufzeiten und Kosten (Ihre Vorschläge werden in weiteren Untersuchungen, die nicht Gegenstand dieser Fallklausur sind, auf Machbarkeit geprüft und konkretisiert). Begründen Sie Ihre Analysen und Gestaltungsvorschläge.

Beispiellösung

1. Ausgangssituation und Aufgabenstellung

Ein mittelgroßes Industrieunternehmen möchte die Teilprozesse Wareneingang, Qualitätskontrolle und Rechnungsbearbeitung bis hin zur Bezahlung der Lieferantenrechnung reorganisieren lassen.

In den bisherigen Arbeiten wurde folgendes Datenmaterial erhoben:

- grobe Darstellung des Gesamtprozesses vom Wareneingang bis zur Bezahlung der Lieferantenrechnung
- Durchlaufzeiten vom Eingang der Rechnung bis zur Bezahlung
- Vorgangshäufigkeiten, Zeitbedarfe und Kapazitätsauslastungen für die Teilprozesse Wareneingang, Qualitätskontrolle, Rechnungsprüfung und -anweisung, Rechnungserfassung und Zahlungsdurchführung
- Rahmenbedingungen und Ergebnisse der Qualitätskontrolle
- detaillierte Darstellung des Prozesses Wareneingangskontrolle.

Aufgabe ist es, auf der Grundlage dieser Daten Schwachstellen im bestehenden Prozess herauszuarbeiten und erste Lösungsvorschläge für die Reorganisation des Prozesses zu entwickeln. Senkung der Prozesskosten und Verkürzung der Durchlaufzeiten sind die dabei zu verfolgenden Ziele. Die zu entwickelnden Lösungsvorschläge müssen noch nicht konkretisiert und auf ihre Realisierbarkeit überprüft sein.

2. Schwachstellen

Übergreifend sind stark belegbundene Abläufe und nur geringe EDV-Unterstützung des Prozesses gegeben. Anhand des vorliegenden Datenmaterials lassen sich folgende weitere Schwachstellen feststellen:

- Die Durchlaufzeiten im Rechnungsdurchlauf sind zu lang und die Rechnungsbearbeitung ist nicht effizient.
- Die Qualitätskontrolle ist nicht effizient.
- Die Wareneingangskontrolle ist nicht effizient.

2.1 Rechnungsdurchlauf

- Die Durchlaufzeit im Bereich des Rechnungsdurchlaufs ist zu hoch
    - die durchschnittliche Durchlaufzeit liegt bei ca. 12 Tagen

- die Durchlaufzeit, die 95% der Rechnungen unterschreiten oder erreichen, liegt bei 25 Tagen
- die DLZ mm, die sich aus Kombination der schlechtesten Durchlaufzeiten an allen Bearbeitungsstationen ergibt, liegt bei rund 40 Tagen.

- Die Anstiege der durchschnittlichen Durchlaufzeit lassen sich nicht durch den Zeitbedarf für die Bearbeitung der Vorgänge erklären. Ursächlich für die Anstiege der Durchlaufzeiten sind vielmehr:
  - die Entstehung von Warteschlangen in der sachlichen und rechnerischen Rechnungsprüfung und der Rechnungserfassung bei Anfall überdurchschnittlich vieler Rechnungen
  - die starke Zerlegung des Arbeitsablaufs und die zwischen den vielen Bearbeitungsstationen entstehenden Transport- und Liegezeiten
  - Liegezeiten bei den Unterschriftsberechtigten z.B. aufgrund von Abwesenheit oder Aufgaben mit höherer Priorität
  - die nur wöchentliche Durchführung des Zahlungslaufs.

- Der Rechnungsdurchlauf ist aus folgenden Gründen nicht effizient:
  - die sachliche Rechnungsprüfung stellt i.w. einen reinen Abgleich von Bestell- und Lieferscheindaten dar, der bei vorheriger Erfassung von Rechnung und Lieferscheindaten automatisch durchgeführt werden kann und lediglich bei Abweichungen sowie bei festgestellten Qualitätsmängeln einen manuellen Eingriff erfordert
  - die rechnerische Rechnungsprüfung ist eine vollständig automatisierbare Tätigkeit
  - die Zahlungsanweisung auf dem Rechnungsbeleg ist gegenüber einer EDV-gestützten Zahlungsanweisung nicht effizient
  - die Erstellung und Unterzeichnung von Schecks ist im Vergleich zu zeitgemäßen Mitteln des elektronischen Zahlungsverkehrs, aber selbst im Vergleich zu Überweisungen mittels Datenträger nicht effizient.

2.2 Qualitätskontrolle

Sämtliche eingehenden Waren werden einer Qualitätskontrolle unterzogen, und zwar unabhängig von der Qualitätszertifizierung der Lieferanten sowie von den laufend erzielten Ergebnissen der Qualitätskontrolle und der Bedeutung festgestellter Qualitätsmängel für den Fertigungsprozess und die Produktqualität. Aufgrund der nur geringen Beanstandungen in den Materialgruppen D und E, die zudem ohne Auswirkungen auf Fertigungsprozess und Produktqualität sind, kann die Qualitätskontrolle für die Lieferungen dieser Materialgruppe vollständig entfallen.

2.3 Wareneingang

Der Wareneingang ist in folgender Hinsicht nicht effizient:

- der beleggebundene Abgleich von Bestellung und Lieferschein führt gegenüber einem elektronischen Abgleich zu unnötigem Transport von Belegen, unnötigen Sucharbeiten und Fehlerquellen

- durch starke Schwankungen in der täglichen Belieferung kommt es zu hohen Kapazitätsbedarfen zur Bewältigung der Spitzenbelastungen und geringer durchschnittlicher Kapazitätsauslastung

- das vollständige Entladen der Lieferfahrzeuge vor Durchführung der Wareneingangskontrolle führt bei Fehllieferungen und offensichtlich beschädigten Lieferungen dazu, dass der Wareneingang zumindest partiell blockiert wird und dass Leerkosten entstehen

- das Abstellen der Ware im Rampenbereich mit nachfolgendem Transport auf die Bereitstellflächen für die Qualitätskontrolle führt zu unnötigen Handlingkosten.

3. Maßnahmenvorschläge

3.1 Rechnungsbearbeitung

Es wird vorgeschlagen, den Prozess der Rechnungsbearbeitung wie folgt zu reorganisieren:

- Der Abgleich von Bestellung und Lieferschein im Wareneingang erfolgt rechnergestützt.

- Bei Übereinstimmung von Bestellung und Lieferschein wird durch den Mitarbeiter des Wareneingangs im System ein Kennzeichen für die Übereinstimmung gesetzt.

- Bei akzeptierten Überlieferungen, Unterlieferungen etc. werden die Abweichungen zwischen Lieferung und Bestellung durch Mitarbeiter des Wareneingangs im System erfasst und stehen so für die weitere Bearbeitung zur Verfügung. Aus den bisherigen Arbeiten resultierende Lieferantenrügen werden auf der Grundlage der erfassten Daten maschinell erstellt.

- Eingehende Rechnungen werden sofort erfasst und über die Bestellnummer den Bestellungen zugeordnet.

- Die sachliche Rechnungsprüfung erfolgt bei Rechnungserfassung in der Kreditorenbuchhaltung durch einen maschinellen

Abgleich von Bestell-, Liefer- und Rechnungsdaten, der im Hintergrund oder als Batch-Prozess abläuft. Manuelle Eingriffe sind lediglich bei Abweichungen oder festgestellten Qualitätsmängeln erforderlich (wobei letztere grundsätzlich in den maschinellen Datenabgleich integrierbar sind).

- Die rechnerische Rechnungsprüfung, einschließlich ggf. erforderlicher Korrekturen erfolgt bei Rechnungserfassung vollständig automatisiert.

- Die Anweisung zur Zahlung erfolgt wie bisher durch den Einkaufsleiter oder seinen Vertreter, nunmehr aber für eine umfangreichere Liste von Rechnungen (z.b. alle an einem Arbeitstag sachlich und rechnerisch geprüften Rechnungen) per elektronischer Unterschrift. Bei dieser Gestaltung erhält die Zahlungsanweisung einen echten Sinn, da der mit der Prüfung bisher nicht befasste Einkauf mit der Zahlungsanweisung dokumentiert, dass der Zahlung aus seiner Sicht nichts entgegensteht.

- Der maschinelle Zahlungslauf findet anstatt einmal wöchentlich nunmehr zweimal wöchentlich statt. An die Stelle der bisherigen Scheckzahlung mit notwendigen Einzelunterschriften tritt der elektronische Zahlungsverkehr oder der Zahlungsverkehr per Datenträgerübergabe an die ausführende Bank (die Sicherheit des Zahlungsverkehrs ist durch entsprechende Regelungen zu gewährleisten).

- Der weiterhin bestehende Engpass bei der Rechnungserfassung wird dadurch behoben, dass 0,5 Mannkapazitäten aus dem bisherigen (und nun obsoleten) Teilprozess Rechnungsprüfung dem Teilprozess Rechnungserfassung zugeordnet werden.

- Um sicherzustellen, dass auch bei auftretenden Engpässen in der Rechnungsbearbeitung Skonto gezogen werden kann, werden Prioritätsregeln für die Rechnungsbearbeitung definiert. Rechnungen mit hohem Betrag bei "skontokritischen" Lieferanten werden bei Anwendung dieser Prioritätsregeln bevorzugt abgearbeitet, so dass ein hinreichend schneller Rechnungsfluss möglich ist.

- Um unnötige Zeitverluste bei Abwesenheit der Unterschriftsberechtigten zu vermeiden, werden die bestehenden Vertretungsregeln auf einen größeren Personenkreis ausgedehnt.

- Die Reorganisation wird zweckmäßigerweise durch ein Workflow-Management-System unterstützt.

Insgesamt ergibt sich bei dieser Gestaltung überschlägig eine Einsparung von 1,5 Mannkapazitäten oder 50 % des relevanten Personals. Eine ebenso überschlägige Berechnung der Durchlaufzeiten führt für die durchschnittliche Durchlaufzeit zu folgendem Ergebnis:

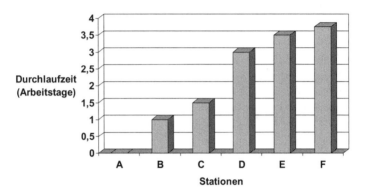

Abbildung 97: *Durchschnittliche Durchlaufzeit in der Rechnungsbearbeitung (simuliert) nach Reorganisation*

Die Stationen sind dabei wie folgt definiert:

A: Wareneingang

B: Rechnungserfassung

C: Zahlungsanweisung

D: Durchführung des Zahlungslaufes

E: Unterschrift für den Zahlungslauf

F: Weiterleitung Zahlungsdaten an Bank.

Insgesamt ergibt sich gegenüber dem bisherigen Rechnungsdurchlauf eine Verkürzung der durchschnittlichen Durchlaufzeit von 12 Tagen auf 4 Tage.

Ursächlich für diese Verkürzung sind:

- der Wegfall von sachlicher und rechnerischer Rechnungsprüfung (ca. 4 Tage)

- die Beschleunigung der Rechnungserfassung durch Bereitstellung zusätzlicher Kapazität (ca. 0,5 Tage)

- die Durchführung eines zusätzlichen Zahlungslaufes (ca. 1 Tag)

- eine beschleunigte Einholung der Unterschriften durch geeignete Vertretungsregelungen und Wegfall des Unterschreibens der Schecks (ca. 2,5 Tage).

3.2 Qualitätskontrolle

Der Lösungsvorschlag umfasst zunächst den ersatzlosen Wegfall der Qualitätskontrolle für die Materialgruppen D und E. Hierdurch entfallen rund 50% der Kosten für Qualitätskontrolle. Darüber hinaus wird vorgeschlagen, für weitere Materialgruppen und (insbesondere zertifizierte) Lieferanten einen Entfall der Qualitätskontrolle oder zumindest die Verlagerung der Qualitätskontrolle auf den Lieferanten zu prüfen.

3.3 Wareneingang

Zentralproblem des Wareneingangs ist der äußerst ungleichmäßige Anfall der Wareneingänge, der zu hohen Spitzenbelastungen bei einer durchschnittlich unter sechzig Prozent liegenden Kapazitätsauslastung führt.

Es wird daher empfohlen, durch entsprechende Terminsteuerung seitens des Einkaufs eine Verstetigung des Wareneingangs zu erreichen. Gelingt es, durch diese Maßnahme die durchschnittliche Kapazitätsauslastung auf 80% zu erhöhen, so entspricht dies einer Personaleinsparung von rund drei Mannkapazitäten.

Als ergänzende Maßnahme wird eine Vorprüfung auf Fehllieferungen, offensichtliche Mängel und Beschädigungen vor Entladung des gesamten Fahrzeugs vorgeschlagen. Hierdurch können Leerkosten sowie die Blockade des Entladebereichs durch wieder aufzuladende Lieferungen vermieden werden.

Darüber hinaus wird empfohlen zu prüfen, ob es bei gegebener Raumsituation möglich ist, die bisherige Trennung von Wareneingangsbereich und Bereitstellfläche für die Qualitätskontrolle aufzuheben, und die Lieferungen gleich nach dem Entladen der LKWs dort abzustellen, wo sie bis zur Qualitätskontrolle verbleiben können. Diese Maßnahme besitzt durch Wegfall zusätzlicher Handling- und Transportvorgänge ein erhebliches Kostensenkungspotential. Daten zur Abschätzung möglicher Einsparungen sind in der Fallklausur jedoch nicht enthalten.

Fallklausur 4: Entwicklung eines Fragebogens zum Risikomanagement

Einführung

1. Kurzdarstellung der Fallklausur

Die Fallklausur stammt aus dem Bereich der Organisationsmethodik und ist dort der Erhebungsphase zuzuordnen.

Für ein global tätiges, nach Sparten organisiertes Unternehmen ist ein Fragebogen zur Erhebung der an den einzelnen Standorten

218   7. Fallklausuren

implementierten Elemente eines Risikomanagements zu entwickeln.

Der Schwerpunkt der Fallklausur liegt auf der Anwendung und Erprobung der theoretischen Erkenntnisse zur Gestaltung von schriftlichen Befragungen.

2. Lernziele

Anwenden und Erproben der theoretischen Kenntnisse zur Gestaltung schriftlicher Befragungen (Zielgewicht 100%).

3. Bearbeitungsvoraussetzungen

- Kenntnis der Regeln zur Gestaltung von Fragebögen
- Grundkenntnisse des Risikomanagement.

4. Besondere Bearbeitungshinweise

Definieren Sie vor der eigentlichen Gestaltung des Fragebogens "Erkenntnisziele" und formulieren Sie für diese stichpunktartig Ihre Fragen.

Denken Sie bei der Gestaltung des Fragenteils insbesondere an die Eindeutigkeit und Klarheit der Fragen und Beantwortungshinweise sowie daran, ob die von Ihnen vorgesehenen Antwortkategorien geeignet sind, Ihre Erkenntnisziele zu befriedigen.

5. Parallelen zu anderen Fallklausuren

---

6. Textstellen- und Literaturhinweise

Lesen Sie vor Bearbeitung der Fallklausur Kapitel 5.4.2.2 dieses Buches.

Hinweise zum Risikomanagement finden Sie in:

Werder, A. v., Risk Management(s), Organisation des, in: Frese, E. (Hrsg.), Handwörterbuch der Organisation, Stuttgart 1992, Sp. 2212 - 2224

Falltext

Im Zuge der geplanten Einführung eines einheitlichen Risiko-Management-Systems (System zur systematischen Erkennung, Bewertung, Dokumentation und Handhabung von Risiken) in einem weltweit an dislozierten Standorten tätigen, nach Sparten organisierten Industrieunternehmen sollen die in den einzelnen Organisationseinheiten vorhandenen Ansätze zum Risikomanagement mittels einer schriftlichen Befragung erhoben werden.

Zweck der Erhebung ist es, den Stand des Risikomanagements in den einzelnen Unternehmensteilen zu erfassen und geeignete

Elemente zu identifizieren, um sie in einem einheitlichen Risikomanagementsystem zu verwenden.

Der Fragebogen soll an die einzelnen Standorte des Unternehmens gesandt und dort an alle Führungskräfte mit Rang eines Abteilungsleiters oder höher verteilt werden. Eine mündliche Befragung wurde zuvor erwogen, aber wegen der schlechteren Auswertbarkeit und aus Kostengründen verworfen.

Folgende Fragestellungen sollen den Kern der Befragung bilden:

- welche Arten von Risiken sind vorhanden, wie hoch sind die Risiken und mit welcher Eintrittswahrscheinlichkeit ist zu rechnen

- existieren Ansätze eines Risikomanagements, wenn ja, in welchen Bereichen und für welche Arten von Risiken

- wer ist für die Aufgaben eines Risikomanagement (z.B. Erfassung und Bewertung der Risiken, Entscheidung über Riskohandhabung, Risikoreporting etc.) zuständig (z.b. Bearbeiter des jeweiligen Geschäftsvorfalls, Leiter einer Organisationseinheit, Risikomanager)

- für welche Aufgabenbereiche des Risikomanagement sind Regeln schriftlich fixiert

- bestehen eigenständige Organisationseinheiten für das Risikomanagement und auf welchen Hierarchieebenen sind diese ggf. angesiedelt

- inwieweit ist das Risikomanagement in den laufenden Bearbeitungsprozess integriert

- wie erfolgt die Erfassung und Bewertung von Risiken

- welche Hilfsmittel zur Risikoerfassung, -bewertung, -dokumentation und -handhabung (z.B. Formulare, EDV-Programme) bestehen

- wie werden Einzelrisiken zu einem Gesamtrisiko verdichtet (z.B. manuell, EDV-gestützt, nicht)

- wann und wie erfolgt eine Überprüfung und Neubewertung vorhandener Risiken

- wem wird in welcher Periodizität über die Risikosituation berichtet?

Überlegen Sie, welchen Strukturierungsgrad und Standardisierungsgrad der Fragebogen haben soll und erarbeiten Sie einen entsprechenden Fragebogen. Informieren Sie sich zuvor erforderlichenfalls durch Literaturstudium über die Grundzüge des Risikomanagement, Risikobereiche und –arten etc..

Beispiellösung

Vorüberlegungen:

Im Hinblick auf die vermutlich hohe Zahl der rücklaufenden Fragebögen ist eine gute Auswertbarkeit wichtig. Die Fragestellungen sind darüber hinaus so allgemeiner Natur, dass eine strukturierte und standardisierte Befragung möglich ist. Der Fragebogen sollte daher weitgehend strukturiert und standardisiert werden. Die Möglichkeit, dass unterschiedliche Arten von Risiken unterschiedlich behandelt werden, muss im Fragebogen berücksichtigt werden. Die detaillierte Gestaltung des Risikomanagement in den einzelnen Organisationseinheiten kann ergänzend dadurch abgefragt werden, dass um Beifügung entsprechenden Materials (Prozessbeschreibungen, Handbücher, Organisationsanweisungen, Formulare, Masken etc.) gebeten wird.

Risikomanagement im _____-Konzern

Sehr geehrte Damen und Herren,

der Konzernvorstand hat die Zentralabteilung Organisation mit Beschluss vom _____ beauftragt, eine konzernweite Erhebung zum Risikomanagement durchzuführen. Mit dieser Studie sollen die in den einzelnen Konzernteilen vorhandenen Ansätze eines Risikomanagement erhoben werden, um hieraus Anregungen für die Gestaltung des bis _____ einzuführenden konzerneinheitlichen Risikomanagementsystems zu gewinnen. Eine Beurteilung der befragten Organisationseinheiten hinsichtlich der Leistungsfähigkeit der von ihnen benutzten Risikomanagementsysteme ist damit nicht verbunden.

Der Fragebogen richtet sich an alle Führungskräfte im Rang eines Abteilungsleiters und höher, die Verteilung der Fragebögen wird von der Leitung der jeweiligen Standorte organisiert.

Lesen Sie bitte den Fragebogen vor der Beantwortung sorgfältig durch und informieren Sie sich erforderlichenfalls vor Beantwortung der Fragen über die Situation in Ihrem Bereich. Für eventuelle Rückfragen wenden Sie sich bitte an die verantwortliche Stelle, _____, Telefon _____, e-mail _____, Anschrift _____ .

Geben Sie den ausgefüllten Fragebogen bitte bis zum _____ an die Leitung Ihres Standortes, bzw. an die von der Standortleitung beauftragte Stelle zurück.

Um Rückfragen zu ermöglichen, bitten wir Sie um vollständige Angabe von Organisationseinheit, Name, Telefonnummer, e-mail-Adresse und Postanschrift. Aus Umfang und Qualität der implementierten Risikomanagementsysteme werden keinerlei personelle Konsequenzen gezogen; Ihre Angaben werden von der Zentralabteilung Organisation völlig vertraulich behandelt.

Wir bedanken uns, auch im Namen des Konzernvorstands für Ihre Mitwirkung an dieser Erhebung.

Bitte Beachten: spätester Abgabetermin _____ !

I Angaben zur Person

Name: _____

Sparte: _____

Gesellschaft: _____

Standort: _____

Organisationseinheit: _____

Stellenbezeichnung: _____

Telefon: _____

e-mail: _____

Postanschrift: _____

_____

_____

7. Fallklausuren

II Fragenteil

A Allgemeine Fragen zum Risikomanagement

1. Welche Arten von Risiken bestehen in Ihrem Aufgabenbereich und wie hoch sind die Risiken?

a) Währungsrisiken

Risiken aus Kurssicherungsgeschäften

100 - 499	500 - 999	1 000 - 4 999	5 000 - 10 000	>10000 Tsd. €	Höhe unbekannt
☐	☐	☐	☐	☐	☐

Risiken aus nicht gesicherten Fremdwährungsgeschäften

100 - 499	500 - 999	1 000 - 4 999	5 000 - 1 0000	>10000 Tsd. €	Höhe unbekannt
☐	☐	☐	☐	☐	☐

....
.... (im vollständigen Fragebogen weiter auszuführen)

2. Wie hoch ist die durchschnittliche Eintrittswahrscheinlichkeit dieser Risiken in Prozent?

a) Währungsrisiken

Risiken aus Kurssicherungsgeschäften

< 10	10 - 19	20 - 29	30 - 39	> 40 %	unbekannt
☐	☐	☐	☐	☐	☐

Risiken aus nicht gesicherten Fremdwährungsgeschäften

< 10	10 - 19	20 - 29	30 - 39	> 40 %	unbekannt
☐	☐	☐	☐	☐	☐

....
.... (im vollständigen Fragebogen weiter auszuführen)

Fallklausur 4: Fragebogen zum Risikomanagement

3. Für welche Risikoarten ist in Ihrem Bereich ein Risikomanagement implementiert?

Risikoarten	Ein Risikomanagement ist implementiert (bitte Zutreffendes ankreuzen)
Risiken aus Kurssicherungsgeschäften	ja ☐ nein ☐
Risiken aus nicht gesicherten Fremdwährungsgeschäften	ja ☐ nein ☐
.... (im vollständigen Fragebogen weiter auszuführen)	

Wenn für keine Risikoart ein Risikomanagement implementiert ist, ist die Befragung hiermit beendet.

Vielen Dank für Ihre Mitarbeit!

Ansonsten beantworten Sie bitte den risikospezifischen Fragenteil mit den Fragen 4 bis 14. Falls sich die einzelnen Risikoarten hinsichtlich des Risikomanagements unterscheiden, beantworten Sie bitte die Fragen 4 bis 14 für jede unterschiedlich behandelte Risikoart getrennt. Verwenden Sie hierfür eigene Blätter und benennen Sie die Risiken an der hierfür vorgesehenen Stelle des Fragebogens. Legen Sie Ihren Risikobezeichnungen bitte die in den Fragen 1 bis 3 verwendeten Begriffe zugrunde. Gleichartig behandelte Risiken können im Fragebogen gemeinsam abgehandelt werden.

7. Fallklausuren

B Risikospezifischer Fragenteil

Falls sich die einzelnen Risikoarten hinsichtlich des Risikomanagements unterscheiden, beantworten Sie bitte die Fragen 4 bis 14 für jede unterschiedlich behandelte Risikoart getrennt. Verwenden Sie hierfür eigene Blätter und tragen Sie die Risiken in nachstehender Tabelle ein. Legen Sie Ihren Risikobezeichnungen bitte die in den Fragen 1 bis 3 verwendeten Begriffe zugrunde. Gleichartig behandelte Risiken können im Fragebogen gemeinsam abgehandelt werden.

4. Durch wen werden nachfolgende Aufgaben eines Risikomanagement wahrgenommen (Mehrfachantworten je Aufgabe sind zulässig)?

Aufgabenträger \ Aufgaben	GF	BL	AL	GL	MA	Risikomanager	andere	niemand
Organisation des Risikomanagements	☐	☐	☐	☐	☐	☐	☐	☐
Erstellung von Zielvorgaben für Höhe und Wahrscheinlichkeit von Risikopositionen	☐	☐	☐	☐	☐	☐	☐	☐
Ersterfassung und -bewertung von Risiken	☐	☐	☐	☐	☐	☐	☐	☐
Entscheidung über Handhabung von Risiken bei Einzelrisiken < 10 000 €	☐	☐	☐	☐	☐	☐	☐	☐
Entscheidung über Handhabung von Risiken bei Einzelrisiken von 10 000 bis 49 999 €	☐	☐	☐	☐	☐	☐	☐	☐
Entscheidung über Handhabung von Risiken bei Einzelrisiken von 50 000 bis 99 999 €	☐	☐	☐	☐	☐	☐	☐	☐
Entscheidung über Handhabung von Risiken bei Einzelrisiken von 100 000 € bis 999 999 €	☐	☐	☐	☐	☐	☐	☐	☐
Entscheidung über Handhabung von Risiken bei Einzelrisiken von 1 000 000 € und darüber	☐	☐	☐	☐	☐	☐	☐	☐
Verdichtung von Einzelrisiken zu Gesamtrisiko	☐	☐	☐	☐	☐	☐	☐	☐
Risikoreporting	☐	☐	☐	☐	☐	☐	☐	☐
Entscheidung über die Handhabung kumulierter Risiken	☐	☐	☐	☐	☐	☐	☐	☐
periodische Überprüfung und Neubewertung bestehender Risiken	☐	☐	☐	☐	☐	☐	☐	☐

Fallklausur 4: Fragebogen zum Risikomanagement

5. Für welche Aufgabenbereiche eines Risikomanagement bestehen schriftlich fixierte Regeln (Mehrfachantworten sind zulässig)?

Organisation des Risikomanagements	☐
Erstellung von Zielvorgaben für Höhe und Wahrscheinlichkeit von Risikopositionen	☐
Ersterfassung und -bewertung von Risiken	☐
Entscheidung über Handhabung von Risiken	☐
Verdichtung von Einzelrisiken zu Gesamtrisiko	☐
Berücksichtigung von Risikointerdependenzen	☐
Risikoreporting	☐
Entscheidung über die Handhabung kumulierter Risiken	☐
periodische Überprüfung und Neubewertung bestehender Risiken	☐

Bitte fügen Sie jeweils ein Exemplar der getroffenen Regelungen bei.

6. Falls eigenständige Organisationseinheiten für Risikomanagement bestehen, auf welchen organisatorischen Ebenen sind diese angesiedelt (Mehrfachantworten sind möglich – falls keine derartigen Einheiten implementiert sind, bitte weiter bei Frage 7)?

Geschäftsführung/Vorstand	☐
Bereichsleiter	☐
Abteilungsleiter	☐
Gruppenleiter	☐
Mitarbeiter	☐

7. **Wie ist die Ersterfassung und -bewertung operativer Risiken in den Prozess der Bearbeitung von Geschäftsvorfällen integriert?**

Die Risikoerfassung und -bewertung ist vollständig in die Bearbeitung von Geschäftsvorfällen integriert	☐
Die Risikoerfassung und -bewertung erfolgt getrennt von der Bearbeitung des Geschäftsvorfalles, aber unmittelbar im Anschluss an diesen	☐
Die Risikoerfassung und -bewertung erfolgt zeitnah (maximal ein Tag) für mehrere Geschäftsvorfälle zusammen	☐
Die Risikoerfassung und -bewertung erfolgt wöchentlich/monatlich für die angefallenen Geschäftsvorfälle	☐
Die Risikoerfassung und -bewertung erfolgt periodisch in größeren als monatlichen Abständen auf der Grundlage einzelner Geschäftsvorfälle	☐
Die Risikoerfassung und -bewertung erfolgt in größeren Zeitabständen auf der Grundlage von Verkehrszahlen	☐
Sonstige:_____	☐

8. **Auf welcher Grundlage erfolgt die Erstbewertung operativer Risiken?**

Manuell auf der Grundlage von Erfahrungswerten und Einschätzungen des Bewerters	☐
Manuell auf der Grundlage standardisierter Vorgaben zur Risikoermittlung	☐
Automatisiert auf der Grundlage standardisierter Vorgaben zur Risikoermittlung	☐
Sonstige:_____	☐

9. **Welche Hilfsmittel stehen zur Erfassung und Bewertung operativer Risiken zur Verfügung (Mehrfachantworten sind zulässig)?**

Formulare	☐
EDV-Programme	☐
Weitere:_____	☐
Weitere:_____	☐

Bitte fügen Sie je ein Exemplar der verwendeten Formulare und sonstiger Hilfsmittel sowie Kurzbeschreibungen der verwendeten Programme bei.

10. Wie werden Einzelrisiken zu Gesamtrisiken verdichtet?

manuell	☐
EDV-technisch	☐
nicht	☐
Weitere: _____	☐

11. Inwieweit werden bei der Verdichtung von Einzelrisiken zu Gesamtrisiken Interdependenzen zwischen verschiedenen Risikoarten berücksichtigt?

manuell	☐
EDV-gestützt auf der Grundlage von Risiko-Interdependenz-Modellen	☐
nicht	☐
Weitere: _____	☐

12. Inwieweit erfolgt eine systematische Überprüfung und Neubewertung vorhandener Risiken (Mehrfachantworten sind zulässig)?

quartalsweise	☐
halbjährlich	☐
jährlich	☐
sporadisch	☐
bei Überschreiten festgelegter Grenzwerte risikorelevanter Faktoren	☐
nicht	☐
Weitere: _____	☐

7. Fallklausuren

13. Wie erfolgt die systematische Überprüfung und Neubewertung bestehender Risiken?

Manuell auf der Grundlage der noch offenen Positionen	☐
Automatisiert	☐
Sonstige: _____	☐

14. An wen und wann wird über die bestehende Risikosituation berichtet (Mehrfachantworten je Berichtskategorie sind zulässig)?

Berichtskategorie \ Berichtsempfänger	GF	BL	AL	GL	MA	Risikomanager	niemand
täglicher Routinebericht	☐	☐	☐	☐	☐	☐	☐
wöchentlicher Routinebericht	☐	☐	☐	☐	☐	☐	☐
monatlicher Routinebericht	☐	☐	☐	☐	☐	☐	☐
quartalsweiser Routinebericht	☐	☐	☐	☐	☐	☐	☐
jährlicher Routinebericht	☐	☐	☐	☐	☐	☐	☐
Ausnahmeberichte bei Überschreiten vorgegebener Risikogrenzen	☐	☐	☐	☐	☐	☐	☐
spezifische Auswertungen auf Anforderung	☐	☐	☐	☐	☐	☐	☐
Weitere: _____	☐	☐	☐	☐	☐	☐	☐
Weitere: _____	☐	☐	☐	☐	☐	☐	☐

Bitte fügen Sie je ein Exemplar der verwendeten Berichte bei.

Bitte prüfen Sie, ob Sie den risikospezifischen Fragenteil (Fragen 4 bis 14) für alle vorhandenen Risikoarten (vgl. Fragen 1 bis 3) beantwortet haben. Falls nicht, füllen Sie bitte für die noch nicht abgearbeiteten Risikoarten den risikospezifischen Fragenteil dieses Fragebogens erneut aus.

Wir bedanken uns für Ihre Unterstützung der Aktivitäten zur Einführung eines konzerneinheitlichen Risikomanagement!

Fallklausur 5: Geschäftsprozessoptimierung

Einführung

1. Kurzdarstellung der Fallklausur

Die Fallklausur stammt aus dem Bereich der Organisationsmethodik. Sie ist phasenübergreifend angelegt.

Für ein Industrieunternehmen ist eine geeignete Methodik zur Optimierung von Geschäftsprozessen im administrativen Bereich vorzuschlagen und die zu untersuchenden Organisationseinheiten bzw. Prozesse sind auszuwählen.

Der Schwerpunkt der Fallklausur liegt in der qualifizierten, technikgestützten Auswahl von Organisationseinheiten und Bereichen, die untersucht werden sollen sowie in der vergleichenden Beurteilung alternativer methodischer Gestaltungen zur Reorganisation von Geschäftsprozessen.

2. Lernziele

- Entwickeln von Vorgehensweisen zur Auswahl von Untersuchungsobjekten unter Anwendung bekannter Techniken wie der Portfoliotechnik oder der ABC-Analyse (Zielgewicht 50%)

- Vergleichendes Darstellen und Beurteilen verschiedener Vorgehensweisen zur Bearbeitung gegebener Fragestellungen (Zielgewicht 50%).

3. Bearbeitungsvoraussetzungen

- Kenntnis der Grundprinzipien methodischer Vorgehensweisen
- Grundkenntnisse des Business-Reengineering
- Kenntnis klassischer Vorgehensweisen mit geringerer Radikalität des Lösungsentwurfes
- Kenntnis von Portfoliotechniken und ABC-Analyse.

4. Besondere Bearbeitungshinweise

Überlegen Sie, welche Voraussetzungen ein Prozess erfüllen muss, um bei begrenzten Mitteln für ein Reorganisationsprojekt ausgewählt zu werden.

Vergleichen Sie Business-Reengineering und klassische Vorgehensweisen zur Reorganisation insbesondere im Hinblick auf die Radikalität des Lösungsentwurfs, die zu erwartenden Lösungsbeiträge und den Zeitbedarf und den Aufwand für die Projektdurchführung.

5. Parallelen zu anderen Fallklausuren

Die Fallklausur ist wie Fallklausur 3 auf die Optimierung von Geschäftsprozessen gerichtet. Die vorliegende Fallklausur ist schwerpunktmäßig auf die Konzipierung geeigneter Vorgehensmodelle zur Optimierung von Prozessen abgestellt. Schwerpunkt von Fallklausur 3 ist dagegen die Beurteilung von Prozessen auf der Grundlage umfangreichen Datenmaterials und die hierauf aufbauende Entwicklung eigenständiger Gestaltungsvorschläge zur Verbesserung der Prozesse.

6. Textstellen- und Literaturhinweise

Lesen Sie vor Bearbeitung der Fallklausur Kapitel 5.1, 5.2, 5.4.3 und 5.7 dieses Buches.

Falltext

Die Geschäftsführung eines Industrieunternehmens bittet Sie zu einem Gespräch mit dem Thema „Geschäftsprozessoptimierung".

Unter anderem werden die Schlagworte Business-Reengineering, Benchmarking, Ablaufoptimierung und Kostenreduktion diskutiert, ohne dass Ihnen eine klare Vorgabe hinsichtlich der zu untersuchenden Sachverhalte und der einzusetzenden Methodik/Techniken erteilt wird.

Als Hintergrundinformation verfügen Sie über das in Abbildung 98 dargestellte, auszugsweise Organigramm des Unternehmens:

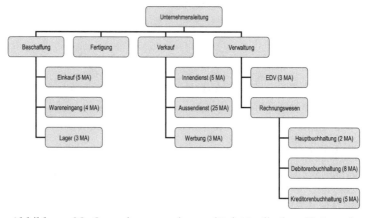

Abbildung 98: Organigramm eines mittelständischen Unternehmens

Abschließend werden Sie gebeten, eine Auswahl der zu untersuchenden Organisationseinheiten und Geschäftsprozesse zu treffen (wobei der Fertigungsbereich nicht untersucht werden soll) sowie eine Methodik zur Bearbeitung des Projektes festzulegen. Insgesamt haben Sie den Eindruck gewonnen, dass die Geschäftsführung auf der einen Seite hohe Ansprüche an Vorgehensweise und Projektergebnisse stellt, auf der anderen Seite aber sehr kostensensibel ist.

Erarbeiten Sie vor diesem Hintergrund eine Vorgehensweise zur Auswahl der zu untersuchenden Bereiche und diskutieren Sie neben der möglichen Methodik Business-Reengineering eine Vorgehensweise für die Bearbeitung des Projektes, die mit geringerem Aufwand realisiert werden kann.

Beispiellösung

1. Ausgangssituation

Die Geschäftsführung eines mittelständischen Unternehmens strebt die Optimierung von Abläufen an. Der Untersuchungsbereich sowie die einzusetzenden Techniken sind nicht vorgegeben. Sie sind vielmehr vom Bearbeiter zu definieren.

Der potentielle Auftraggeber stellt hohe Anforderungen an die einzusetzende Methodik und die Projektergebnisse, ist aber gleichzeitig sehr kostensensibel. In Frage kommen verschiedene Techniken, wie Business-Reengineering in Verbindung mit Benchmarking, aber auch die "klassischen Techniken" zur Erhebung und Verbesserung von Prozessen

2. Aufgabenstellung

Aufgabenstellung ist es, die einzusetzenden Techniken auszuwählen sowie die zu untersuchenden Funktionen und Prozesse festzulegen.

3. Festlegung des Untersuchungsbereiches

Wegen der einerseits gegebenen Kostensensibilität bei andererseits hohen Ansprüchen an die Ergebnisqualität wird der Untersuchungsbereich auf relativ **häufige** und **gleichförmige** Prozesse beschränkt. Ergänzend werden weitere Prozesse einbezogen, die **kritische** Erfolgsfaktoren darstellen.

Hierzu werden die in Industrieunternehmen generell vorhandenen Prozesse nach Häufigkeit und Gleichförmigkeit klassifiziert und mit Hilfe eines Portfolios ausgewählt. Grundlage der Klassifizierung sind Verkehrszahlen, die Aufschluss über die Häufigkeit von Prozessen geben, sowie auf Erfahrungswissen beruhende Einschätzungen der Gleichförmigkeit von Prozessen. Zusätzlich in die Untersuchung einzubeziehende **kritische** Prozesse werden durch mündliche Befragung der Geschäftsführung ermittelt. Sofern valide Verkehrszahlen nicht vorliegen, kann die Häufigkeit der Prozesse anhand der Mitarbeiterzahlen der von den Prozessen betroffenen Organisationseinheiten grob abgeschätzt werden. Diese Technik ist jedoch mit erheblichen Prognoserisiken verbunden.

Alternativ wird in den relevanten Organisationseinheiten eine kurze Voruntersuchung zu den Aktivitäten, deren Häufigkeiten und den Zeitbedarfen und Kosten je Vorgang sowie zur Gleichförmigkeit der Vorgänge und der EDV-Unterstützung der einzelnen Vorgänge erhoben. Als Erhebungstechnik kommen die schriftliche Befragung oder die Selbstaufschreibung in Frage. Der Erhebungsaufwand wird dadurch reduziert, dass die Erhebung auf der Grundlage EDV-gestützter Erhebungsformulare (Tabellenkalkulation) durchgeführt und ausgewertet wird.

Die so ermittelten Eigenschaften der Prozesse werden anschließend in einem Portfolio visualisiert. Häufige und gleichförmige Prozesse erhalten dabei die Bearbeitungspriorität A.

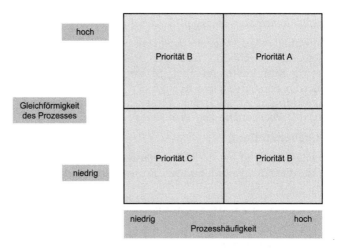

Abbildung 99: Portfolio für die Auswahl von Prozessen

Die in die Untersuchung einzubeziehenden Prozesse können auch mittels ABC-Analyse festgelegt werden, wobei die Einteilung in die Klassen A, B oder C nach den absoluten Kosten der Prozesse erfolgt (vgl. Abbildung 100). Sofern Zeit- und/oder Kosten-Benchmarks vorhanden sind oder kostengünstig beschafft werden können, kann die Auswahl der einzubeziehenden Prozesse auch so erfolgen, dass diejenigen Prozesse ausgewählt werden, die im Hinblick auf die vorliegenden Benchmarks besonders verbesserungswürdig erscheinen. Auch bei dieser Vorgehensweise wird der Untersuchungsbereich um gesondert zu ermittelnde, erfolgskritische Prozesse ergänzt.

Aufgrund der dargestellten Auswahltechniken könnte der Untersuchungsbereich exemplarisch wie folgt festgelegt werden:

- Einkauf: Bestellabwicklung, Rechnungsprüfung, Lieferantenverhandlungen
- Wareneingang: Wareneingangskontrolle
- Verkaufsinnendienst: Anfragenbearbeitung, Auftragsbearbeitung, Fakturierung
- Verkaufsaussendienst: Kundenbesuche/Verkaufsgespräche
- Kreditorenbuchhaltung: Verbuchung, Bezahlung von Lieferantenrechnungen
- Debitorenbuchhaltung: Verbuchung Forderungen, Zahlungseingangsüberwachung, Buchung Zahlungseingang, Mahnwesen, Einleitung Klageverfahren.

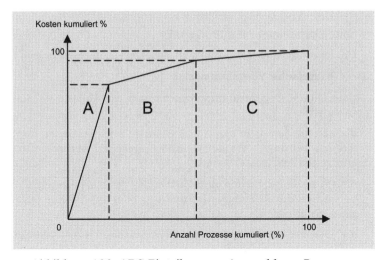

Abbildung 100: ABC-Einteilung zur Auswahl von Prozessen

4. Methodik/Technik zur Ablaufoptimierung

4.1. Business-Reengineering

Für die bereits in der Voruntersuchung ausgewählten Prozesse erfolgt, sofern noch nicht geschehen, eine Beurteilung der Veränderungsnotwendigkeit, z.B. mit Hilfe von Benchmarks sowie ein erstes Prozessdesign. Da nur ausgewählte Prozesse in das Reengineering einbezogen werden, erfolgt eine Simulation nur für die ausgewählten Prozesse, nicht aber für ein integriertes Prozessmodell des gesamten Unternehmens. Aus der Simulation sich ergebende Anpassungsnotwendigkeiten werden in einem erneuten

Prozessdesign berücksichtigt und einer erneuten Simulation unterzogen etc.. Insgesamt erfolgt ein mehrfacher Durchlauf des Prozessdesigns. Anschließend erfolgt die **Realisierung**. Nach abgeschlossenem Reengineering wird in der **Kontrollphase** eine laufende Überprüfung und eine kontinuierliche Verbesserung der Geschäftsprozesse vorgenommen.

Für die Anwendung des Business-Reengineering in diesem Projekt sprechen folgende Gründe:

- wegen der Radikalität der Technik ist ein höherer Lösungsbeitrag zu erwarten als bei „klassischen" Projekten
- die Akzeptanz der Technik beim Management ist wegen ihrer relativen Modernität im Allgemeinen höher als die Akzeptanz klassischer Organisationsprojekte.

Mit dieser Technik sind gegenüber klassischen Organisationsprojekten jedoch auch erhebliche Nachteile verbunden:

- hoher Zeitbedarf (ca. 6 Monate incl. Implementierung)
- hohe Kosten (mehr als 100 Tsd. €)
- Unsicherheit hinsichtlich des zu erzielenden Projekterfolges.

4.2. Klassische Vorgehensweise

In "klassischen" Organisationsprojekten werden Abläufe wie folgt reorganisiert:

- die Abfolge der einzelnen Arbeitsschritte und -stationen sowie die Bearbeitungs-, Transport- und Liegezeiten werden mittels Laufzettelverfahren erhoben
- die Prozesshäufigkeiten und Zeitbedarfe je Bearbeitungsstation werden durch Selbstaufschreibung oder schriftliche Befragung ermittelt
- die Prozesse werden durch die Organisatoren einer Schwachstellenanalyse unterzogen, wobei nach folgenden Mängeln gesucht wird:
  - zu hohe Kosten
  - zu lange Bearbeitungs-, Transport- oder Liegezeiten
  - zu geringe Qualität
  - mangelnde Automatisierung bzw. EDV-Unterstützung
  - Bearbeitung kontinuierlich anfallender Vorgänge in Stapeln
  - nicht ausreichende Informationsbereitstellung
  - zu hohe Arbeitszerlegung
  - informatorische oder zeitliche Brüche an Schnittstellen des Prozesses

- für den jeweiligen Prozess typische, aus anderen Projekten bekannte Schwachstellen etc.

- das "Redesign" der Prozesse erfolgt im Wesentlichen durch die Organisatoren

- hierbei wird auf bekannte Lösungsmuster zurückgegriffen (Strukturthesaurus), Kombinationen unterschiedlicher Teillösungen werden systematisch ermittelt (morphologischer Kasten) oder die Lösungen werden in kreativen Akten erarbeitet

- es erfolgt eine Bewertung des Lösungsbeitrags der verschiedenen Lösungen und die Alternativenauswahl durch die Entscheider

- anschließend werden die gewählten Lösungen in Form von Ablaufdiagrammen oder verbalen Ablaufbeschreibungen dokumentiert

- nach den notwendigen Schulungen der Anwender wird die Lösung in Kraft gesetzt.

Gegenüber dem Business-Reengineering hat die klassische Vorgehensweise zur Verbesserung von Abläufen den Vorteil deutlich niedriger Zeit- und Kostenbedarfe. Sie führt allerdings im Allgemeinen zu eher inkrementalen Verbesserungen, also geringeren Zielbeiträgen als das Reengineering. Das Risiko des Scheiterns ist jedoch geringer als bei Reengineering-Projekten.

Angesichts des in der Aufgabenstellung skizzierten Zielkonfliktes zwischen Projektkosten und erwartetem Lösungsbeitrag empfiehlt es sich, im Projektantrag bzw. dem Angebot beide methodischen Möglichkeiten darzustellen und hinsichtlich Kosten und erwartetem Lösungsbeitrag zu beurteilen, die Entscheidung für eine der beiden Varianten aber der Geschäftsführung zu überlassen.

Fallklausur 6: Bankorganisation

Einführung

1. Kurzdarstellung der Fallklausur

Die Fallklausur stammt aus dem Bereich der Organisationsmethodik. Sie ist phasenübergreifend angelegt.

Für eine Bank, die eine Reduzierung der Geschäftsstellenanzahl um rund 30% beabsichtigt, ist eine geeignete Vorgehensweise für die Auswahl der zu schließenden Geschäftsstellen und die Erprobung und Umsetzung der Neuorganisation zu entwickeln.

Der Schwerpunkt der Fallklausur liegt in der Entwicklung und Beurteilung eigenständiger Vorgehensweisen für die Planung und Implementierung. Dabei stehen die beiden Grundphilosophien

"Total-System-Approach" und "Inkrementalismus" zur Wahl, die durch geeignete Techniken zu konkretisieren sind.

2. Lernziele

- Entwickeln und Beurteilen eigenständiger Vorgehensweisen für Planung und Implementierung (Zielgewicht 40%)
- Anwenden der Grundphilosophien "Total-System-Approach" und "Inkrementalismus" in Planung und Umsetzung (Zielgewicht 30%)
- Entwickeln geeigneter Zielmaßstäbe und Auswahl geeigneter Techniken zur Ermittlung der Zielbeiträge alternativer Gestaltungen (Zielgewicht 30%).

3. Bearbeitungsvoraussetzungen

- Kenntnis der Unterschiede zwischen Total-System-Approach und inkrementalem Vorgehen
- Kenntnis idealtypischer Vorgehensmodelle
- Kenntnis der relevanten Erhebungstechniken.

4. Besondere Bearbeitungshinweise

Überlegen Sie, welchen Zielmaßstab Sie heranziehen würden, um die "optimale" Zahl an Geschäftsstellen zu bestimmen.

5. Parallelen zu anderen Fallklausuren

Es bestehen ausgeprägte Ähnlichkeiten mit Fallklausur 7 "Reorganisation Neuwagenvertrieb" und zwar hinsichtlich Ausgangssituation und Aufgabenstellung. In der vorliegenden Fallklausur ist eine eigenständige Vorgehensweise zur Bearbeitung des Projektes zu entwickeln. In Fallklausur 7 ist dagegen die Eignung vorgegebener, idealtypischer Vorgehensmodelle zu beurteilen.

6. Textstellen- und Literaturhinweise

Lesen Sie vor Bearbeitung der Fallklausur Kapitel 5.1, 5.2 und 5.4.2 dieses Buches.

Falltext

Der Vorstand einer bundesweit tätigen Bank hat mit Zustimmung des Aufsichtsrats eine grundlegende Veränderung der Organisation beschlossen. Bargeldabhebungen und der bargeldlose Zahlungsverkehr sollen künftig nicht mehr am Schalter, sondern mit Hilfe flächendeckend installierter Geld- und Buchungsautomaten abgewickelt werden. Durch eine aktive Förderung des „Home-Banking" und die Einrichtung eines Call-Centers soll der personal- und kostenintensive Schalterverkehr auf ein Minimum reduziert werden. Im Gegenzug soll die Anzahl der Geschäftsstellen um rund 30% verringert werden. Unter Berücksichtigung der hierfür erforderlichen Infrastrukturaufwendungen soll innerhalb von zwei Jahren eine Senkung der durch die Geschäftsstellen verursachten Kosten um 20% erzielt werden.

Dem Bankvorstand ist bewusst, dass mit dieser Reorganisation nicht unerhebliche Akzeptanzrisiken bei Kunden und Mitarbeitern verbunden sind. Gleichwohl hält er die Risiken vor dem Hintergrund der hohen Technologieakzeptanz der Kunden für beherrschbar. Abwanderungsrisiken bei den als besonders wichtige Zielgruppen angesehenen vermögenden Privatkunden und Firmenkunden sollen darüber hinaus durch eine intensivere und qualifiziertere Kundenbetreuung verringert werden.

Die Bank verfügt über detaillierte, aussagefähige Informationen über das Geschäft der einzelnen Geschäftsstellen und deren Kundenstruktur, die Ihnen entsprechend Ihren Anforderungen zur Verfügung gestellt werden können. Aktuelle, umfangreiche Untersuchungen über das Wechselverhalten von Bankkunden bei Schließung „ihrer" Geschäftsstelle liegen vor.

Entwickeln Sie vor diesem Hintergrund eine eigenständige Vorgehensweise

- für die Auswahl der zu schließenden Geschäftsstellen

- und die Erprobung und Umsetzung der Neuorganisation.

Spezifizieren Sie dabei die erforderlichen Daten und Fakten sowie die Techniken zur Datenerhebung. Wägen Sie alternative Vorgehensweisen und Techniken hinsichtlich Kosten, Nutzen und Risiken gegeneinander ab und begründen Sie Ihre Vorschläge zum Vorgehen. Treffen Sie - sofern Sie dies für erforderlich halten - plausible Annahmen zur Detaillierung der Ausgangssituation bzw. zu Zwischenergebnissen Ihrer Untersuchung.

Beispiellösung

1. Ausgangssituation und Aufgabenstellung

Eine Privatbank hat eine grundlegende Veränderung der Organisation (Verringerung der Anzahl der Geschäftsstellen, Abwicklung des Zahlungsverkehrs primär über elektronische Medien) mit dem Ziel der Senkung der geschäftsstellenbezogenen Kosten um 20% in den nächsten zwei Jahren beschlossen.

Daten zum Geschäft und der Kundenstruktur der einzelnen Geschäftsstellen liegen vor und können von der Bank in gewünschter Form bereitgestellt werden.

238 7. Fallklausuren

Aufgabe ist es, eine eigenständige Vorgehensweise für die Auswahl der zu schließenden Geschäftsstellen und die Erprobung und Umsetzung der Neuorganisation zu entwickeln.

Die zur Bearbeitung der Fragestellung erforderlichen Daten und Fakten sowie die Techniken zur Datenerhebung sind darzustellen. Alternative Vorgehensweisen und Techniken sind hinsichtlich Kosten, Nutzen und Risiken gegeneinander abzuwägen.

Da der Bankvorstand die Durchführung der organisatorischen Maßnahme bereits beschlossen hat, wird angenommen, dass die grundsätzliche Sinnhaftigkeit der beabsichtigten Reorganisation bereits in einer Vorstudie geklärt worden ist, hier also nicht weiter zu untersuchen ist.

2. Vorgehensweise

Kern der Aufgabenstellung ist die Festlegung der zukünftigen Geschäftsstellenstruktur bzw. die Ermittlung der zu schließenden Geschäftsstellen. Diese Fragestellung lässt sich als Optimierungsproblem interpretieren: Aufgabe ist es, eine gewinnmaximale Geschäftsstellenstruktur zu finden. Empirisch lassen sich für derartige Probleme meist U-förmige Kurvenverläufe finden:

- es besteht eine, vom Einzelfall abhängige, gewinnoptimale Zahl von Geschäftsstellen

- eine Verringerung der Geschäftsstellenzahl gegenüber dieser optimalen Zahl führt dazu, dass die durch Kundenabwanderungen verursachte Erlösminderung höher ist als die realisierte Kostensenkung

- eine Erhöhung der Geschäftsstellenzahl führt zu Kostensteigerungen, die die realisierbare Erlössteigerung überschreiten.

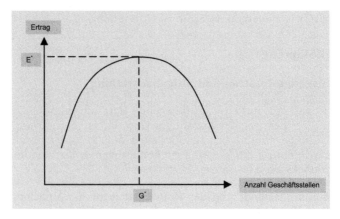

Abbildung 101: Ertragsmaximale Geschäftsstellenzahl

In der Praxis werden derartige Fragestellungen mit Hilfe von Simulationsrechnungen bearbeitet. Zur Durchführung einer Simulation sind folgende Daten zu den bestehenden Geschäftsstellen notwendig:

- räumliche Lage
- Kostenstruktur (differenziert nach Personalkosten, Raumkosten und sonstigen Kosten, letztere wiederum differenziert nach fixen und variablen Kostenanteilen)
- Erlösstruktur (differenziert nach Geschäftsfeldern und Kundenklassen)
- Struktur und Mengengerüst der Geschäftsvorfälle.

Diese Daten sind von der Bank auf Datenträger bereitzustellen.

Daneben sind Informationen über die geschäftsstellenbezogenen variablen Kosten der verschiedenen Geschäftsvorfälle sowie über die Veränderungen des Mengengerüsts durch die beabsichtigte schalterlose Abwicklung des Geld- und Zahlungsverkehrs erforderlich.

Zusätzlich werden Annahmen darüber benötigt, inwieweit die Kunden bei Schließung einer Geschäftsstelle zu einer anderen Bank oder zur nächstgelegenen Geschäftsstelle der eigenen Gesellschaft wechseln werden. Dabei ist davon auszugehen, dass das Wechselverhalten von der Art des Geschäfts, sowie von der Entfernung zwischen bisheriger Geschäftsstelle und nächstgelegener Geschäftsstelle der eigenen Gesellschaft bzw. der eines Wettbewerbers abhängt.

Sofern diese Annahmen aus den vorhandenen Unterlagen zum Wechselverhalten von Kunden nicht valide gewonnen werden können, ist die Durchführung entsprechender Kundenbefragungen erforderlich. Daneben werden auch Daten über die räumliche Lage der Geschäftsstellen der relevanten Wettbewerber benötigt, die, soweit nicht ohnehin vorhanden, durch schriftliche Befragung der bestehenden Geschäftsstellen ermittelt werden können.

Auf der Grundlage dieser Daten kann anschließend eine Simulationsrechnung vorgenommen werden. Hierzu sind zunächst alternative Strukturmodelle hinsichtlich der Anzahl und Lage der nach der Restrukturierung verbleibenden Geschäftsstellen zu entwickeln. Dabei kann wie folgt vorgegangen werden:

- stufenweise Festlegung der Anzahl der verbleibenden Geschäftsstellen (beispielsweise 65%, 70%, 75%, 80%, 90%, 95% der bestehenden Geschäftsstellen)
- Auswahl derjenigen Geschäftsstellen, die in den einzelnen Stufen zu schließen sind, mit Hilfe einfacher Entscheidungsregeln (z.B. Schließung von Geschäftsstellen unterhalb einer

definierten kritischen Größe, Schließung von Geschäftsstellen unterhalb einer definierten Mindestentfernung zur nächstgelegenen größeren Geschäftsstelle)

- Festlegung von Prozentsätzen für den Wechsel der Kunden der zu schließenden Geschäftsstellen zu nahe gelegenen eigenen Geschäftsstellen oder zu Geschäftsstellen von Wettbewerbern. Diese Abschätzung kann entweder intuitiv, auf der Grundlage der räumlichen Lage eigener und fremder Geschäftsstellen vorgenommen werden, oder mit Hilfe eigenständiger Rechenmodelle erfolgen. Wegen der hohen Bedeutung der „Wechselprozentsätze" für den Erfolg der Restrukturierung empfiehlt sich letzteres Vorgehen.

Für die so definierten Alternativstrukturen ist anschließend eine EDV-gestützte Simulationsrechnung durchzuführen. Die Simulationsrechnung muss dabei folgende Grundschritte enthalten:

- Ermittlung der wegfallenden Kosten der zu schließenden Geschäftsstellen

- Ermittlung der wegfallenden Erlöse der zu schließenden Geschäftsstellen

- Ermittlung der Erhöhung der Kosten der verbleibenden Geschäftsstellen (wegen der Übernahme eines Teils des Geschäftes der zu schließenden Geschäftsstellen)

- Ermittlung Gesamterlöse und –kosten nach Restrukturierung.

Auf diese Weise lässt sich die ertragsstärkste Grobalternative ermitteln. Für diese Alternative kann in einem nächsten Schritt eine erneute Simulation erfolgen, indem die Auswirkungen der Anzahl der Geschäftsstellen in kleineren Schritten durchgerechnet werden (z.B. 66%, 67%, ..., 74% der bisherigen Geschäftsstellen bleiben bestehen) und die günstigste Modellalternative ermittelt wird.

Die Restrukturierung ist für den Erfolg der Bank von erheblicher Bedeutung und mit hohen Unsicherheiten hinsichtlich des nur grob abschätzbaren Wechselverhaltens der Kunden belastet. Die Schließung einer Geschäftsstelle ist darüber hinaus im Allgemeinen irreversibel. Der Erfolg des Konzeptes ist zusätzlich vom flächendeckenden Vorhandensein und der Akzeptanz schalterloser Abwicklungssysteme abhängig.

Hieraus ergeben sich zwei Folgerungen für die Umsetzung der Restrukturierung:

- Die schalterlosen Abwicklungssysteme müssen bereits einige Zeit vor der Schließung der Geschäftsstellen eingeführt und akzeptiert sein

- Für die Schließung der Geschäftsstellen empfiehlt sich ein sukzessives Vorgehen, d.h. das Geschäftsstellennetz ist sukzessive, in mehreren Iterationen „auszudünnen" und die wirtschaftlichen Folgen dieser Maßnahmen sind zeitnah zu ermitteln und zu analysieren. Aus Abweichungen zwischen den erwarteten und den realisierten Ergebnissen ergeben sich notwendige Anpassungsmaßnahmen.

- Sofern die Ertragssituation der Bank dies zulässt, sollte die Reorganisationsmaßnahme wegen ihrer hohen Bedeutung und des mit ihr verbundenen Risikos zunächst in einem regional abgegrenzten Pilotbereich eingeführt werden, um hieraus Erfahrungen für die Implementierung in der gesamten Organisation zu gewinnen.

Gegen die hier dargestellte Vorgehensweise kann eingewendet werden, dass die Simulationsrechnung einerseits mit hohem Aufwand verbunden ist und andererseits erhebliche Unsicherheiten hinsichtlich des zu erwartenden Kundenverhaltens bestehen. Als alternative Vorgehensweise könnte das folgende inkrementale Vorgehen vorgeschlagen werden:

- Die Geschäftsstellen der Bank werden nach ihrer räumlichen Lage zueinander sortiert.

- Zu den einzelnen Geschäftsstellen werden relevante Daten und Kennzahlen (z.B. Kundenzahl, Kennzahlen zur Profitabilität, Potentialeinschätzungen, freie Kapazitäten, Möglichkeiten und Kosten einer Kapazitätserweiterung, Standortqualität) gesammelt.

- Es werden „Faustregeln" für die Zahl und Standorte von Geschäftsstellen vorgegeben (z.B. „nicht mehr als eine Geschäftsstelle in Gemeinden mit hoher Kaufkraft und einer Größe von mehr als fünfzehntausend bis einschließlich fünfundzwanzigtausend Einwohnern"). Diese Faustregeln können sowohl intuitiv als auch mit Hilfe geeigneter Marketingmodelle rechnerisch ermittelt werden.

- Unter Anwendung der „Faustregeln" und der Daten zu den einzelnen Geschäftsstellen werden unter den benachbarten Geschäftsstellen die potentiell zu schließenden Geschäftsstellen ermittelt und nach Dringlichkeit der Schließung sortiert (dabei sind Geschäftsstellen mit ungünstiger Ergebnissituation in Gemeinden mit stark überhöhter Geschäftsstellendichte bevorzugt zu schließen).

- Das Geschäftsstellennetz wird anschließend entsprechend der festgelegten Dringlichkeiten in mehreren Iterationen sukzessive ausgedünnt, wobei die Ergebniswirkungen der Geschäftsstellenschließungen laufend beobachtet werden. Um eine valide Abschätzung der Ergebniswirkungen zu ermöglichen, ist zwischen den einzelnen Iterationen ein hinreichend langer Zeitraum erforderlich.

- Dieses Vorgehen wird so lange fortgesetzt, wie sich eine Ergebnisverbesserung ergibt.

Damit steht (bei oberflächlicher Betrachtung) einer Vorgehensweise mit relativ intensiver Planung (und damit eher einem Total-System-Approach) eine inkrementale Alternative im Sinne eines Versionenkonzeptes gegenüber.

Die nähere Betrachtung der beiden Vorgehensmodelle zeigt jedoch erhebliche Parallelen, einerseits hinsichtlich der Notwendigkeit einer Identifikation und Reihung der zu schließenden Geschäftsstellen in der Planungsphase und andererseits hinsichtlich der sukzessiven Geschäftsstellenschließung in der Realisierungsphase. Darüber hinaus ist in beiden Alternativen zur Vorbereitung eines Vorstandsbeschlusses eine qualifizierte Abschätzung der Ergebniswirkungen der beabsichtigten Geschäftsstellenschließungen erforderlich.

Damit besteht der Unterschied zwischen den beiden Vorgehensmodellen primär darin, dass die Auswahl der zu schließenden Geschäftsstellen in der zuerst dargestellten Alternative eher systematisch, in der zweiten Alternative eher intuitiv erfolgt, wobei letztlich die gleichen Beurteilungskriterien angewendet werden müssen. Damit wird auch der Aufwand für die Umsetzung der beiden Vorgehensmodelle vergleichbar sein, so dass die Auswahlentscheidung eher durch persönliche Vorlieben der Entscheider als durch harte Notwendigkeiten geprägt ist.

Fallklausur 7: Reorganisation Neuwagenvertrieb

Einführung

1. Kurzdarstellung der Fallklausur

Die Fallklausur stammt aus dem Bereich der Organisationsmethodik. Sie ist phasenübergreifend angelegt.

Für einen Automobilhersteller, der eine Reduzierung der Anzahl von Vertragshändlern, kombiniert mit der Errichtung eigener Verkaufsstandorte und Internetverkauf plant, ist ein geeignetes Vorgehensmodell zu wählen.

Hierzu sind eigenständige Vorgehensweisen für Planung und Implementierung zu entwickeln und die idealtypischen Vorgehensmodelle "teilzyklisches Vorgehensmodell", "Versionenkonzept" und "Prototyping mit Pilotprojekten" sind auf ihre Eignung

Fallklausur 7: Reorganisation Neuwagenvertrieb

hin zu beurteilen und erforderlichenfalls an die Aufgabenstellung anzupassen.

Der Schwerpunkt der Fallklausur liegt auf der Ausgestaltung und Konkretisierung idealtypischer Vorgehensweisen.

2. Lernziele

- Entwickeln und Beurteilen eigenständiger Vorgehensweisen für die Planung konkreter Fragestellungen (Zielgewicht 40%)
- Entwickeln und Beurteilen eigenständiger Vorgehensweisen für die Implementierung spezifischer Gestaltungen (Zielgewicht 30%)
- Beurteilen und Anpassen idealtypischer Vorgehensmodelle für spezifische Aufgabenstellungen (30%).

3. Bearbeitungsvoraussetzungen

- Kenntnis idealtypischer Vorgehensmodelle
- Kenntnis der Unterschiede zwischen Total-System-Approach und inkrementalem Vorgehen
- Kenntnis der relevanten Erhebungsmethoden
- Kenntnis von Inhalten, Problemen und Gestaltungsmöglichkeiten der Implementierung.

4. Besondere Bearbeitungshinweise

---

5. Parallelen zu anderen Fallklausuren

Hinsichtlich Ausgangssituation und Aufgabenstellung bestehen ausgeprägte Ähnlichkeiten mit Fallklausur 6 "Bankorganisation". In Fallklausur 7 ist die Eignung vorgegebener, idealtypischer Vorgehensmodelle zu beurteilen. In Fallklausur 6 ist dagegen eine eigenständige Vorgehensweise zur Bearbeitung des Projektes zu entwickeln.

6. Textstellen- und Literaturhinweise

Lesen Sie vor Bearbeitung der Fallklausur Kapitel 5.1 bis 5.3 sowie 5.4.3 dieses Buches.

Falltext

Vorstand und Aufsichtsrat eines weltweit tätigen Automobilherstellers haben eine grundlegende Reorganisation der Struktur des Neuwagenvertriebs beschlossen.

Ziel ist es, die Ertragssituation des Automobilunternehmens durch Verlängerung der Wertschöpfungskette und Rationalisierung des Verkaufs zu verbessern.

Im Einzelnen sollen

- an geeigneten Standorten eigene Vertriebszentren eröffnet werden
- die Zahl der vorhandenen externen Vertragshändler reduziert werden
- Möglichkeiten zur Direktbestellung von Neuwagen per Internet geschaffen werden.

Entwickeln Sie eine geeignete Vorgehensweise zur Festlegung der zu eröffnenden Vertriebszentren und der zukünftigen Struktur des Vertragshändlernetzes. Stellen Sie hierzu Ihre Entscheidungsgrundlagen und die Techniken der Informationsgewinnung dar.

Konzipieren Sie eine geeignete Vorgehensweise für die Implementierung der neuen Vertriebsstruktur. Stellen Sie die theoretischen Grundlagen Ihrer Überlegungen zur Implementierung dar.

Wählen Sie für die Durchführung des Projektes eines der denkbaren Vorgehensmodelle "teikzyklisches Vorgehensmodell", "Prototyping" oder "Versionenkonzept". Passen Sie das gewählte Vorgehensmodell erforderlichenfalls an die Aufgabenstellung an. Begründen Sie Ihre Entscheidung.

Beispiellösung

1. Ausgangssituation und Aufgabenstellung

Vorstand und Aufsichtsrat eines Automobilherstellers haben eine grundlegende Reorganisation des Neuwagenvertriebs beschlossen. Ziele sind die Ertragsverbesserung durch Verlängerung der Wertschöpfungskette und Rationalisierung des Verkaufs.

Im Einzelnen sollen folgende Maßnahmen ergriffen werden:

- Eröffnung eigener Vertriebszentren
- Reduzierung der Vertragshändleranzahl
- Schaffung von Möglichkeiten zur Neuwagenbestellung per Internet.

Aufgaben sind die Auswahl, ggf. Anpassung eines geeigneten Vorgehensmodells, die Erarbeitung einer geeigneten Vorgehensweise zur Festlegung des zukünftigen Vertriebsnetzes sowie die Konzeption einer adäquaten Vorgehensweise für die Implementierung der Vertriebsstruktur.

Die Aufgabenstellung wird nachfolgend so bearbeitet, dass vor der Auswahlentscheidung für eines der vorgegebenen Vorgehensmodelle eine inhaltliche Bearbeitung der Fragestellungen "Konzeption der Struktur des Vertriebsnetzes" und "Implementierung" erfolgt. Auf der Grundlage der hieraus resultierenden Struktur des Reorganisationsprozesses kann anschließend eine fundierte Beurteilung der alternativen Vorgehensmodelle erfolgen.

2. Vorgehensweise zur Festlegung der Struktur des Vertriebsnetzes

Laut Klausurangaben ist die Entscheidung bereits getroffen. Eine Prüfung der Sinnhaftigkeit der Reorganisationsmaßnahme ist daher nicht erforderlich.

Aufgrund der gegebenen Komplexität wird die Bearbeitung der Fragestellung in zwei Schritten vorgenommen. Ergebnis des ersten Schrittes ist die Grundkonzeption, die die zukünftige Vertriebsstruktur mit den Standorten der Händler und der eigenen Vertriebsniederlassungen enthält. Im zweiten Schritt werden Teilkonzeptionen für die neu aufzubauenden eigenen Standorte und die Gestaltung der Internetlösung zur Neuwagenbestellung erarbeitet.

Schritt 1: Grundkonzeption

Im Vordergrund stehen die Fragen:

- wo soll das bestehende Händlernetz ausgedünnt werden,
- wo sollen Lücken im Vertriebsnetz durch eigene Standorte oder zusätzliche Vertragshändler geschlossen werden,
- wo sollen besonders chancenreiche Standorte für den Aufbau eigener Niederlassungen genutzt werden?

Hierzu sind zunächst geeignete Entscheidungsregeln zu definieren. Beispielhaft können derartige Entscheidungsregeln wie folgt lauten:

- Nicht mehr als ein Händler in einem Radius von 30 km in ländlich strukturierten Gebieten
- Aufbau einer eigenen Vertriebsniederlassung in allen Ballungsräumen mit einer Einwohnerzahl von mehr als fünfhunderttausend und mindestens mittlerer Kaufkraft
- Nicht mehr als fünf Händler in Ballungsräumen mit einer Einwohnerzahl von fünfhunderttausend bis zu einer Million Einwohner etc..

Grundlage für die Festlegung dieser Entscheidungskriterien sind Auswertungen der im Unternehmen vorhandenen Daten über

- Absätze und Umsätze, differenziert nach Standorten und Händlern

- bisherige Händlerstandorte, regional gegliedert
- Standorte relevanter Wettbewerber
- Erträge der Händler aus Verkaufsprovisionen
- Laufzeiten der Händlerverträge
- Kaufkraftdaten.

Bei der Festlegung der Entscheidungsregeln ist auch das Abwanderungsrisiko von Kunden zu Wettbewerbern bei einer Ausdünnung des Händlernetzes zu berücksichtigen. Erträge und Aufwendungen potentieller eigener Vertriebszentren müssen abgeschätzt werden. Ergänzend können Überlegungen angestellt werden, welche Händlerverträge ohnehin aus wichtigen Gründen beendet werden sollen.

Um zu einer angemessenen Dimensionierung des zukünftigen Vertriebsnetzes zu gelangen, muss bereits vor der Definition der o.g. Entscheidungsregeln abgeschätzt werden, welcher Volumensanteil des Absatzes und Umsatzes zukünftig per Internet realisiert werden wird. Darüber hinaus ist abzuschätzen, welche Anteile die verschiedenen Auslieferungsformen (Auslieferung über Vertriebszentrum bzw. Vertragshändler versus Selbstabholung ab Werk) bei den "Internetkäufern" haben werden. Grundlage hierfür sind entweder vorliegende oder noch zu beauftragende Marktstudien.

Auf der Grundlage dieser Daten und Entscheidungsregeln kann nun eine erste Konzeption der zukünftigen Vertriebsstruktur erfolgen. Die Ertrags- und Kostenwirkungen dieser Struktur sowie von Variationen dieser Struktur (dichteres Händlernetz versus dünneres Händlernetz, höhere versus geringere Anzahl eigener Standorte) werden in einer Simulationsrechnung ermittelt und einander gegenübergestellt. Auf diese Weise kann in der Simulation eine ertragsmaximale Lösung ermittelt werden.

Schritt 2: Teilkonzeptionen

In Schritt 2 sind zunächst Standards für die zukünftigen eigenen Standorte zu entwickeln. Funktion dieser Standards ist es, die eigenen Vertriebszentren möglichst schnell einrichten zu können und möglichst effektiv und effizient zu gestalten und zu betreiben.

Die Standards beziehen sich im Wesentlichen auf

- Anforderungen an die Lage des Standorts
- Anforderungen an die Grundstücksgröße
- Gebäudegröße
- bauliche Konzeption und Ausstattung der Gebäude

- Layout der eigenen Vertriebszentren
- Personal- und Sachmittelausstattung
- Budgetierung von Erträgen und Aufwendungen.

Die Standards sind für alternative Standortbedingungen zu differenzieren.

Eine zweite, umfassende Teilkonzeption ist für die Gestaltung der Internetlösung erforderlich.

3. Implementierung der Vertriebsstruktur

Bei der Implementierung sind der Einführungsbereich und der Übergang von der alten zur neuen Organisation von besonderer Bedeutung. Um Ertragsverluste durch die Umstellung möglichst gering zu halten, sollte die Eröffnung neuer Standorte zeitgleich mit der Beendigung bestehender Händlerverträge am gleichen Standort erfolgen. Durch eine Einführung der Internetlösung vor der Restrukturierung des Händlernetzes kann eine zeitliche Entkopplung der beiden Teilprojekte und eine Verringerung des Implementierungsrisikos in sachlicher und finanzieller Hinsicht erfolgen.

Die Umstellung des Vertriebsnetzes ist wegen erheblicher Unsicherheiten bei der Prognose des Kundenverhaltens mit hohen Risiken verbunden. Gleichzeitig führt der Aufbau eigener Vertriebszentren zu einer erheblichen personellen und finanziellen Belastung. Eine flächendeckende Einführung erscheint deshalb nicht sinnvoll, da sie mit zu hohen Risiken verbunden wäre und die Gefahr der Überforderung der vorhandenen Ressourcen bestünde. Es wird deshalb eine sukzessive Einführung mit vorgezogener Piloteinführung in einer abgegrenzten Region empfohlen. Auf diese Weise wird das Einführungsrisiko begrenzt, die Ressourcenbelastung verringert und die Möglichkeit geschaffen, aus den Erfahrungen in den zuerst umgestellten Regionen zu lernen.

4. Auswahl eines der vorgegebenen Vorgehensmodelle

Das Vorgehensmodell des **Prototyping** ist auf die Erstellung eines anwendbaren, aber nicht vollständigen Prototyps abgestellt, der vor Weiterentwicklung im Testbetrieb erprobt wird. Dieses Vorgehensmodell ist im Hinblick auf die zukünftige Struktur der Vertriebsstandorte ungeeignet, da ein Testbetrieb im direkten Kundenkontakt nicht möglich ist.

Das **Versionenkonzept** ist auf die Einführung anwendbarer Lösungen im Echtbetrieb gerichtet, die jedoch noch nicht vollständig ausdifferenziert sind. Die Erfahrungen im Echtbetrieb werden für die sukzessive Verbesserung der Lösung genutzt. Versionenkonzepte sind für EDV-Projekte typisch, so dass davon auszugehen ist, dass die Internetlösung in Form eines Versionenkonzeptes realisiert wird.

Auch die Händler- und Vertriebszentrenstruktur wird in einem längeren Zeitraum partiell Versionencharakter haben, weil z.b. erkannt wird, das durch Errichtung weiterer, zunächst nicht geplanter Standorte eine Ertragsverbesserung erreicht werden kann. Derartige Anpassungsmaßnahmen finden jedoch auch in Projekten statt, die mittels eines teilzyklischen Vorgehens bearbeitet wurden, sie sind nicht konstitutiv für Versionenkonzepte.

Mit der unter Ziffer 2 dieser Fallklausur dargestellten Vorgehensweise wurde im Gegenteil bewusst ein Total-System-Approach, also eine intensive planerische Durchdringung des Problems gewählt, eine Vorgehensweise, die dem inkrementalistischen Ansatz von Versionenkonzepten wesensfremd ist. In einem Versionenkonzept würden dagegen, ausgehend von einer "vorsichtigen" Ausgangslösung, sukzessive so lange weitere Händler gekündigt und neue Standorte errichtet werden, bis eine weitere Ertragsverbesserung nicht mehr realisiert werden kann.

Die in Ziffer 2 dieser Fallklausur dargestellte Vorgehensweise entspricht einem **angepassten teilzyklischen Vorgehensmodell ohne Vorstudie**. Die Grundkonzeption des ersten Schrittes entspricht der Hauptstudie, die Teilstudien des zweiten Schrittes entsprechen der Teilstudie des teilzyklischen Vorgehensmodells. Da sich das Problem durch mittlere Komplexität und Neuartigkeit auszeichnet und in der Planungsphase Klarheit über die endgültige Lösung erreicht werden kann, ist das zu bearbeitende Problem auch in theoretischer Hinsicht für die Anwendung des teilzyklischen Vorgehensmodells geeignet.

Fallklausur 8: Unternehmensfusion

Einführung

1. Kurzdarstellung der Fallklausur

Die Fallklausur stammt aus dem Bereich der Organisationsmethodik. Für die beabsichtigte Fusion zweier Großunternehmen ist darzustellen, wie die Erarbeitung eines Fusionskonzeptes vor dem Hintergrund der Komplexität, der Geheimhaltungsproblematik und des damit verbundenen Zeitdrucks organisiert werden kann. Schwerpunkt der Fallklausur ist die Erarbeitung einer zweckmäßigen Aufbauorganisation des Projektes sowie einer geeigneten Abfolge der Projektschritte.

2. Lernziele

- Erkennen der Zusammenhänge zwischen den Rahmenbedingungen Zeitdruck, Geheimhaltungsnotwendigkeit und notwendiger Fehlerfreiheit der Projektergebnisse einerseits und der aufbau- und ablauforganisatorischen Gestaltung von Projekten andererseits (Zielgewicht 20%)
- Erkennen der aufbau- und ablauforganisatorischen Gestaltungsdimensionen von Projekten (Zielgewicht 20%)
- Entwickeln geeigneter aufbauorganisatorischer Projektgestaltungen (Zielgewicht 30%)
- Entwickeln geeigneter Abfolgen der notwendigen Bearbeitungsschritte (Zielgewicht 30%).

3. Bearbeitungsvoraussetzungen

- Kenntnis aufbau- und ablauforganisatorischer Gestaltungsmöglichkeiten von Projekten
- Kenntnis von Vorgehensweisen zur Verkürzung des Zeitbedarfs für die Projektbearbeitung.

4. Besondere Bearbeitungshinweise

---

5. Parallelen zu anderen Fallklausuren

---

6. Textstellen- und Literaturhinweise

Lesen Sie vor Bearbeitung der Fallklausur Kapitel 5.3.2 und 6.1 dieses Buches.

Falltext

Sie sind als Leiter der Abteilung Mergers & Akquisitions (Fusionen und Beteiligungserwerbe) eines deutschen Großkonzerns damit beauftragt, die Konzeption für eine gesellschaftsrechtliche Verflechtung (Konzernbildung oder Fusion – nachfolgend als Fusion bezeichnet) mit einem kanadischen Großkonzern der gleichen Branche zu erarbeiten.

An der Erarbeitung der Konzeption soll ein mit gleich lautendem Auftrag versehenes Team des potentiellen Fusionspartners gleichberechtigt mitarbeiten, ohne dass die Form der Zusammenarbeit zwischen den Teams der beiden Firmen näher bestimmt ist. Hintergrund ist, dass die Vorstandsvorsitzenden beider Konzerne in einem vertraulichen, der Öffentlichkeit nicht bekannten Papier übereingekommen sind, eine enge Zusammenarbeit beider Konzerne anzustreben und die Machbarkeit dieses Vorhabens untersuchen zu lassen. Aufgrund etwa gleicher Größe und auf beiden

Seiten starker Markt- und Ertragspositionen besteht Einigkeit darüber, dass absolute Gleichberechtigung der potentiellen Fusionspartner in den Untersuchungen unabdingbar ist.

Im Rahmen der Konzeption sind folgende Fragestellungen abzuarbeiten:

- Machbarkeit des Fusionsvorhabens
- Sitz, Rechtsform, Mitbestimmung
- Organisation
- Personelle Besetzung des Vorstandes
- Markenstrategie
- Höhe der erzielbaren Synergie- und Skaleneffekte
- Notwendige (mögliche) Werksschließungen, Entlassungen
- Höhe des Umtauschangebotes an die Aktionäre (Unternehmensbewertung)
- Steuer- und gesellschaftsrechtliches Konzept
- Bewältigung/Bewältigbarkeit der kulturellen Unterschiede.

Angesichts der hohen Bedeutung und des hohen Risikos des Projektes müssen die erzielten Erkenntnisse verlässlich sein.

Gleichzeitig muss das Projekt so geheimgehalten werden, dass bis zum Abschluss der Untersuchung (die im positiven Fall mit der öffentlichen Bekanntgabe des fertigen Konzeptes abgeschlossen werden soll) keine Gerüchte über eine mögliche Zusammenarbeit der Unternehmen an die Medien, an Großinvestoren oder Mitbewerber gelangen.

Stellen Sie dar, wie die Erarbeitung eines derartigen Fusionskonzeptes vor dem Hintergrund der Komplexität, der Geheimhaltungsproblematik und des damit verbundenen Zeitdrucks organisiert werden kann. Gehen Sie dabei auf die Rahmenbedingungen des Projektes ein und stellen Sie im Detail eine zweckmäßige Projektorganisation (einschließlich einer geeigneten Abfolge der einzelnen Bearbeitungsschritte) dar.

Beispiellösung

1. Ausgangssituation und Aufgabenstellung

Für die beabsichtigte gesellschaftsrechtliche Verflechtung (Konzernbildung oder Fusion) zweier Großkonzerne soll eine Konzeption entwickelt werden. In dieser Konzeption sind folgende Fragen zu bearbeiten:

- Machbarkeit des Fusionsvorhabens
- Sitz, Rechtsform, Mitbestimmung

Fallklausur 8: Unternehmensfusion   251

- Organisation
- Personelle Besetzung des Vorstandes
- Markenstrategie
- Höhe der erzielbaren Synergie- und Skaleneffekte
- Notwendige (mögliche) Werksschließungen, Entlassungen
- Höhe des Umtauschangebotes an die Aktionäre (Unternehmensbewertung)
- Steuer- und gesellschaftsrechtliches Konzept
- Bewältigung/Bewältigbarkeit der kulturellen Unterschiede.

Aufgabe ist es, darzustellen, wie die Erarbeitung eines derartigen Fusionskonzeptes vor dem Hintergrund der Komplexität, der Geheimhaltungsproblematik und des damit verbundenen Zeitdrucks organisiert werden kann. Schwerpunkt ist die Erarbeitung einer zweckmäßigen Projektorganisation.

Für das weitere Vorgehen wird die Annahme getroffen, dass keine weiteren potentiellen Fusionskandidaten untersucht werden.

2. Organisation eines Projektes „Erarbeitung Fusionskonzept"

Das Projekt ist unter folgenden **Rahmenbedingungen** durchzuführen:

- höchste Komplexität
- höchste strategische Bedeutung (Chancen, Risiken)
- absolute Notwendigkeit zur Geheimhaltung nach Außen
- Notwendigkeit zur gegenseitigen Gewährung eines weit reichenden Einblicks in das jeweils andere Unternehmen
- Problem der vertraulichen Behandlung der dem Verhandlungspartner gegebenen Informationen, insbesondere im Hinblick auf mögliche Wettbewerbsrisiken im Fall des Scheiterns der Fusionsverhandlungen
- Zeitdruck (Geheimhaltung, Risiko des Versandens)
- hohes Risiko bei Fehleinschätzungen
- ggf. erhebliche Unterschiede in den Interessenlagen der potentiellen Fusionspartner.

Hieraus ergeben sich folgende Probleme für die Durchführung des Projektes:

- Zeitdruck und Geheimhaltung erfordern eine zügige Bearbeitung der Fragestellungen sowie gleichzeitig eine strikte Begrenzung des Kreises der Projektmitarbeiter und zwingen damit zu einer relativ oberflächlichen Behandlung.

- Das Ausmaß an Komplexität und strategischer Bedeutung sowie die erheblichen Risiken bei einer Fehlbeurteilung erfordern dagegen eine äußerst gründliche Bearbeitung des Sachverhalts.

Im Rahmen der **Aufbauorganisation** des Projektes sind folgende Gestaltungsaspekte zu bearbeiten:

- organisatorische Anbindung des Projektes und Berichterstattung
- Art der Zusammenarbeit zwischen den Teams der potentiellen Fusionspartner
- Form der Projektorganisation (reine Projektorganisation, Matrix- oder Stabs-Projektorganisation)
- Projektleitung und Projektmitarbeiter
- ggf. Einbindung von Beratern.

Aufgrund der strategischen Bedeutung und des hohen Risikos des Projektes ist eine Anbindung und Berichterstattung an obere Management-Ebenen (Vorstand, Vorstandsvorsitzender, Aufsichtsrat, Aufsichtsratvorsitzender) zwingend. Da im vorliegenden Fall die Initiative für das Projekt von den Vorstandsvorsitzenden ausgeht, liegt eine Anbindung an diese Ebene nahe. Um schnelle Reaktionen zu ermöglichen und die gebotene Vertraulichkeit sicherzustellen, sollte die laufende Berichterstattung ausschließlich an die Vorstandsvorsitzenden erfolgen. Unabhängig hiervon ist im Fall eines positiven Verlaufes der Untersuchungen eine Ausweitung der Berichterstattung auch an die übrigen Gremien (Aufsichtsratsvorsitzender, Gesamtvorstand, Aufsichtsrat) notwendig.

Für die Zusammenarbeit zwischen den beiden Projektteams bestehen zwei Möglichkeiten:

- die Projektteams erarbeiten die Konzeption unabhängig voneinander und zwar jeweils aus Sicht (und unter Berücksichtigung der spezifischen Interessen) ihres Unternehmens
- es wird ein gemeinsames Projektteam gebildet.

Für zwei getrennte Projektteams (und gegen ein gemischtes Team) spricht, dass die notwendigerweise unterschiedlichen Interessenlagen der beiden Unternehmen explizit (und nicht nur „verstohlen") berücksichtigt werden können. Das Risiko, dass die Interessen des Unternehmens mit den weniger durchsetzungsfähigen Projektmitarbeitern nicht angemessen berücksichtigt werden, ist bei dieser Gestaltung nicht gegeben. Darüber hinaus sind geringere Reibungsverluste zu erwarten als in einem gemischten Team.

Für ein gemischtes Team (und gegen zwei getrennte Teams) spricht, dass in einem gemeinsamen Team keine Doppelarbeiten durchgeführt werden müssen, dass die Personalkapazität erhöht und damit die Bearbeitungszeit verkürzt wird und dass der Zugriff auf die Daten des jeweils anderen Unternehmens erleichtert wird. Zudem kann durch das Einbringen der unterschiedlichen Kenntnisse und Sichtweisen der beteiligten Unternehmen die Qualität der Lösungsentwürfe erhöht werden. Aus dem Zwang zur gemeinsamen Einschätzung der Gegebenheiten kann sich darüber hinaus ein geringeres Risiko des Scheiterns ergeben, allerdings ist auch ein erhöhtes Risiko „fauler Kompromisse" zu konstatieren.

Es empfiehlt sich daher, eine Gestaltung zu wählen, die die Vorteile der beiden Alternativen verbindet und ihre Nachteile vermeidet. Hierzu wird vorgeschlagen, die Prüfung der Machbarkeit des Fusionsvorhabens, die naturgemäß stark von den Interessen der einzelnen Unternehmen geleitet wird, durch getrennte Projektteams analysieren zu lassen.

Die Erarbeitung der Grobkonzeption sollte zur Vermeidung von Doppelarbeiten und zur Verbesserung der Qualität der Lösungsentwürfe dagegen durch ein gemeinsames Team erfolgen. Entsprechend diesem Vorschlag ist auch die Berichterstattung der Projektteams zu gestalten:

- die Berichterstattung erfolgt bis zum Abschluss der Machbarkeitsprüfung ausschließlich an den jeweiligen Vorstandsvorsitzenden

- die Berichterstattung über die Grobkonzeption erfolgt an die beiden Vorstandsvorsitzenden gemeinsam oder an einen Lenkungsausschuss, der aus (wenigen) Vertretern beider Unternehmen gebildet wird.

Im Hinblick auf die Rahmenbedingungen des Projektes (Komplexität, Bedeutung, Risiko, Zeitdruck, Begrenzung der Anzahl involvierter Mitarbeiter) kann die erforderliche Kapazität grundsätzlich nur in der reinen Projektorganisation bereitgestellt werden. Zudem sind für die Bearbeitung der Aufgaben ausschließlich höchstqualifizierte Spezialisten aus den zu bearbeitenden Aufgabenbereichen, möglichst mit intensiver M&A-Erfahrung geeignet.

Sofern die beiden Unternehmen über eigene M&A-Abteilungen verfügen, kommen die Mitarbeiter dieser Abteilungen vorrangig für die möglichst ausschließliche Mitarbeit im Projekt in Betracht. Falls nicht auf derartige Ressourcen zurückgegriffen werden kann, sind geeignete Mitarbeiter dem Projekt zuzuordnen und für die Dauer des Projektes weitestgehend von ihren Routineaufgaben freizustellen. Bei Kapazitätsengpässen sowie im Hinblick auf spezifische Fragestellungen (steuer- und gesellschaftsrechtliches Konzept, Unternehmensbewertung) ist die Einbeziehung von Beratern erforderlich.

Aufgrund der fachlichen Heterogenität der zu bearbeitenden Fragestellungen ist die Aufteilung des Projektes in Teilprojekte zwingend. Für die Erarbeitung der Grobkonzeption ergibt sich beispielsweise die in Abbildung 102 dargestellte Aufbauorganisation des Projektes (das Thema „Sitz und Rechtsform" wurde dabei dem Teilprojekt „Steuern, Gesellschaftsrecht", das Thema „Entlassungen, Werksschließungen" dem Teilprojekt „Synergien, Betriebsgrößeneffekte" zugeordnet) :

Abbildung 102: Aufbauorganisation des Teilprojektes „Grobkonzeption"

Aufgrund des Zeitdruckes müssen die einzelnen Bearbeitungsschritte, sofern sie aufeinander aufbauen, möglichst überlappend, soweit sie voneinander unabhängig sind, möglichst parallel abgearbeitet werden. Die Abhängigkeiten zwischen den zu bearbeitenden Themenbereichen lassen sich wie folgt klassifizieren:

- Die Machbarkeit des Fusionsvorhabens ist vor allen übrigen Themenbereichen abzuarbeiten, auch wenn die Prüfung der Machbarkeit zwingend eine (noch relativ grobe) Auseinandersetzung mit den in der Grobkonzeption zu bearbeitenden Themengebieten voraussetzt.

- Wechselseitige Interdependenzen, die zu einer zeitgleichen Bearbeitung zwingen, bestehen zwischen den Themenbereichen Marketing und Synergien.

- Die übrigen Themenbereiche sind weitgehend unabhängig voneinander.

Damit wird zunächst die Machbarkeitsstudie durchgeführt. Um zu vermeiden, dass der als potentieller Fusionspartner angesehene Wettberber weit reichende Einblicke in das eigene Unternehmen erhält, ohne dass die Durchführbarkeit der Fusion geklärt ist, empfiehlt sich für die Machbarkeitsstudie ein zweistufiges Vorgehen:

- zunächst erfolgt eine sehr grobe Beurteilung der Machbarkeit, ohne dass dem potentiellen Partner detaillierte Informationen zur Verfügung gestellt werden

- erst wenn nach dieser groben Prüfung beide Verhandlungspartner in einer gemeinsamen schriftlichen Erklärung die Absicht zur Weiterverfolgung des Fusionsvorhabens ("letter of intent") artikulieren, erfolgt eine detailliertere Untersuchung der Machbarkeit.

Bei positivem Ergebnis der Machbarkeitsstudie werden die übrigen Themenbereiche parallel abgearbeitet.

Fallklausur 9: Spartenorganisation

Einführung

1. Kurzdarstellung der Fallklausur

Die Fallklausur stammt aus dem Bereich der Organisationsmethodik, mit Schwerpunkt auf der Planungsphase, setzt jedoch umfangreichere Kenntnisse im Bereich der Organisationsgestaltung voraus.

Für die beabsichtigte Einführung einer Spartenorganisation in einem größeren Industrieunternehmen ist die methodische Konzeption für eine Vorstudie zu entwickeln, die die Machbarkeit einer Spartenorganisation klärt, die Grundstruktur der Spartenorganisation erarbeitet und weitergehenden Untersuchungsbedarf definiert.

Ein Schwerpunkt der Klausur besteht darin, zu klären, welcher Informationsbedarf besteht, um sachgerechte Entscheidungen hinsichtlich der verschiedenen Gestaltungsdimensionen einer Spartenorganisation (z.B. Anzahl der Sparten, Zentralisierung/ Dezentralisierung von Funktionen) treffen zu können. Zusätzlich ist zu erarbeiten, mit welchen Erhebungstechniken dieser Informationsbedarf zu decken ist. Ein weiterer Schwerpunkt der Klausur besteht darin, eine geeignete Abfolge der Bearbeitungsschritte des Projektes zu entwickeln und dabei die bestehenden Interdependenzen sowohl zwischen den Gestaltungsdimensionen einer Spartenorganisation als auch zwischen den Informationsgrundlagen der einzelnen Gestaltungsentscheidungen zu berücksichtigen.

2. Lernziele

- Erkennen alternativer Gestaltungsmöglichkeiten für vorgegebene Gestaltungsdimensionen der Spartenorganisation (Zielgewicht 20%)

- Erarbeiten des Informationsbedarfes für die in Spartenorganisationen anstehenden Gestaltungsentscheidungen sowie Auswählen geeigneter Erhebungstechniken (Zielgewicht 30%)

- Erkennen der Interdependenzen zwischen den Informationsbedarfen für die einzelnen Gestaltungsentscheidungen (Zielgewicht 20%)
- Entwickeln einer geeigneten Abfolge von Bearbeitungsschritten im Projekt (Zielgewicht 25%)
- Auswählen geeigneter Techniken der Zielbildung, Alternativenentwicklung und Alternativenbeurteilung (5%).

3. Bearbeitungsvoraussetzungen

- Kenntnis der Spartenorganisation und ihrer Gestaltungsdimensionen mit den jeweiligen Anwendungsvoraussetzungen und Vor- und Nachteilen
- Kenntnis der üblichen Erhebungstechniken sowie ihrer Anwendungsvoraussetzungen und ihrer Vor- und Nachteile
- Kenntnisse der Techniken der Zielbildung, Alternativenentwicklung und -beurteilung.

4. Besondere Bearbeitungshinweise

Die Aufgabenstellung ist, abweichend von den übrigen Fallklausuren, auf eine Klausurdauer von 180 Minuten ausgelegt.

Erarbeiten Sie, ausgehend von sinnvollen Zielen, geeignete Entscheidungsregeln für die Bildung von Sparten.

5. Parallelen zu anderen Fallklausuren

Die Aufgabenstellung dieser Fallklausur weist starke Ähnlichkeiten mit derjenigen von Fallklausur 12 "Matrixorganisation" auf. Die Aufgabenstellung der vorliegenden Fallklausur ist jedoch wesentlich stärker strukturiert als die der Fallklausur 12.

6. Textstellen- und Literaturhinweise

Lesen Sie vor Bearbeitung der Fallklausur Kapitel 4.1 und 5.4 dieses Buches.

Falltext

Ein Industrieunternehmen mit rund 8 000 Mitarbeitern erwägt die Einführung einer Spartenorganisation. Die Sparten sollen aus Produktgruppen gebildet werden. Vor weiteren Aktivitäten soll eine Vorstudie durchgeführt werden, die Antwort auf folgende, (nicht vollständige) Fragestellungen gibt:

1. Kommt eine Spartenorganisation grundsätzlich in Frage?
2. Wie viele Sparten sind sinnvoll?
3. Welche Sparten sind sinnvoll?
4. Mit welchen Überschneidungen bei Produkten, Kunden, Lieferanten, Ressourcennutzung muss gerechnet werden?

5. Wie können bestehende Überschneidungen ggf. gehandhabt werden?
6. Sollen die Sparten rechtlich verselbstständigt werden?
7. Welche Funktionen sind zentral, welche dezentral anzulegen?
8. Welche Autonomie soll den Sparten eingeräumt werden?
9. Welche Auswirkungen hat die Spartenorganisation auf den Führungskräftebedarf? Kann dieser gedeckt werden?
10. Welche Nachteile entstehen durch die Spartenorganisation konkret?
11. Welche Vorteile entstehen durch die Spartenorganisation konkret?

Die Vorstudie soll diese und ggf. andere, noch nicht erkannte Fragestellungen in einer Weise lösen, dass dem Vorstand eine Entscheidung über die Weiterverfolgung der Spartenorganisation möglich ist, die Grundstruktur der künftigen Organisation erkennbar wird und detaillierterer Untersuchungsbedarf definiert werden kann. Für die Durchführung Ihrer Arbeiten erhalten Sie ein Budget von 50 Manntagen à 8 Stunden.

Erarbeiten Sie eine Konzeption für die Durchführung der Vorstudie. Gehen Sie dazu im Vorfeld auf Notwendigkeit und ggf. Problematik der Zielbildung ein. Stellen Sie anschließend auf der Grundlage Ihnen bekannter Gestaltungsalternativen und –voraussetzungen den Informationsbedarf, die Informationsquellen und die Erhebungstechniken für die Beantwortung der in der Aufgabenstellung genannten Fragestellungen dar. Überlegen Sie, inwieweit Sie Ihren Informationsbedarf mittels bereits vorhandener oder einfach generierbarer Unterlagen (z.B. Statistiken) decken können.

Entwickeln Sie anschließend auf der Grundlage der bis dahin gewonnenen Erkenntnisse eine geeignete Abfolge von Erhebungs- Analyse-, Alternativenentwicklungs- und –beurteilungsschritten. Gehen Sie dabei insbesondere auf mögliche Interdependenzen zwischen den zu bearbeitenden Fragestellungen und den hieraus folgenden Konsequenzen für die Abfolge der Bearbeitungsschritte ein. Wägen Sie dabei, soweit es Ihnen notwendig erscheint, alternative Vorgehensweisen und Techniken gegeneinander ab und begründen Sie Ihren Vorschlag.

Definieren Sie, falls Ihnen dies sinnvoll erscheint, so genannte Meilensteine im Projektverlauf, an denen das Projekt bei Vorliegen bestimmter Ergebnisse abgebrochen wird.

Beispiellösung

1. Ausgangssituation und Aufgabenstellung

Ein Industrieunternehmen erwägt die Einführung einer Spartenorganisation, wobei die Vorteilhaftigkeit dieser Organisationsform noch nicht geklärt ist. Angaben zur bisherigen Organisationsform sind nicht gegeben. Es wird angenommen, dass das Unternehmen derzeit Funktional organisiert ist.

Aufgabe ist die Erarbeitung der Konzeption für eine Vorstudie, die folgende Teilaufgaben umfasst:

1. Ist die Einführung einer Spartenorganisation grundsätzlich sinnvoll (Frage 1 der Aufgabenstellung)?

2. Was ist eine geeignete Grobkonzeption für die Spartenorganisation (Fragen 2 bis 8 der Aufgabenstellung)?

3. Wie ist die Spartenorganisation hinsichtlich Führungskräftebedarf und Vor- und Nachteilen zu beurteilen (Fragen 9 bis 11 der Aufgabenstellung)?

Die Vorstudie soll dem Vorstand eine Entscheidung über die Weiterverfolgung der Spartenorganisation ermöglichen, die Grundstruktur der künftigen Organisation aufzeigen und detaillierteren Untersuchungsbedarf definieren.

In der Fallklausur sollen schwerpunktmäßig der Informationsbedarf, die Informationsquellen und die Erhebungstechniken für die Beantwortung der in der Aufgabenstellung genannten Fragestellungen sowie eine geeignete Bearbeitungsreihenfolge dargestellt werden. Spezifische Probleme bei der Zielbildung sowie mögliche Meilensteine für einen vorzeitigen Abbruch des Projektes sind darzulegen.

Für die Vorstudie ist nur ein knappes Budget gegeben, der Umfang eigener Erhebungen ist deshalb beschränkt.

2. Ziele

Die Aufgabenstellung enthält keine Angaben zu den Zielen der Reorganisation. Da die Ziele in erheblichem Maße den Verlauf der Untersuchung beeinflussen und sowohl Auswirkungen auf den Informationsbedarf als auch auf die konkrete Gestaltung der Grobkonzeption haben, ist die Erarbeitung der Ziele zu Beginn des Projektes unabdingbar.

Hierzu ist zweckmäßigerweise zu Beginn des Projektes eine Befragung des Vorstandes und ggf. weiterer Führungskräfte im Rahmen eines Workshops vorzunehmen. Der Organisator hat dem Vorstand hierbei einen Zielkatalog vorzulegen, der von den Entscheidungsträgern ggf. um weitere Ziele ergänzt und im Hinblick auf die Wichtigkeit der Ziele und das angestrebte Zielausmaß vervollständigt wird. Da zu Beginn des Projektes kaum Vorstellungen über die Vor- und Nachteile der Spartenorganisation bestehen, ist zu erwarten, dass die Festlegung der angestrebten Zielhöhe allenfalls vorläufigen Charakter haben kann.

Nachfolgend wird angenommen, dass primär die Ziele „Verbesserung der Markt- und Kundennähe", „Erhöhung der Flexibilität" und „Erhöhung der Mitarbeitermotivation", unter der Nebenbedingung „bestmögliche Ressourcennutzung" verfolgt werden. Mögliche weitere Ziele sind beispielsweise die „Schaffung börsenfähiger Einheiten" oder die „Erleichterung der Zusammenarbeit mit Dritten".

3. Grundsätzliche Anwendbarkeit einer Spartenorganisation

Anwendungsvoraussetzungen einer Spartenorganisation sind grundsätzlich das Vorliegen einer Mindestgröße, hohe Diversifikation, geringe Interdependenzen zwischen den als Sparten vorgesehenen Bereichen sowie komplexe und dynamische Märkte. Zur Prüfung, inwieweit diese Anwendungsvoraussetzungen gegeben sind, werden Daten zur Unternehmensgröße, zum Produktprogramm, zur Heterogenität der Produkte, den Märkten, den Marktteilnehmern und den wesentlichen Veränderungen am Markt benötigt. Diese Daten sind in Unternehmen üblicherweise vorhanden und bekannt, Erhebungstechnik ist daher die Auswertung bestehender schriftlicher Unterlagen (Produktkataloge, Absatz-, Umsatzstatistiken, Marktforschungsberichte etc.).

Um die Notwendigkeit der Einführung einer Spartenorganisation besser beurteilen zu können, sollte zusätzlich erhoben werden, inwieweit in der bisherigen Organisation typische Schwachstellen einer (für Unternehmensgröße und –diversifikation sowie Marktkomplexität und –dynamik nicht mehr geeigneten) Funktionalen Organisation vorliegen (z.B. mangelnde Marktnähe, fehlende Motivation, zu lange Reaktionszeiten auf Marktveränderungen etc.). Auch hier sollten, sofern vorhanden, primär bestehende Daten (z.B. Organisationsuntersuchungen, Marktforschungsberichte) ausgewertet werden und lediglich ergänzend wenige, so genannte Expertengespräche (nicht standardisiertes, nur teilweise strukturiertes Interview) geführt werden.

Traditionell wurde die Einführung einer Spartenorganisation ab einer Betriebsgröße von zehntausend Mitarbeitern für möglich gehalten. Nach modernerer Auffassung ist das Vorliegen der erforderlichen Mindestgröße jedoch im Einzelfall dahingehend zu beurteilen, ob bei Aufteilung der Ressourcen auf die Sparten eine wettbewerbsfähige Größe erhalten bleibt.

Damit müssten bereits bei der Beurteilung der grundsätzlichen Sinnhaftigkeit einer Spartenorganisation Überlegungen zur Grobstruktur der Sparten (Produkt- und Ressourcenzuordnung, Größe) angestellt werden und die Wettbewerbsfähigkeit der sich ergebenden Betriebsgrößen beurteilt werden.

Um unnötige rekursive Strukturen im Projektverlauf zu vermeiden, wird hiervon abgesehen, da die Effizienz der Ressourcennutzung ohnehin in die Beurteilung alternativer Gestaltungen der Spartenorganisation einbezogen wird. Die Spartenorganisation ist damit als grundsätzlich sinnvolle Gestaltung anzusehen, wenn die übrigen Anwendungsvoraussetzungen vorliegen.

4. Grobstruktur der Spartenorganisation

4.1 Anzahl und Art der Sparten, Überschneidungen (Fragen 2 bis 5)

Im Rahmen der Aufgabenstellung ist die Bildung der Sparten nach Produktgruppen bereits vorgegeben. Die Alternativen einer Spartenbildung nach Regionen oder Kundengruppen werden daher nachfolgend nicht untersucht.

Eine systematische Entwicklung von Spartengliederungen wird sich zweckmäßigerweise an folgenden Anforderungen, die aus den in Ziffer 2 dieser Fallklausur genannten Zielen abgeleitet sind, orientieren:

1. Die Sparten sollen hinsichtlich der Marktbearbeitung in sich möglichst homogen und untereinander möglichst heterogen sein. Hierdurch soll einerseits eine möglichst gute Markt- und Kundenorientierung erreicht werden, aber andererseits die Anzahl der Sparten insoweit begrenzt werden, dass eine effiziente Ressourcennutzung möglich bleibt.

2. Die Sparten sollen so gebildet werden, dass Kundenüberschneidungen (ein Kunde wird von mehr als einer Sparte beliefert) so weit als möglich vermieden werden. Hierdurch soll zum einen erreicht werden, dass die erwünschte Produktorientierung nicht zu Lasten der Kundenorientierung realisiert wird, zum anderen sollen logistische und administrative Mehraufwendungen durch parallel laufende kundenbezogene Prozesse vermieden werden.

3. Die Sparten sollen so gebildet werden, dass für den Spartenerfolg wesentliche Potentiale und Fähigkeiten (also z.B. Ressourcen und Know-How aus F&E, Fertigung, Beschaffung, Logistik, EDV) möglichst vollständig in die einzelnen Sparten integriert werden können, also die selben Potentiale und Fähigkeiten nicht auch von weiteren Sparten genutzt werden müssen. Hierdurch soll eine Verbesserung der Markt- und Kundenorientierung sowie eine Erhöhung der Flexibilität erreicht werden.

4. Die Sparten sollen so gebildet werden, dass eine kostenerhöhende Aufteilung von Ressourcen auf verschiedene Sparten so weit als möglich vermieden wird.

5. Für die Spartenbildung können darüber hinaus weitere, einzelfallbezogene Anforderungen definiert werden. So kann z.B. verlangt werden, dass Sparten im Hinblick auf ihre Börsenfähigkeit einerseits möglichst homogen sind, aber andererseits eine bestimmte Mindestgröße erreichen, oder dass eine bestimmte Produktgruppe, für die Kooperationen mit Dritten geplant sind, eine eigene Sparte bildet.

Die Anforderungen 2 und 3 stellen darauf ab, Überschneidungen zwischen den Kunden verschiedener Sparten bzw. zwischen den von verschiedenen Sparten genutzten Ressourcen zu vermeiden. Diese grundsätzlich sinnvollen Anforderungen sind jedoch in der Praxis (auch wenn die Sparten zweckmäßig gegliedert werden) nicht immer erfüllbar.

Sofern die Sparten wegen der Heterogenität der Produktgruppen nicht so gebildet werden können, dass jeder Kunde Produkte nur von genau einer Sparte bezieht, entstehen Kundenüberschneidungen. Diese können wie folgt gehandhabt werden:

- die von den Überschneidungen betroffenen Funktionen (z.B. Verkauf, Logistik) werden zentralisiert und von mehreren Sparten gemeinsam genutzt; die hierdurch entstehende Einschränkung der Spartenautonomie wird in Kauf genommen

- die von den Überschneidungen betroffenen Kunden werden der Sparte mit dem höchsten (kundenbezogenen) Umsatzanteil zugeordnet, die den Absatz der Produkte anderer Sparten an den Kunden übernimmt (Mandatsprinzip)

- die von den Überschneidungen betroffenen Funktionen (z.B. Verkauf, Logistik) werden der Sparte mit dem höchsten Nutzungsanteil zugeordnet und von den anderen Sparten mitgenutzt (Mandatsprinzip)

- die Sparten werden so umgegliedert, dass jeder Kunde von genau einer Sparte beliefert wird

- die Überschneidungen werden in Kauf genommen.

Sofern nicht die günstige Situation besteht, dass die Ressourcen unproblematisch den zu bildenden Sparten zuzuordnen sind (z.B. bei bereits verteilter Ressourcennutzung oder bei redundant vorhandenen Ressourcen), bestehen darüber hinaus Überschneidungen zwischen den Sparten hinsichtlich der Ressourcennutzung. Diese Überschneidungen und der dann auftretende Konflikt zwischen den o.g. Anforderungen 3 und 4 können wie folgt gehandhabt werden:

- die entsprechenden Ressourcen werden zentralisiert und von mehreren Sparten gemeinsam genutzt
- die entsprechenden Ressourcen werden der Sparte mit dem höchsten Nutzungsanteil zugeordnet und von den anderen Sparten mitgenutzt (Mandatsprinzip)
- die Sparten werden so umgegliedert, dass eine Ressourcenaufteilung nicht mehr erforderlich ist
- die verschlechterte Ressourcennutzung durch Aufteilung der Kapazitäten wird in Kauf genommen.

Zur dargelegten systematischen Entwicklung geeigneter Spartengliederungen sowie zur Feststellung etwaiger Überschneidungen sind Daten zu den Gegebenheiten und Anforderungen der Absatzmärkte, Absatz- und Umsatzstatistiken, Daten zu den in den Sparten verwendeten Materialien und Technologien und zur Nutzung der bestehenden Ressourcen sowie Daten über Größe und Struktur vergleichbarer Wettbewerber notwendig. Für die Entwicklung der Spartengliederungen lassen sich zudem Hinweise aus den Einteilungen von Absatz- und Umsatzstatistiken, einer ggf. bereits vorhandenen Einteilung der Produktion oder des Absatzes nach Produktbereichen oder aus den bei Wettbewerbern vorliegenden Spartengliederungen gewinnen (tatsächlich liegen in vielen Fällen geeignete Spartengliederungen ohne nähere Untersuchung „auf der Hand").

Diese Daten werden im Hinblick auf Datenvalidität und Kostengünstigkeit der Erhebung so weit als möglich durch Auswertung vorhandenen schriftlichen Materials gewonnen. Im Hinblick auf nicht schriftlich dokumentierte Erfolgsfaktoren, nicht offensichtlich erkennbare Überschneidungen oder die Einschätzung der Wettbewerbsfähigkeit der Sparten können ergänzend einzelne Expertengespräche oder Workshops durchgeführt werden.

Zur Entwicklung der Spartengliederungen kann bei einer überschaubaren Zahl (größerer) Produktgruppen auch die Vollenumeration eingesetzt werden. Dabei werden zunächst alle logisch möglichen Kombinationen von Produktgruppenzusammenfassungen gebildet. Aus diesen Kombinationen werden dann diejenigen Kombinationen eliminiert, die offenkundig unzweckmäßig sind.

Die Technik der Vollenumeration hat bei der Alternativengenerierung den Vorteil, dass à priori keine theoretisch mögliche Alternative ausgeschlossen wird. Sie wird jedoch bei einer hohen Anzahl von Produktgruppen unübersichtlich, so dass hier der systematischen Entwicklung von Spartengliederungen der Vorzug gegeben wird.

4.2 rechtliche Verselbstständigung (Frage 6)

Die Frage der rechtlichen Verselbstständigung der Sparten ist unabhängig von der organisatorischen Gestaltung. Inwieweit eine rechtliche Verselbstständigung geboten ist, ergibt sich aus den unter Ziffer 2 dieser Fallklausur abgefragten Zielen:

- sofern Sparten in absehbarer Zeit an den Kapitalmarkt gebracht werden oder veräußert werden sollen, ist es zweckmäßig, gleichzeitig mit der Organisationsstruktur auch die Rechtsstruktur anzupassen und diese Sparten rechtlich zu verselbstständigen

- sofern beabsichtigt ist, in absehbarer Zeit Kooperationen mit anderen Unternehmen einzugehen, deren Einfluss bzw. Einblick auf die jeweilige Sparte begrenzt bleiben soll, ist es empfehlenswert, die betroffene Sparte rechtlich zu verselbstständigen.

Da die rechtliche Verselbstständigung von Sparten ein komplexer gesellschaftsrechtlicher Vorgang ist, aus dem sich zudem erhebliche steuerliche Auswirkungen ergeben können, empfiehlt es sich, die Entscheidung auf der Grundlage einer qualifizierten steuer- und gesellschaftsrechtlichen Beratung zu treffen.

4.3 Funktionsumfang der Sparten (Frage 7)

Im Hinblick auf die verfolgten Ziele Markt- und Kundennähe sowie Flexibilität sollten Sparten generell alle marktrelevanten Funktionen enthalten. Die Notwendigkeit einer effizienten Ressourcennutzung sowie einer Vereinheitlichung von Politiken, Verfahren, Prozessen, Marktauftritt etc. über Sparten hinweg erfordert dagegen häufig eine Zentralisierung von Funktionen. Als Mindestfunktionsumfang von Sparten werden die Funktionen Produktion und Absatz angesehen. In der Praxis gelegentlich zu findende „Sparten", die lediglich die Funktion Absatz beinhalten, können nicht als Sparten im eigentlichen Sinne angesehen werden.

In folgenden Fällen ist eine Funktion zweifelsfrei zu den Sparten zuzuordnen:

- die Funktion ist bedeutsam für den Erfolg der einzelnen Sparten

- es bestehen hinsichtlich der Funktion keine oder nur geringe Interdependenzen zwischen den Sparten (vgl. die Ausführungen zu den Überschneidungen)

- es besteht keine Notwendigkeit zur spartenübergreifenden Vereinheitlichung (hinsichtlich Ressourcen, Verfahren, Prozessen, Marktauftritt etc.)

- die den Sparten zugeordneten Funktionen haben eine Mindestbetriebsgröße, die eine effiziente Ressourcennutzung erlaubt

- durch eine (Teil-) Zentralisierung sind keine wesentlichen Skalen oder Synergieeffekte zu erwarten.

Dagegen ist eine Zentralisierung der Funktion in folgenden Fällen geboten:

- es besteht eine hohe Notwendigkeit zur spartenübergreifenden Vereinheitlichung

- durch eine zentrale Eingliederung können erhebliche Skalen- oder Synergieeffekte erzielt werden

- durch die zentrale Eingliederung werden die Erfolgschancen der Sparten nicht übermäßig beschnitten

- es bestehen hinsichtlich der Funktion erhebliche Interdependenzen zwischen den Sparten.

In den Fällen, in denen einige der dargestellten Anwendungsvoraussetzungen für eine dezentrale, andere Anwendungsvoraussetzungen aber für eine zentrale Eingliederung einer Funktion sprechen, bietet sich die gemischte Eingliederung an, bei geringen Überschneidungen zwischen den Sparten das Mandatsprinzip.

Zur Festlegung der den Sparten zuzuordnenden Funktionen ist daher für die unter Ziffer 4.1. dieser Fallklausur gebildeten Sparten zu prüfen, ob die Anwendungsvoraussetzungen für eine dezentrale, zentrale oder gemischte Eingliederung vorliegen. Hierzu kann wieder auf die unter den Ziffern 3. und 4.1. dieser Fallklausur erhobenen Informationen zurückgegriffen werden.

4.4 Autonomie der Sparten (Frage 8)

Unabhängig davon, dass sich aus den Interdependenzen zwischen den Sparten und den Funktionszuordnungen zu den Sparten Implikationen für die Spartenautonomie ergeben, soll die Autonomie hier als eigenständige Gestaltungsvariable betrachtet werden, die im Wesentlichen von der Unternehmenspolitik und dem Gestaltungswillen der Unternehmensleitung abhängig ist.

Bei der Definition der Spartenautonomie ist festzulegen, welche Entscheidungen von der Spartenleitung selbstständig getroffen werden und welche Entscheidungen der Unternehmensleitung vorbehalten bleiben. Bei der Festlegung der Grobstruktur der Sparten kann nicht auf einzelne Entscheidungsarten abgestellt werden, sondern nur eine relativ grobe Autonomiebestimmung erfolgen. Hierzu kann beispielsweise eine Einstufung der Autonomie als „niedrig", „mittel" oder „hoch" für die Kategorien „finanzielle Autonomie", „operative Autonomie", „strategische Autonomie" erfolgen.

Die gestalterischen Vorstellungen der Unternehmensleitung zur Autonomie der Sparten sind zweckmäßigerweise im Rahmen eines Workshops zu Beginn der Untersuchung zu erheben. Ergänzend können schriftliche Informationsquellen über die verfolgte Unternehmenspolitik (Leitlinien der Unternehmenspolitik oder Strategiepapiere) herangezogen werden.

4.5 Auswirkungen auf den Führungskräftebedarf (Frage 9)

Die Auswirkungen auf den Führungskräftebedarf sind wie folgt zu ermitteln:

- es wird ein Organigramm der neuen Organisation erstellt

- aus diesem wird der Bedarf an Führungskräften abgeleitet und das entsprechende Anforderungsprofil der einzelnen Führungskräfte bestimmt

- anhand vorliegender Führungskräftedaten wird anschließend die Abdeckung des Führungskräftebedarfs geprüft und eine ggf. bestehende Deckungslücke wird dargestellt.

Bei den o.g. Aufgaben ist die Mitwirkung der Personalabteilung zweckmäßig. Die Analyse des Führungskräftebedarfes sollte aus Gründen der Arbeitsökonomie auf wenige, erfolgversprechende Gestaltungsalternativen beschränkt werden. Im Hinblick auf das geringe Budget ist im Rahmen der Voruntersuchung jedoch nur eine relativ grobe Abarbeitung dieser Fragestellung möglich.

4.6 Vor- und Nachteile der neuen Organisation (Fragen 10 und 11)

Die Prognose konkreter, insbesondere zahlenmäßig bezifferter Auswirkungen grundlegender Reorganisationsmaßnahmen gehört zu den schwierigsten Aufgaben des Organisators. Sie wird in der Literatur – zu Recht – als ungelöstes Problem der Organisationsplanung bezeichnet.

Relativ einfach lassen sich (ggf. in einer Arbeitsgruppe) die Mehrkosten durch zusätzlich erforderliche Führungskräfte und durch negative Betriebsgrößeneffekte in Folge der Verteilung der Ressourcen auf die Sparten ermitteln. Die Auswirkungen der Reorganisation auf die Leistungsseite (also der Nutzen der Reorganisation) lassen sich dagegen ex ante nicht seriös quantifizieren. Hier besteht zunächst die Möglichkeit des Verweises auf die Ergebnisse ähnlicher Projekte, der allerdings mit dem generellen Problem der Übertragbarkeit belastet ist. Damit bleibt als gangbarer Weg lediglich die subjektive, qualitative Abschätzung der Auswirkungen der organisatorischen Veränderungen gegenüber der bestehenden Organisation. Als Beurteilungskriterien können die unter Ziffer 2 dieser Fallklausur aufgeführten Ziele verwendet werden.

Die Abschätzung der konkreten Vor- und Nachteile der Spartenorganisation sollte aus Gründen der Arbeitsökonomie auf wenige, erfolgversprechende Gestaltungsalternativen beschränkt werden. Im Hinblick auf das geringe Budget und die dargestellte Prognoseproblematik ist im Rahmen der Vorstudie jedoch nur eine relativ grobe Abklärung dieser Fragestellung möglich.

5. Reihenfolge der Bearbeitungsschritte, Meilensteine

Bei der Abarbeitung der in der Aufgabenstellung aufgezeigten Fragestellungen wird offensichtlich, dass die aufgezeigten Fragen in erheblichem Maße interdependent sind. So setzen die Fragen zu Überschneidungen zwischen den Sparten und zu einer möglichen Handhabung dieser Überschneidungen, sowie die Frage nach der Zuordnung von Funktionen zu den Sparten eine sehr konkrete planerische Abgrenzung möglicher Sparten voraus. Die Bearbeitung der vorstehenden Fragestellungen sowie der Frage nach der grundsätzlichen Sinnhaftigkeit der Spartenorganisation beruhen darüber hinaus weitgehend auf dem selben Datenmaterial. Auch die Ableitung des zukünftigen Führungskräftebedarfes sowie die Abschätzung der Auswirkungen der Spartenorganisation setzen sehr konkrete Vorstellungen über die zukünftige Gestalt der Spartenorganisation voraus. Lediglich die Fragestellungen zur rechtlichen Verselbstständigung der Sparten und der Autonomie der Sparten sind von den übrigen Fragen relativ unabhängig.

Hieraus folgt, dass die Aufgabenstellung weitgehend ganzheitlich zu bearbeiten ist. Insbesondere sollten alle notwendigen Datenerhebungen unmittelbar zu Beginn der Vorstudie erfolgen.

Da die Beurteilung der Sinnhaftigkeit der Spartenorganisation auf dem gleichen Datenmaterial wie die weitere Untersuchung beruht, ist die Durchführung einer „Vor-Vorstudie" zur Bearbeitung dieser Teilaufgabe nicht zweckmäßig.

Die Interdependenzen zwischen den einzelnen Fragestellungen haben darüber hinaus Auswirkungen auf den Prozess der Alternativengenerierung. Die Gestaltungsmerkmale

- Spartengliederung
- Handhabung von Überschneidungen
- Zuordnung von Funktionen

sind als zusammengehörendes Eigenschaftsbündel für jeweils eine Alternative gemeinsam festzulegen.

Die von der Spartengliederung relativ unabhängigen Merkmale der rechtlichen Selbstständigkeit sowie der Autonomie können mit den oben beschriebenen Eigenschaftsbündeln in einem morphologischen Kasten zu vollständig beschriebenen Gestaltungsalternativen kombiniert werden. Offensichtlich unzweckmäßige Kombinationen können dabei vor der Alternativenbewertung eliminiert werden.

Vor der Alternativenbeurteilung, aber insbesondere vor der relativ aufwändigen Ableitung des Führungskräftebedarfs sowie der Abschätzung der Auswirkungen der Reorganisation kann eine Vorabselektion der Gestaltungsalternativen durchgeführt werden, um die weiter zu betrachtenden Alternativen auf eine handhabungsgerechte Zahl zu reduzieren.

Die Abschätzung des Führungskräftebedarfs sowie die Prognose der Auswirkungen der Reorganisation werden für die Beurteilung der Alternativen benötigt. Sie sind daher vor der Alternativenbeurteilung durchzuführen.

Zur Bewertung der alternativen Spartenstrukturen ist zweckmäßigerweise ein Punktebewertungsverfahren zu verwenden. Die Bewertungskriterien sind aus den Zielen der Reorganisation abzuleiten und im Lichte der zusätzlich gewonnenen Erkenntnisse ggf. zu detaillieren und zu gewichten.

Die Ergebnisse der bisherigen Arbeiten sind in einer Präsentation darzulegen. Die Präsentation enthält insbesondere die Darstellung des Vorgehens, eine grobe Auflistung der geprüften Alternativen, eine relativ detaillierte Darstellung der relevanten Alternativen, die Alternativenbeurteilung und einen Auswahlvorschlag sowie Vorschläge zum weiteren Vorgehen und zum weiteren Analysenbedarf.

Fallklausur 10: Konzernorganisation

Einführung

1. Kurzdarstellung der Fallklausur

Die Fallklausur stammt aus dem Bereich der Organisationsmethodik, mit Schwerpunkt auf der Planungsphase, setzt jedoch umfangreichere Kenntnisse hinsichtlich Kooperation und Konzentration voraus.

Für eine Gruppe von zehn im Eigentum der selben Muttergesellschaft stehende Dienstleistungsunternehmen ist die methodische Konzeption für eine Vorstudie zu entwickeln. Diese Vorstudie soll in einer Grobkonzeption münden, die die Gestaltungsmöglichkeiten der Zusammenarbeit zwischen den Gesellschaften, die zu erwartenden Synergie- und Skaleneffekte, sowie die Risiken der verschiedenen Gestaltungsalternativen in Form eines konkreten Gestaltungsvorschlages aufzeigt.

268   7. *Fallklausuren*

Der Schwerpunkt der Klausur besteht darin, zu klären, welche Synergie- und Skaleneffekte bei welcher rechtsorganisatorischen Gestaltung (Kooperation, Konzernbildung oder Fusion) zu erwarten sind. Hierzu sind insbesondere die Informationsbedarfe und Techniken zur Abschätzung der potentiellen Synergie- und Skaleneffekte aufzuzeigen.

2. Lernziele

- Erkennen alternativer rechtsorganisatorischer Gestaltungsmöglichkeiten für die Zusammenarbeit von Schwestergesellschaften (Zielgewicht 10%)

- Ausdifferenzieren grundlegender rechtsorganisatorischer Gestaltungsmuster (Zielgewicht 15%)

- Erkennen der Bereiche, in denen Synergie- und Skaleneffekte realisiert werden können (Zielgewicht 25%)

- Erarbeiten von Vorgehensweisen zur Abschätzung der bei verschiedenen rechtsorganisatorischen Gestaltungsalternativen realisierbaren Synergie- und Skaleneffekte (Zielgewicht 50%).

3. Bearbeitungsvoraussetzungen

- Kenntnis der Möglichkeiten von Kooperation und Konzentration

- Kenntnis der Bereiche, in denen Synergie- und Skaleneffekte realisiert werden können

- Kenntnis der üblichen Erhebungstechniken sowie ihrer Anwendungsvoraussetzungen und ihrer Vor- und Nachteile.

4. Besondere Bearbeitungshinweise

---

5. Parallelen zu anderen Fallklausuren

Die Aufgabenstellung dieser Fallklausur wird in Fallklausur 11 "Erstellung eines Angebotes" erneut aufgenommen. Die hier zu erarbeitende methodische Vorgehensweise ist in Fallstudie 11 in Angebotsform darzustellen.

6. Textstellen- und Literaturhinweise

Lesen Sie vor Bearbeitung der Fallklausur Kapitel 4.1.4, 4.2 und 5.4 dieses Buches.

Falltext

Ein amerikanischer Dienstleistungskonzern hat in Europa insgesamt 10 Gesellschaften erworben. Ziel des amerikanischen Dienstleistungskonzernes ist es, ein „Player" auf dem europäischen Dienstleistungsmarkt zu werden.

Die erworbenen Gesellschaften sind in unterschiedlichem Maße diversifiziert, befinden sich an unterschiedlichen Standorten und sind unterschiedlich groß. Das Dienstleistungsspektrum umfasst EDV-Beratung, Unternehmensberatung in verschiedenen Geschäftsfeldern, Wirtschaftsprüfung und Steuer- und Rechtsberatung. Unter den Gesellschaften befinden sich kleine spezialisierte Nischenanbieter, größere Einheitsunternehmen mit hohem Diversifikationsgrad und kleinere Konzerne mit eigenständigen Tochtergesellschaften für verschiedene Dienstleistungssegmente und Regionen. Die Gesellschaften haben jeweils eigene Verwaltungen.

Geschäftsfelder, Produkte und Zielgruppen der Gesellschaften überschneiden sich (mit unterschiedlicher Intensität). Einzelne Gesellschaften entwickeln laufend hochinnovative, standardisierte Dienstleistungsprodukte, während andere Gesellschaften ein eigenständiges Produktprofil vermissen lassen. Die von den Gesellschaften betriebene Öffentlichkeitsarbeit ist in Qualität und Quantität höchst unterschiedlich.

Die Gesellschaften verfügen über unterschiedliche Historie und möglicherweise auch Kulturen.

Sie werden aufgefordert, ein Konzept für eine Vorstudie zu erstellen, die Aussagen zu folgenden (nicht vollständig formulierten) Fragen enthalten soll:

1. Welche konzernorganisatorischen Gestaltungsmöglichkeiten kommen generell in Frage?
2. In welchen Bereichen sind Synergieeffekte zu erwarten?
3. Wie hoch sind die Synergieeffekte?
4. In welchem Ausmaß können die Synergieeffekte bei den unterschiedlichen Gestaltungsmöglichkeiten realisiert werden?
5. In welchen Bereichen sind Skaleneffekte zu erwarten?
6. Wie hoch sind die Skaleneffekte?
7. In welchem Ausmaß können die Skaleneffekte bei den unterschiedlichen Gestaltungsmöglichkeiten realisiert werden?
8. Welche Risiken bestehen bei den verschiedenen Gestaltungsmöglichkeiten?
9. Welche steuerlichen Konsequenzen sind mit den alternativen Gestaltungen verbunden?
10. Wie soll die Gestaltung konkret aussehen?

Erarbeiten Sie einen Vorschlag für die Konzeption der Vorstudie. Gehen Sie dabei auf die oben formulierten Fragen und ggf. weitere, relevante Fragestellungen detailliert ein. Stellen Sie im einzelnen Informationsbedarf, Informationsquellen und die jeweils geeignete Erhebungstechnik dar.

Beispiellösung

1. Ausgangssituation und Aufgabenstellung:

Ein amerikanischer Dienstleistungskonzern hat in Europa insgesamt 10 Gesellschaften erworben, die in den Geschäftsfeldern EDV-Beratung, Unternehmensberatung, Wirtschaftsprüfung und Steuer- und Rechtsberatung tätig sind. Die Gesellschaften sind hinsichtlich Größe, regionalen Tätigkeitsbereichen, Geschäftsfeldern, Diversifikationsgrad, Professionalität und Unternehmenskulturen heterogen, überschneiden sich aber hinsichtlich Geschäftsfeldern, Produkten und Zielgruppen.

Aufgabe ist die Erarbeitung einer Konzeption für eine Vorstudie zur Gestaltung der Zusammenarbeit zwischen den Gesellschaften unter besonderer Berücksichtigung von Skalen- und Synergieeffekten sowie der Risiken der einzelnen Gestaltungsmöglichkeiten. Gegenstand der Vorstudie sollen im Einzelnen die generellen Gestaltungsmöglichkeiten, die zu erwartenden Synergie- und Skaleneffekte, die Risiken und steuerlichen Konsequenzen der verschiedenen Gestaltungsalternativen sowie ein konkreter Gestaltungsvorschlag in Form eines Grobkonzeptes sein.

Der Informationsbedarf, die Informationsquellen sowie geeignete Erhebungstechniken sind detailliert darzustellen.

2. Generelle Gestaltungsmöglichkeiten (Frage 1)

Grundsätzlich bestehen folgende Gestaltungsalternativen für die Zusammenarbeit der Gesellschaften:

- Die Gesellschaften bleiben rechtlich und organisatorisch selbstständig, aber kooperieren z.B. im Bereich der Produktentwicklung (Kooperation)

- Die Gesellschaften bleiben rechtlich selbstständig, werden aber unter das gemeinsame Dach einer Holding gestellt, die die einheitliche Leitung ausübt (Konzern)

- Die Gesellschaften werden zu einem Einheitsunternehmen fusioniert (Einheitsunternehmen).

Die oben genannten Gestaltungsmöglichkeiten können kombiniert werden, so dass z.B. generell eine Konzernbildung erfolgt, in die aber einzelne Gesellschaften nicht einbezogen werden oder dass kleinere Konzerngesellschaften im Rahmen einer generellen Konzernstruktur fusioniert werden. Im Rahmen der generellen Gestaltungsmöglichkeiten ist damit für jede einzelne Gesellschaft zu klären, ob und in welcher Form sie in die Reorganisation einbezogen wird.

Die generellen Gestaltungsmöglichkeiten Kooperation, Konzern oder Einheitsunternehmen bedürfen zusätzlich einer inneren Strukturierung.

Bei Kooperationen sind folgende Aspekte zu definieren:
- der Kooperationsgegenstand
- und die Art der Kooperation als freiwillige, vertraglich geregelte oder durch Beteiligungen abgesicherte Kooperation.

Für Konzernstrukturen sind folgende Festlegungen erforderlich:
- die organisatorische Struktur des Konzerns (insbesondere ist zu klären, ob Sparten gebildet werden, denen einzelne Gesellschaften oder Teile von Gesellschaften zugeordnet werden)
- die Zuordnung von Tätigkeitsbereichen, Regionen und Kundengruppen zu einzelnen Organisationseinheiten oder Gesellschaften (Zweck ist die Vermeidung konzerninterner Doppelarbeiten und von Konkurrenzsituationen)
- die Frage der generellen Gestaltung des Konzerns als zentraler Konzern oder dezentraler Konzern und damit insbesondere
  - die Definition der Steuerungsfunktionen der Konzernmutter und die damit verbundene Einschränkung der Autonomie der Konzerngesellschaften bzw. Sparten (Konzernmutter nimmt Einfluss auf finanzielle Situation, Strategie oder operatives Geschäft)
  - die Frage der Zentralisierung von Funktionen bei der Konzernmutter (insbesondere von Dienstleistungsfunktionen und von Funktionen mit zentraler Bedeutung)
  - die Frage ob für ggf. zu definierende Sparten so genannte Zwischenholdings eingerichtet werden sollen
  - die Festlegung geeigneter Koordinationsmechanismen.

Für Einheitsunternehmen ist die innere Struktur des Unternehmens festzulegen, es ist also insbesondere zu klären, ob Sparten eingerichtet werden sollen und mit welchen Funktionen und welcher Autonomie diese ausgestattet werden sollen.

Die aufgeführten generellen Gestaltungsmöglichkeiten können, soweit nicht bekannt, durch Literaturstudium ermittelt werden.

3. Zu erwartende Synergie-, Skaleneffekte und Risiken sowie steuerliche Konsequenzen (Fragen 2 – 9)

Ausgangspunkt ist die Aufstellung eines generellen Kataloges von Synergie- und Skaleneffekten und Risiken. Hierbei kann auf die Literatur oder eigene Erfahrungen zurückgegriffen werden. Ergänzend können unter Anwendung von Kreativitätstechniken für einzelne Funktionsbereiche mögliche Synergien, Skaleneffekte und Risiken formuliert werden.

Exemplarisch sollen hier einige Elemente eines solchen Kataloges aufgezählt werden:

- Skaleneffekte durch
  - Entwicklung gleichartiger Produkte für mehrere Gesellschaften
  - einheitliche EDV-Systeme für alle Gesellschaften
  - Begrenzung der Aktivitäten der Gesellschaften auf die jeweilige Region
  - Spezialisierung der Gesellschaften auf einschlägige Tätigkeitsbereiche
  - Verringerung des Führungskräftebedarfs, insbesondere im Leitungs- und Stabsbereich
- Synergieeffekte durch
  - Kombination des Know-Hows verschiedener Gesellschaften zu neuen Produkten
  - Verkauf von Produkten der einen Gesellschaft an Kunden einer anderen Gesellschaft (Cross-Selling)
- Risiken bzw. Nachteile durch
  - Reibungsverluste zwischen den zusammengeführten Gesellschaften
  - Aufwand für die gesellschaftsrechtliche und organisatorische Restrukturierung
  - Spezifika einzelner Gestaltungsformen (z.B. Flexibilitätsverlust bei Einheitsunternehmen, Uneinheitlichkeit des Marktauftritts bei Kooperation etc.)
- steuerliche Konsequenzen.

Mit Hilfe dieses Kataloges wird anschließend abgeschätzt, welche Synergie- und Skaleneffekte sowie Risiken bei den einzelnen Gestaltungsalternativen im vorliegenden Fall zu erwarten sind. Grundlage für diese Abschätzung sind schriftliche Informationen zu den einzelnen Bereichen, in denen Synergie- oder Skaleneffekte oder Risiken erwartet werden. Bezogen auf die vorstehend dargestellten Skalen- und Synergieeffekte und Risiken sind dies beispielsweise

- Daten zur Entwicklung von Produkten (Produktarten, Anzahl der entwickelten Produkte, Aufwand für die Produktentwicklung)
- Daten zur EDV (verwendete Hard- und Software, Personalausstattung, EDV-Aufwand, Struktur der EDV-Aufwendungen)
- Strukturierung der Aufwendungen und Erträge nach Tätigkeitsbereichen und Regionen

- Organigramme mit Angabe der Qualifikation und des Alters der Inhaber von Leitungs- und Stabsstellen
- Unterlagen zur Markt- und Wettbewerbsposition sowie zu besonderen Potentialen und Stärken und Schwächen
- Unterlagen zur Unternehmenskultur und -philosophie (z.B. Leitbilder, einschlägige Untersuchungen)
- steuerliche Unterlagen.

Nach der Auswertung dieser Unterlagen können noch fehlende Informationen (z.B. zu spezifischem Know-How oder zu „Cross-Selling") in Expertengesprächen mit den Geschäftsführungen der einzelnen Gesellschaften erhoben werden.

Anschließend können die bei bestmöglicher Zusammenarbeit der Gesellschaften maximal erreichbaren Skalen- und Synergiepotentiale abgeschätzt werden. Hierzu stehen folgende, alternative Techniken zur Verfügung:

- die qualitative Einschätzung der erzielbaren Effekte durch den Organisator mit Hilfe eines semantischen Differentials (geringer Zeitbedarf, geringer Aufwand, erhöhtes Risiko von Fehleinschätzungen, Akzeptanzrisiken)
- die weitgehende Quantifizierung der erzielbaren Effekte durch den Organisator bzw. durch von diesem hinzugezogene Experten (mittlerer bis hoher Zeitbedarf und Aufwand)
- die qualitative Einschätzung der erzielbaren Effekte in einem Workshop mit Führungskräften des Auftraggebers und der Tochterunternehmen mit Hilfe eines semantischen Differentials (geringer bis mittlerer Zeitbedarf und Aufwand, verringertes Abschätzungs- und Akzeptanzrisiko)
- die weitgehende Quantifizierung der erreichbaren Ergebnisse durch Arbeitsgruppen (hoher bis sehr hoher Aufwand, bei letztlich doch nicht lösbarem Prognoseproblem).

Die Auswahl der Beurteilungstechnik richtet sich entsprechend den dargestellten Vor- und Nachteilen nach der Höhe des Budgets und der verfügbaren Zeit. Die Einbeziehung des Auftraggebers ist aus Akzeptanzgründen anzustreben. Im Hinblick auf die stets verbleibenden Prognoserisiken sollte die Quantifizierung der erreichbaren Effekte durch Arbeitsgruppen auf besonders wichtige oder schwierige Teilbereiche begrenzt bleiben.

Anschließend ist abzuschätzen, in welchem Ausmaß die maximal erzielbaren Effekte bei den Gestaltungsalternativen „Kooperation", „Konzern" und „Einheitsunternehmen" realisierbar sind. Zugleich müssen die mit den einzelnen Gestaltungsalternativen verbundenen Nachteile und Risiken beurteilt werden. Hierzu kann wiederum auf die oben dargestellten Techniken zurückgegriffen werden.

Zur Quantifizierung der Aufwendungen für die gesellschaftsrechtliche Restrukturierung und die Evaluierung der steuerlichen Konsequenzen ist die Heranziehung eines qualifizierten Fachmanns für Steuer- und Gesellschaftsrecht unabdingbar.

Nach den Erfahrungen des Autors scheiden die Gestaltungsvarianten „Kooperation" und „Einheitsunternehmen" bereits in diesem Stadium nicht selten aus der weiteren Betrachtung aus. Der Grund hierfür sind die bei Kooperationen meist nur begrenzt erzielbaren Synergie- und Skaleneffekte sowie die mit Fusionen häufiger verbundenen hohen Restrukturierungsaufwendungen und steuerlichen Nachteile.

Die Elimination genereller Gestaltungsalternativen in diesem Stadium der Untersuchung hat den Vorteil, dass Grobkonzepte nur noch für die verbliebenen Gestaltungsmöglichkeiten entwickelt werden müssen.

4. Rechtsorganisatorische Gestaltung (Grobkonzept - Frage 10)

Für die verbliebenen generellen Gestaltungsmöglichkeiten sind anschließend alternative Grobkonzepte für die gesellschaftsrechtliche und organisatorische Gestaltung zu entwickeln. Für die hier beispielhaft gewählte Gestaltungsalternative Konzern sind im Einzelnen festzulegen:

- die gesellschaftsrechtliche Struktur (ggf. notwendige Zwischenholdings, Über- und Unterordnungen der Gesellschaften, Rechtsformen der Gesellschaften, Beteiligungsquoten, Unternehmensverträge)

- die organisatorische Struktur (ggf. Bildung von Sparten, Zuordnung von Gesellschaften oder Teilen von Gesellschaften zu den Sparten, Zuordnung von Funktionen zu den Sparten oder zu Holdings, Festlegung der Autonomie der Sparten – vgl. hierzu Fallklausur Spartenorganisation).

Zur Alternativenentwicklung kann grundsätzlich der morphologische Kasten herangezogen werden. Erfahrene Organisatoren und Gesellschaftsrechtler greifen hierfür meist auf ihre vorhandenen Erfahrungen (Strukturthesaurus) zurück.

Die alternativen Grobkonzepte sind anschließend zu beurteilen. Hierzu stehen wiederum die bereits oben dargestellten Techniken zur Verfügung, wobei die Einzelbeurteilungen mit Hilfe eines Punktebewertungsverfahrens zu einer Gesamtbeurteilung aggregiert werden sollten.

Die Ergebnisse der Arbeiten sind in einer Präsentation darzulegen. Die Präsentation enthält insbesondere die Darstellung des Vorgehens, eine grobe Auflistung der geprüften Alternativen, eine relativ detaillierte Darstellung der relevanten Alternativen, die

Alternativenbeurteilung und einen Auswahlvorschlag sowie einen Maßnahmenplan für die Umsetzung, der insbesondere die erforderlichen gesellschaftsrechtlichen Restrukturierungsmaßnahmen enthält.

Fallklausur 11: Erstellung eines Angebotes

Einführung

1. Kurzdarstellung der Fallklausur

Die Fallklausur stammt aus dem Bereich der Organisationsmethodik.

Für die in Fallstudie 10 aufgezeigte Vorstudie zur Erarbeitung einer Grobkonzeption für die Zusammenarbeit einer Gruppe von zehn Schwestergesellschaften aus dem Dienstleistungsbereich ist ein Angebot zu erstellen. Gegenstand des potentiellen Auftrages und des Angebotes sollen darüber hinaus die Analyse der Stärken und Schwächen der einzelnen Gesellschaften sowie die Beurteilung der steuer- und gesellschaftsrechtlichen Konsequenzen der Gestaltungsalternativen sein.

Der Schwerpunkt der Klausur besteht darin, die in Fallklausur 10 dargestellte Aufgabenstellung und Vorgehensweise in ein Angebot umzusetzen und dabei die Grundregeln für die Gestaltung von Angeboten zu beachten.

2. Lernziele

- Anwenden der Grundregeln für die Erstellung von Angeboten auf einen konkreten Fall (Zielgewicht 40%)
- Transfer der notwendigen Bearbeitungsschritte in eine angebotstypische Darstellung von Vorgehensweise, Zeitplan und Kostenschätzung (Zielgewicht 40%)
- Darstellen geeigneter Formen der Projektorganisation (Zielgewicht 10%)
- Erlernen typischer Angebotsformulierungen (Zielgewicht 10%).

3. Bearbeitungsvoraussetzungen

- Kenntnis der Grundregeln für die Angebotserstellung
- Kenntnisse im Bereich der Projektorganisation.

4. Besondere Bearbeitungshinweise

Bearbeiten Sie zuerst Fallklausur 10.

Versuchen Sie den Zeitbedarf für die einzelnen im Angebot enthaltenen Aufgaben mit Hilfe des "gesunden Menschenverstandes" grob abzuschätzen (z.B. in jeder Gesellschaft sollen zwei Interviews geführt werden, jedes Interview dauert mit Vor- und Nachbereitung zwei Stunden etc.). Ihre Schätzungen des Zeitbedarfs würden (sofern sie nicht grob unplausibel wären) bei dieser Fallklausur nicht bewertet.

5. Parallelen zu anderen Fallklausuren

Die Fallklausur nimmt die Aufgabenstellung der Fallklausur 10 auf und formuliert die dort erarbeitete Konzeption in Form eines Angebotes.

6. Textstellen- und Literaturhinweise

Lesen Sie vor Bearbeitung der Fallklausur Kapitel 6 dieses Buches.

Falltext

Ein amerikanischer Dienstleistungskonzern hat in Europa insgesamt 10 Gesellschaften erworben. Ziel des amerikanischen Dienstleistungskonzernes ist es, ein „Player" auf dem europäischen Dienstleistungsmarkt zu werden.

Die erworbenen Gesellschaften sind in unterschiedlichem Maße diversifiziert, befinden sich an unterschiedlichen Standorten und sind unterschiedlich groß. Das Dienstleistungsspektrum umfasst EDV-Beratung, Unternehmensberatung in verschiedenen Geschäftsfeldern, Wirtschaftsprüfung und Steuer- und Rechtsberatung. Unter den Gesellschaften befinden sich kleine spezialisierte Nischenanbieter, größere Einheitsunternehmen mit hohem Diversifikationsgrad und kleinere Konzerne mit eigenständigen Tochtergesellschaften für verschiedene Dienstleistungssegmente und Regionen. Die Gesellschaften haben jeweils eigene Verwaltungen.

Geschäftsfelder, Produkte und Zielgruppen der Gesellschaften überschneiden sich (mit unterschiedlicher Intensität). Einzelne Gesellschaften entwickeln laufend hochinnovative, standardisierte Dienstleistungsprodukte, während andere Gesellschaften ein eigenständiges Produktprofil vermissen lassen. Die von den Gesellschaften betriebene Öffentlichkeitsarbeit ist in Qualität und Quantität höchst unterschiedlich.

Die Gesellschaften verfügen über unterschiedliche Historie und möglicherweise auch Kulturen.

Der CEO (vergleichbar dem Vorstandsvorsitzenden einer deutschen AG) des amerikanischen Dienstleistungskonzerns fordert Sie auf, ein Angebot für die "Optimierung der Struktur der erworbenen Dienstleistungsunternehmen" abzugeben. Angesprochen wurden dabei die möglichen rechtsorganisatorischen Gestaltungen Kooperation, Konzernbildung und Fusion. Ziel ist es, Synergien und Betriebsgrößeneffekte so weit als möglich zu nutzen, und die Voraussetzungen für die Erreichung einer führenden Position in den jeweiligen Märkten zu schaffen.

Ihre Arbeit soll folgende Aspekte darstellen:

- die Stärken und Schwächen der einzelnen Gesellschaften
- die erzielbaren Synergie- und Betriebsgrößeneffekte
- die rechtsorganisatorischen Gestaltungsalternativen und die zur Umsetzung jeweils erforderlichen Maßnahmen (z.B. Gründung von Gesellschaften, Einbringung von Gesellschaften, Unternehmensbewertungen etc.)
- eine Grobkonzeption für die grundsätzlich in Frage kommenden Gestaltungsalternativen, die Klarheit über die zukünftige Struktur verschafft und eine qualifizierte Entscheidung über das weitere Vorgehen ermöglicht
- eine Beurteilung der einzelnen Gestaltungsalternativen in betriebswirtschaftlicher und steuerlicher Hinsicht mit Entscheidungsvorschlag.

Die Ergebnisse ihrer Arbeiten sollen in einer ausführlichen Abschlusspräsentation dargestellt werden.

Beispiellösung

Briefkopf

Herrn ......
CEO
XY Corporation

......

Kosten- und Leistungsangebot für die Durchführung einer Vorstudie zur Konzernorganisation

Sehr geehrter Herr ....,

wir bedanken uns für das informative Gespräch am .... in Ihrem Hause. Wie vereinbart erlauben wir uns nachfolgend unser Kosten- und Leistungsangebot für die Durchführung einer Vorstudie zur Konzernorganisation darzustellen.

1. Ausgangssituation und Projektaufgabe

Die XY Corp. hat insgesamt 10 Unternehmen aus dem Dienstleistungsbereich erworben und beabsichtigt, die in den Gesellschaften vorhandenen Potentiale so zu strukturieren und zu nutzen, dass eine führende Position auf den Märkten erreicht werden kann, mögliche Synergie- und Skaleneffekte bestmöglich genutzt werden und Risiken möglichst vermieden werden.

Die Gesellschaften sind unterschiedlich diversifiziert..... usw. (zweckmäßig ist ggf. eine Kurzdarstellung der einzelnen Gesellschaften; vgl. Angabe).

Das Board der XY Corp. beabsichtigt nun, eine Unternehmensberatungsgesellschaft mit der Durchführung einer Vorstudie zur Konzernorganisation zu beauftragen. Diese Vorstudie soll folgende Fragen beantworten:

- Über welche Stärken und Schwächen verfügen die einzelnen Gesellschaften?
- Wie hoch sind die erzielbaren Synergie- und Betriebsgrößeneffekte?
- Welche rechtsorganisatorische Gestaltungsmöglichkeiten (Kooperation, Konzernbildung, Fusion) kommen generell in Frage?
- Welche Maßnahmen (z.B. Gründung von Gesellschaften, Einbringung von Gesellschaften, Unternehmensbewertungen etc.) sind zur Umsetzung der alternativen Gestaltungsmöglichkeiten jeweils erforderlich?
- Wie sind die einzelnen Gestaltungsalternativen in betriebswirtschaftlicher und steuerlicher Hinsicht zu beurteilen?

Ergebnis der Arbeit soll eine Grobkonzeption sein, die die grundsätzlich in Frage kommenden Gestaltungsalternativen mit Vor- und Nachteilen darstellt, Klarheit über die zweckmäßige zukünftige Struktur verschafft und eine qualifizierte Entscheidung über das weitere Vorgehen ermöglicht.

2. Vorgehensweise

Wir würden die Aufgabenstellung wie folgt bearbeiten:

- Auswertung schriftlicher Unterlagen zu den einzelnen Gesellschaften (Geschäftsberichte, Organigramme, Personalstatistiken, Kosten- und Leistungsrechnung, Marktdaten etc.)
- Durchführung von insgesamt 25 teilstrukturierten, ca. zweistündigen Interviews mit Geschäftsführung/Vorständen und ausgewählten Führungskräften der betroffenen Unternehmen zu den Themenbereichen
  - Stärken und Schwächen der Gesellschaften
  - Erzielbare Synergie- und Betriebsgrößeneffekte

- Konzernorganisatorische Gestaltungsalternativen
- Chancen und Risiken der verschiedenen Gestaltungsalternativen
- Darstellung der bisherigen Ergebnisse sowie der steuerlichen Auswirkungen der grundsätzlich in Frage kommenden Gestaltungsalternativen in Form einer Zwischenpräsentation, anschließend
- Durchführung eines strukturierten ca. sechsstündigen Workshops zu den Zielen der Reorganisation und zur qualitativen Beurteilung der erzielbaren Synergie- und Betriebsgrößeneffekte sowie der Risiken der einzelnen Gestaltungsalternativen
- hierauf aufbauend Auswahl einer Gestaltungsalternative (Fusion, Holding oder Kooperation) und Erarbeitung eines Grobkonzeptes. Dieses enthält eine Darstellung der künftigen Organisation in einem Detaillierungsgrad, der Klarheit über die zukünftige Struktur verschafft und eine qualifizierte Entscheidung über das weitere Vorgehen ermöglicht. Für die ausgewählte Alternative werden dargestellt:

  - Konzern: Aufgaben der Holding, Aufgabenverteilung zwischen Holding und Tochtergesellschaften, Autonomie der Tochtergesellschaften, Struktur der Organisation, Leistungsbereiche des Konzerns, Besetzung des Holdingvorstandes, steuerliche und betriebswirtschaftliche Beurteilung, notwendige gesellschaftsrechtliche Umsetzungsmaßnahmen
  - Fusion: ....
  - Kooperation: ....

Das Ergebnis unserer Arbeiten werden wir Ihnen in einer ausführlichen Abschlusspräsentation mit Entscheidungsvorschlag präsentieren.

3. Projektorganisation und Zeitplan

Um eine zügige und reibungslose Abwicklung des Projektes zu ermöglichen, schlagen wir vor, für die Steuerung des Projektes einen Lenkungsausschuss einzurichten, dem Vertreter aus den betroffenen Bereichen angehören sollen und der von dem projektverantwortlichen Board-Member Ihres Hauses geleitet wird. Unsere Berichterstattung würde gegenüber dem Lenkungsausschuss erfolgen.

Zusätzlich empfehlen wir, Ihrerseits einen Ansprechpartner zu benennen, der die Aufgabe der Projektkoordination in Ihrem Hause übernimmt und über die Befugnis verfügt, eilbedürftige Entscheidungen im Projektverlauf zu fällen.

Bei zeitnaher Bereitstellung der von uns benötigten Daten können wir ca. 10 Wochen nach Auftragserteilung die von Ihnen gewünschte Zwischenpräsentation mit Workshop abhalten. Die Ergebnisse unserer Arbeiten können wir ca. 4 Wochen nach der Zwischenpräsentation vorstellen.

4. Projektteam

Die Leitung unseres Projektteams würde Herr ...., Partner unserer Gesellschaft übernehmen. Herr ... verfügt über ... Jahre Berufserfahrung auf dem Gebiet der Unternehmensberatung und ist Spezialist auf dem Gebiet der Konzernorganisation. Herr ... wird neben der Leitung des Projektes die Interviews durchführen, den Workshop moderieren und unsere Arbeitsergebnisse präsentieren.

Es folgt ggf. eine analoge Darstellung weiterer Projektmitarbeiter in ähnlicher Form oder nur die Nennung der Anzahl der Mitarbeiter, mit Angabe der Berufserfahrung und der Arbeitsgebiete. Gegebenenfalls wird auf die Lebensläufe in der Anlage verwiesen.

5. Besondere Qualifikationsmerkmale

Unter diesem Gliederungspunkt folgen

- eine Kurzdarstellung der Gesellschaft des Anbieters (Name, Sitz, MA-Zahl, Umsatzerlöse, Leistungsprofil)
- Besondere Erfahrung des Anbieters auf dem Gebiet der Konzernorganisation i.w.S.
    - Strategie
    - Organisation
    - Steuern
    - Gesellschaftsrecht
- Besondere Erfahrung des Anbieters in der Branche des XY-Konzerns
- Nennung einiger herausragender Beispielprojekte mit Verweis auf die in der Anlage befindliche, ausführliche Projektliste.

6. Kostenschätzung

Für die Ausführung unserer Arbeiten rechnen wir bei derzeitigem Kenntnisstand mit folgendem Zeitbedarf in Manntagen zu je acht Stunden:

Durchsicht schriftlicher Unterlagen	20 Tage
Vorbereitung Interviews incl. Terminkoordination	5 Tage
Durchführung und Auswertung Interviews	20 Tage
Zwischenpräsentation und Workshop	15 Tage
Erarbeitung Grobkonzept und Abschlußpräsentation	20 Tage
Gesamt	80 Tage

Pro Manntag würden wir einen durchschnittlichen Tagessatz von 1 600 € zum Ansatz bringen. Anfallende Spesen und Nebenkosten würden wir gesondert verrechnen. Die Tagessätze verstehen sich zuzüglich der jeweils geltenden gesetzlichen MWSt., derzeit zu einem Satz von 16%.

Sollten im Verlauf der Projektdurchführung derzeit nicht absehbare Ereignisse eintreten, die eine Anpassung des kalkulierten Zeitbedarfes erforderlich machen, würden wir Sie rechtzeitig hierauf aufmerksam machen und das weitere Vorgehen mit Ihnen absprechen.

7. Auftragsbedingungen

Grundlage der Auftragsdurchführung sind die beigefügten Allgemeinen Geschäftsbedingungen, Stand 01.03.2002 sowie die beigefügte Haftungsvereinbarung. Sollten Sie mit unserem Angebot und der Haftungsvereinbarung einverstanden sein, so bitten wir Sie, jeweils ein gegengezeichnetes Exemplar des Angebotes und der Haftungsvereinbarung an uns zurückzusenden (Hinweis: AGB und Procedere und Inhalt von Haftungsvereinbarungen müssen mit qualifiziertem juristischen Beistand erarbeitet werden, um juristische Risiken, insbesondere das Risiko der Nichtigkeit von Haftungsvereinbarungen zu vermeiden.).

Sehr geehrter Herr .... wir würden uns sehr freuen, diesen Auftrag für Sie durchführen zu dürfen und würden der Bearbeitung Ihres Auftrages höchste Priorität einräumen. Für Fragen zu unserem Angebot steht Ihnen unser Herr ... unter der Telefon-Nr. .... jederzeit gerne zur Verfügung.

Mit freundlichen Grüßen

Firma / Unterschrift(en)

Anlagen:

    Firmenprofil

    Geschäftsbericht 2000

    Referenzliste

    Lebensläufe der Projektmitarbeiter

Fallklausur 12: Matrixorganisation

Einführung

1. Kurzdarstellung der Fallklausur

Die Fallklausur stammt aus dem Bereich der Organisationsmethodik, speziell aus der Planungsphase, setzt jedoch umfangreichere Kenntnisse im Bereich der Organisationsgestaltung voraus.

Für die beabsichtigte Einführung einer Matrixorganisation in einem Industrieunternehmen ist ein Projektablauf zu konzipieren, der die Arbeitsschritte von der Prüfung der Sinnhaftigkeit der Matrixorganisation bis zur Planung der konkreten Gestaltung umfasst. Zu den einzelnen Arbeitsschritten sind jeweils Informationsbedarf, Informationsquellen und die einzusetzenden Techniken darzustellen. Ein Schwerpunkt der Klausur besteht darin, zu klären, welche Gestaltungsdimensionen bei einer Matrixorganisation bestehen und hieraus den Informationsbedarf zur Ableitung sachgerechter Entscheidungen für die Gestaltung der Matrixorganisation (z.B. Task-Force versus Influence-Management etc.) abzuleiten. Zusätzlich ist zu erarbeiten, mit welchen Erhebungstechniken dieser Informationsbedarf zu decken ist.

Ein weiterer Schwerpunkt der Klausur besteht darin, eine geeignete Abfolge der Bearbeitungsschritte des Projektes zu entwickeln.

2. Lernziele

- Erkennen der Gestaltungsdimensionen der Matrixorganisation und ihrer alternativen Ausprägungen (Zielgewicht 30%)
- Erarbeiten des Informationsbedarfes für die in Matrixorganisationen anstehenden Gestaltungsentscheidungen sowie Auswählen geeigneter Erhebungstechniken (Zielgewicht 35%)
- Entwickeln einer geeigneten Abfolge von Bearbeitungsschritten im Projekt (Zielgewicht 30%)
- Auswählen geeigneter Techniken der Zielbildung, Alternativenentwicklung und Alternativenbeurteilung (5%).

3. Bearbeitungsvoraussetzungen

- Kenntnis der Matrixorganisation und ihrer Gestaltungsdimensionen und -möglichkeiten mit den jeweiligen Anwendungsvoraussetzungen und Vor- und Nachteilen
- Kenntnis der üblichen Erhebungstechniken sowie ihrer Anwendungsvoraussetzungen und ihrer Vor- und Nachteile
- Kenntnisse der Techniken der Zielbildung, Alternativenentwicklung und -beurteilung.

4. Besondere Bearbeitungshinweise

---

5. Parallelen zu anderen Fallklausuren

Die Aufgabenstellung ähnelt derjenigen von Fallklausur 9 "Spartenorganisation", ist aber im Vergleich zu dieser wenig strukturiert.

Fallklausur 12: Matrixorganisation

6. Textstellen- und Literaturhinweise

Lesen Sie vor Bearbeitung der Fallklausur Kapitel 4.1 und 5.4 dieses Buches.

Falltext

Ein Industrieunternehmen erwägt die Einführung einer Matrixorganisation und zieht Sie als Berater hinzu.

Konzipieren Sie einen geeigneten Projektablauf, der die Arbeitsschritte von der Prüfung der Sinnhaftigkeit der Matrixorganisation bis zur Planung der konkreten Gestaltung umfasst. Stellen Sie zu den einzelnen Arbeitsschritten jeweils Informationsbedarf, Informationsquellen und die einzusetzenden Techniken dar. Begründen Sie Ihre Ansicht.

Beispiellösung

1. Aufgabenstellung und Vorgehensweise

Ein Industrieunternehmen erwägt die Einführung einer Matrixorganisation. Weitere Angaben zum Unternehmen, insbesondere zur derzeitigen organisatorischen Gestaltung sowie zur Größe und Diversifikation sind nicht gegeben.

Aufgabe ist es, einen geeigneten Projektablauf zu konzipieren, der die Arbeitsschritte von der Prüfung der Sinnhaftigkeit der Matrixorganisation bis zur Planung der konkreten Gestaltung umfasst. Zu den einzelnen Arbeitsschritten sind jeweils Informationsbedarf, Informationsquellen und die einzusetzenden Techniken darzustellen.

In der Aufgabenstellung wird bereits ein Vorgehen in zwei Schritten vorstrukturiert:

- In Schritt 1 wird geprüft, ob die Anwendungsvoraussetzungen einer Matrixorganisation vorliegen. Bei nicht vorliegenden Voraussetzungen wird das Projekt abgebrochen.
- In Schritt 2 erfolgt die Planung der konkreten Gestaltung.

2. Prüfen der Anwendungsvoraussetzungen einer Matrixorganisation (Schritt 1)

Da keine Angaben zur Situation und derzeitigen Gestaltung des Unternehmens vorhanden sind, wird angenommen, dass es sich um ein mittelgroßes Unternehmen handelt, das bisher eine Funktionale Organisation aufweist (alternativ könnte es sich auch um ein großes Unternehmen handeln, das nach Produktbereichen oder Regionalbereichen organisiert ist und das zur Verbesserung der Koordination jetzt eine zweite Organisationsdimension einführen möchte - die verschiedenen Annahmen haben jedoch keinen grundlegenden Einfluss auf die Gestaltung des Vorgehensmodells).

Zu prüfen ist, ob die Rahmenbedingungen für die Anwendung einer Matrixorganisation gegeben sind, also ob

- dynamische und komplexe Umwelten vorliegen,
- hohe Diversifikation vorliegt,
- typische Schwachstellen einer Funktionalen Organisation bei komplexen, dynamischen Umwelten vorliegen (fehlende Markt- und Kundenorientierung, Inflexibilität, fehlende/zu späte Innovationen)
- die für Matrixorganisationen erforderliche, ausgeprägte Organisationskultur (Offenheit für Marketingfragen, Einigungsbereitschaft etc.) vorhanden ist.

Darüber hinaus ist zu prüfen, ob die verfolgten Gestaltungsziele nicht durch andere, mit geringeren Konfliktpotentialen und Reibungsverlusten verbundene Gestaltungen erreicht werden können, also insbesondere ob

- alternative Gestaltungsmöglichkeiten (Stäbe, Stabs-Produktmanagement, Linien-Produktmanagement, Organisation des Verkaufs nach Produktgruppen) dazu verhelfen können, die Probleme ohne Matrixorganisation zu beheben
- die alternative, mit geringeren Konfliktpotentialen und Reibungsverlusten verbundene Spartenbildung in Frage kommt.

Die Matrixorganisation wird wegen der mit ihr verbundenen Konfliktpotentiale und Pathologien als ultima ratio angesehen.

Zur Prüfung der Anwendungsvoraussetzungen wird wie folgt vorgegangen:

- Daten zum Produktprogramm (Diversifikation) werden durch Dokumentenanalyse von Produktkatalogen sowie Absatz- und Umsatzstatistiken erhoben.

- Daten zur Komplexität und Dynamik der relevanten Märkte werden durch Dokumentenanalyse vorliegender Markt- und Wettbewerbsdaten erhoben. Erforderlichenfalls ist das benötigte Sekundärmaterial extern zu beschaffen (Branchenanalysen, Geschäftsberichte und Produktkataloge von Wettbewerbern und wichtigen Marktpartnern, Statistische Daten etc.).

- Typische Schwachstellen einer Funktionalen Organisation können grundsätzlich durch Dokumentenanalyse erhoben werden. Potentielle Informationsquellen sind Organisationsuntersuchungen und Marktforschungsberichte (z.B. Hinweise auf Marktanteilsverluste, Hinweise auf fehlende Markt- und Kundenorientierung, Hinweise auf veraltetes oder nicht marktgerechtes Produktprogramm oder zu lange Innovationszyklen). Sofern entsprechende Daten nicht auf sekundärem Wege erlangt werden können, sind eigene Primärerhebungen erforderlich. Mündliche Befragungen von ausgewählten Marktpartnern und internen Gesprächspartnern (Experten) mit Hilfe von nicht standardisierten/strukturierten Gesprächsleitfäden liefern für derartige Zwecke durchaus brauchbare Ergebnisse.

- Daten zu der für Matrixorganisationen notwendigen Organisationskultur können grundsätzlich durch Dokumentenanalyse erhoben werden. Bei kleineren und mittelgroßen Unternehmen werden Daten zur Organisationskultur meist nicht vorliegen. Da die Budgets derartiger Organisationsaufträge umfangreichere eigene Erhebungen im Allgemeinen nicht zulassen, können Daten zur Organisationskultur durch subjektive Einschätzung oder wenige Gespräche mit ausgewählten Mitarbeitern auf der Grundlage von Gesprächsleitfäden erhoben werden.

- Daten zur bisherigen Ressourcennutzung durch die Produktgruppen können wiederum durch Dokumentenauswertung gewonnen werden. Informationsquellen sind z.B. Aufstellungen der Produktionskapazitäten mit entsprechenden Nutzungsdaten (Produktionspläne oder Produktionsstatistiken), Auftrags-, Absatz- und Umsatzstatistiken nach Organisationseinheiten des Vertriebs und nach Produktgruppen, Aufstellung der Forschungsprojekte mit Kapazitätsangaben nach Produktgruppen etc.. Erforderliche Unterlagen sind bei den jeweiligen Funktionen anzufordern und von diesen zu erstellen.

Anschließend wird geprüft, ob die Anwendungsvoraussetzungen der Matrixorganisation vorliegen. Erste Grobkonzepte (Organigramme) für die alternativen Gestaltungen Matrixorganisation, Spartenorganisation, Produktmanagement, Funktionale Organisation mit Stäben, Funktionale Organisation mit Organisation des Absatzbereichs nach Produktgruppen werden erarbeitet und mit Hilfe von Punktebewertungsverfahren bewertet. Als Beurteilungskriterien dienen die in einem Workshop mit Geschäftsleitung und Führungskräften zu erhebenden Ziele. Die Untersuchung wird abgebrochen, wenn erkannt wird, dass entweder die Anwendungsvoraussetzungen der Matrixorganisation nicht vorliegen oder dass die angestrebten Ziele mit anderen organisatorischen Lösungen ebenso gut oder besser erreicht werden können.

Ansonsten wird die konkrete Gestaltung der Matrixorganisation geplant (Schritt 2).

3. Planung der konkreten Gestaltung (Schritt 2)

Die Gestaltung der Matrixorganisation umfasst drei wesentliche Gestaltungsdimensionen:

- die Festlegung der Linien- und Matrixinstanzen
- die Verteilung der Aufgaben, der Entscheidungs- und Weisungsbefugnisse sowie der Unterstellungsverhältnisse
- die personelle Besetzung der zusätzlich geschaffenen Instanzen.

Da davon ausgegangen wird, dass das Unternehmen bisher funktional organisiert war und die Einführung einer Matrixorganisation der Überwindung der Mängel der Funktionalen Organisation bei Beibehaltung der bisherigen Ressourcennutzung dient, bleiben die bestehenden Linieninstanzen (Beschaffung, Produktion, Absatz, Forschung & Entwicklung) unverändert.

Als Matrixinstanzen kommen alternativ Produktgruppen, Regionen oder Kundengruppen in Betracht. Welche dieser grundlegenden Alternativen im Einzelfall geboten ist, hängt im Wesentlichen von der Heterogenität der Marktanforderungen ab. Steht die Unterschiedlichkeit der Marktanforderungen an die Produkte im Vordergrund, so sind Produktgruppen als Matrixinstanzen zu implementieren etc.. Aus Vereinfachungsgründen wird nachfolgend lediglich die in kleineren Unternehmen wahrscheinliche Generierung der Matrixinstanzen nach Produktgruppen betrachtet.

Generell gilt, dass die Produktgruppen so festgelegt werden sollten, dass sie in sich möglichst homogen und untereinander möglichst heterogen sind. Homogenität und Heterogenität beziehen sich dabei im Wesentlichen auf den Kundenkreis, die Kundenanforderungen und die eingesetzte Technologie. Zur Festlegung alternativer Gestaltungen der Matrixinstanzen sind deshalb wiederum Absatz- und Umsatzstatistiken nach Produktgruppen, Fertigungsdaten etc. erforderlich. Anhaltspunkte für zweckmäßige Festlegungen der Produktgruppen ergeben sich darüber hinaus aus den Gliederungen von Absatz- und Umsatzstatistiken sowie aus produktbezogen gebildeten Organisationseinheiten im Absatzbereich. Alternative Produktgruppengliederungen können durch Variation gebildet werden, indem die bestehenden (meist feiner unterteilten) Produktgruppen zu einer variierenden Anzahl von Matrixinstanzen zugeordnet werden.

Für die Gestaltung der Aufgaben und der Entscheidungs- und Weisungsbefugnisse sowie die Festlegung der Unterstellungsverhältnisse bestehen verschiedene Grundmodelle:

- die grundlegende Verteilung der Kompetenzen in der Form der Task-Force (Prädominanz der Matrixinstanzen), des In-

fluence-Management (Prädominanz der Linieninstanzen) oder der gleichberechtigten Matrix (gleichwertige Kompetenzen von Matrix- und Linieninstanzen)
- die Festlegung der Entscheidungen, die im Matrixmodus getroffen werden (alle Entscheidungen oder nur ausgewählte Entscheidungen von hoher Bedeutung und Reichweite)
- die Unterstellung der Matrixzellen (Alternative 1: die Matrixzellen sind der Linieninstanz und der Matrixinstanz unterstellt; Alternative 2: die Matrixzellen sind nur der Linieninstanz unterstellt, die Linieninstanz erteilt die zwischen ihr und der Matrixinstanz vereinbarten Weisungen).

Die sich durch Kombination der Ausprägungen der genannten Merkmale ergebenden Gestaltungsmöglichkeiten können mit Hilfe des morphologischen Kastens ermittelt werden. Dieser weist folgende Struktur auf:

Merkmale	Ausprägungen			
Anzahl Produktgruppen	zwei	drei	vier	fünf
grundlegende Ausgestaltung	Task-Force	Influence-Management	gleichberechtigte Matrix	
im Matrixmodus getroffene Entscheidungen	alle Entscheidungen		nur wichtige Entscheidungen	
Unterstellung der Matrixzellen	Doppelunterstellung		Einfachunterstellung unter Linieninstanz	

Abbildung 103: Morphologischer Kasten für die Gestaltungsdimensionen einer Matrixorganisation

Die sich ergebenden Alternativen werden mit Hilfe eines Punktebewertungsverfahrens beurteilt, wobei à priori nicht zweckmäßig erscheinende Alternativen bereits vorab ausgeschieden werden. Zur Beurteilung werden die im Schritt 1 erhobenen Ziele verwendet.

Für die gewählte Lösung werden anschließend Aufgaben und Kompetenzen der Matrixinstanzen im Detail definiert. Die aus den Aufgaben resultierenden personellen Anforderungen werden in quantitativer und qualitativer Hinsicht bestimmt. Die Erstellung von Anforderungsprofilen für die Matrixinstanzen und die Stellenbesetzung sollten in Zusammenarbeit mit der Personalabteilung erfolgen.

Literaturverzeichnis

Alewell, K., Regionalorganisation, in: Frese, E., Hrsg., Handwörterbuch der Organisation, 3. Aufl., Stuttgart 1992, Sp. 2184-2196

Althoff, U., Optimierung indirekter Funktionen auf Basis der Produktivitätsquote, in: Bullinger, H.-J., Warnecke H.J., Hrsg., Neue Organisationsformen im Unternehmen, Berlin, Heidelberg, New York 1996, S. 517-525

Antoni, C., Hofmann, K., Bungard, W., Gruppenarbeit, in: Bullinger, H.-J., Warnecke H.J., Hrsg., Neue Organisationsformen im Unternehmen, Berlin, Heidelberg, New York 1996, S. 489-498

Anspach, C., Technologie der Organisationsarbeit, Frankfurt a.M. u.a. 1992

Balling, R., Kooperation, Frankfurt a.M. u.a., 1997

Bauer, S., Perspektiven der Organisationsgestaltung, in: Bullinger, H.-J., Warnecke H.J., Hrsg., Neue Organisationsformen im Unternehmen, Berlin, Heidelberg, New York 1996, S. 87-118

Bea, F.X., Kötzle, A., Rechkemmer, K., Bassen, A., Strategie und Organisation der Daimler-Benz AG, Frankfurt a.M. u.a. 1997

Betzl, K., Entwicklungsansätze in der Arbeitsorganisation und aktuelle Unternehmenskonzepte - Visionen und Leitbilder, in: Bullinger, H.-J., Warnecke H.J., Hrsg., Neue Organisationsformen im Unternehmen, Berlin, Heidelberg, New York 1996, S. 29-64

Binner, H.F., Organisations- und Unternehmensmanagement, München, Wien 1998

Bleicher, K., Organisation, 2. Aufl., Wiesbaden 1991

Bleicher, K., Konzernorganisation, in: Frese, E., Hrsg., Handwörterbuch der Organisation, 3. Aufl., Stuttgart 1992, Sp. 1151-1164

Boettger, U., Cash-Management internationaler Konzerne, Wiesbaden 1995

Braun, G. E., Beckert, J., Funktionalorganisation, in: Frese, E., Hrsg., Handwörterbuch der Organisation, 3. Aufl., Stuttgart 1992, Sp. 640-655

Braun, J., Leitsätze moderner Organisationsgestaltung, in: Bullinger, H.-J., Warnecke H.J., Hrsg., Neue Organisationsformen im Unternehmen, Berlin, Heidelberg, New York 1996, S. 119-145

Büchi, R., Chrobok, R., Organisations- und Planungstechniken im Unternehmen, 2. Aufl., Stuttgart 1997

Bühner, R., Spartenorganisation, in: Frese, E., Hrsg., Handwörterbuch der Organisation, 3. Aufl., Stuttgart 1992, Sp. 2274-2287

Bühner, R., Strategie und Organisation, 2. Aufl., Wiesbaden 1993

Bühner, R., Betriebswirtschaftliche Organisationslehre; 8. Aufl., München, Wien 1996

Bullinger, H.-J., Warnecke H.J., Hrsg., Neue Organisationsformen im Unternehmen, Berlin, Heidelberg, New York 1996

Camp, R. C., Benchmarking, München, Wien 1994

Daenzer, W. F., Huber, F., Hrsg., Systems Engineering, 10. Aufl., Zürich 1999

Droege & Comp, Unternehmensorganisation im internationalen Vergleich, Frankfurt a.M., New York 1995

Dr. Wieselhuber & Partner, Handbuch Lernende Organisation, Wiesbaden 1997

Drumm, H. J., Organisationsplanung, in: Frese, E., Hrsg., Handwörterbuch der Organisation, 3. Aufl., Stuttgart 1992, Sp. 1589-1602

Ebers, M., Organisationstheorie, situative, in Frese, E., Hrsg., Handwörterbuch der Organisation, 3. Aufl., Stuttgart 1992, Sp. 1817-1838

Erdl, G., Schönecker, H.G., Workflowmanagement, Wiesbaden 1995

Faust, M., Jauch, P., Brünnecke, K., Deutschmann, C., Dezentralisierung von Unternehmen, München, Mering 1995

Fieten, R., Beschaffung, Organisation der, in: Frese, E., Hrsg., Handwörterbuch der Organisation, 3. Aufl., Stuttgart 1992, Sp. 340- 353

Fisch, R., Boos, M., Hrsg., Vom Umgang mit Komplexität in Organisationen, Konstanz 1990

Freilinger, C., Klis, N.A., Organisation 2000, Wiesbaden 1994

Frese, E., Organisationstheorie, 2. Aufl., Wiesbaden 1992

Frese, E., Produktion, Organisation der, in: Frese, E., Hrsg., Handwörterbuch der Organisation, 3. Aufl., Stuttgart 1992, Sp. 2039-2058

Frese, E., Grundlagen der Organisation, 7. Aufl., Wiesbaden 1998

Frese, E., Werder v., A., Maly, W., Hrsg., Zentralbereiche, Stuttgart 1993

Gairola, A., Kunden-Lieferanten-Beziehungen in Unternehmen, in: Bullinger, H.-J., Warnecke H.J., Hrsg., Neue Organisationsformen im Unternehmen, Berlin, Heidelberg, New York 1996, S. 467-488

Gaitanides, M., Ablauforganisation, in: Frese, E., Hrsg., Handwörterbuch der Organisation, 3. Aufl., Stuttgart 1992, Sp. 1-18

Gerybadze, A., Meyer-Krahmer, F., Reger, G., Globales Management von Forschung und Innovation, Stuttgart 1997

Götzer, K., Workflow, 2. Aufl., München 1997

Grossmann, R., Krainz, E., Oswald, M., Hrsg., Veränderung in Organisationen, Wiesbaden 1995

Grün, O., Projektorganisation, in: Frese, E., Hrsg., Handwörterbuch der Organisation, 3. Aufl., Stuttgart 1992, Sp. 2102-2115

Haberfellner, R., Projektmanagement, in: Frese, E., Hrsg., Handwörterbuch der Organisation, 3. Aufl., Stuttgart 1992, Sp. 2090-2102

Haller-Wedel, H., Das Multimoment-Verfahren in Theorie und Praxis, Bd. 2, 2. Aufl., München 1969

Hammer, M., Champy, J., Business Reengineering, 6. Aufl., Frankfurt a.M., New York 1996

Hardt, P., Organisation dienstleistungsorientierter Unternehmen, Wiesbaden 1996

Heeg, F.J., Meyer-Dohm, P. (Hrsg.), Methoden der Organisationsgestaltung und Personalentwicklung, München, Wien 1994

Heinl, M., Ultramoderne Organisationstheorien, Frankfurt a.M. u.a. 1996

Henkel, K., Schwetz, R., Schwachstellenanalyse, Techniken der, in: Frese, E., Hrsg., Handwörterbuch der Organisation, 3. Aufl., Stuttgart 1992, Sp. 2245-2255

Hill, W., Fehlbaum, R., Ulrich, P., Organisationslehre, Bd. 1, 4. Aufl., Bern 1989

Hinterhuber, H.H., Strategische Unternehmensführung II: Strategisches Handeln, 6. Aufl., Berlin, New York 1997

Hirzel, Leder & Partner, Hrsg., Die dynamische Organisation, Wiesbaden 1996

Hoffmann, F., Aufbauorganisation, in: Frese, E., Hrsg., Handwörterbuch der Organisation, 3. Aufl., Stuttgart 1992, Sp. 208-221

Jacobi, H.-F., Neuorientierung indirekter Funktionen, in: Bullinger, H.-J., Warnecke H.J., Hrsg., Neue Organisationsformen im Unternehmen, Berlin, Heidelberg, New York 1996 S. 499-516

Kern, W., Schröder, H.-H., Forschung, Organisation der, in: Frese, E., Hrsg., Handwörterbuch der Organisation, 3. Aufl., Stuttgart 1992, Sp. 1052-1066

Kieser, A., Abteilungsbildung, in: Frese, E., Hrsg., Handwörterbuch der Organisation, 3. Aufl., Stuttgart 1992, Sp. 57-72

Kieser, A., Hrsg., Organisationstheorien, 2. Aufl., Stuttgart, Berlin, Köln 1995

Kieser, A., Kubicek, H., Organisation, 3. Aufl., Berlin, New York 1992

Kirsch, W., Esser, W.-M., Gabele, E., Das Management des geplanten Wandels von Organisationen, Stuttgart 1979

Kleingarn , H., Change Management, Wiesbaden 1997

Köhler, R., Absatzorganisation, in: Frese, E., Hrsg., Handwörterbuch der Organisation, 3. Aufl., Stuttgart 1992, Sp. 34-56

König, E., Volmer, G., Systemische Organisationsberatung, 6. Aufl., Weinheim 1999

Kreis-Engelhardt, B., Burr, W., Telearbeit und organisatorischer Wandel in Versicherungsunternehmen, Karlsruhe 1999

Krüger, W., Grundlagen der Organisationsplanung, Gießen 1983

Krüger, W., Organisationsmethodik, in: Frese, E., Hrsg., Handwörterbuch der Organisation, 3. Aufl., Stuttgart 1992, Sp. 1572-1589

Krüger, W., Organisation der Unternehmung, 3. Aufl., Stuttgart 1994

Kubicek, H., Empirische Organisationsforschung, Stuttgart 1975

Kubu, G., Zur kundenorientierten Bank durch Business Reengineering und Serviceorientierung, Frankfurt a.M. u.a. 1998

Liebelt, W., Ablauforganisation, Methoden und Techniken der, in: Frese, E., Hrsg., Handwörterbuch der Organisation, 3. Aufl., Stuttgart 1992, Sp. 19-34

Lubritz, S., Internationale Strategien mittelständischer Unternehmen, Frankfurt a.M. u.a. 1998

Marr, R., Kötting, M., Implementierung, organisatorische, in: Frese, E., Hrsg., Handwörterbuch der Organisation, 3. Aufl., Stuttgart 1992, Sp. 827-842

Meitner, H., Dokumentenmanagement- und Workflow-Systeme zur Unterstützung von Geschäftsprozessen, in: Bullinger, H.-J., Warnecke H.J., Hrsg., Neue Organisationsformen im Unternehmen, Berlin, Heidelberg, New York 1996, S. 709-729

Mellewigt, T., Konzernorganisation und Konzernführung, Frankfurt a.M., 1995

Moermann, P.A., Commandeur, H.R., Langerak, F., Strategische Zusammenarbeit mit industriellen Zulieferern, in: Bullinger, H.-J., Warnecke H.J., Hrsg., Neue Organisationsformen im Unternehmen, Berlin, Heidelberg, New York 1996, S. 453-465

Müffelmann, J., Change Management im internationalen Vergleich, Lohmar, Köln 1998

Müller-Stewens, G., Hrsg., Virtualisierung von Organisationen, Stuttgart, Zürich 1997

Nagel, P., Problemanalyse und -lösung, Techniken der, in: Frese, E., Hrsg., Handwörterbuch der Organisation, 3. Aufl., Stuttgart 1992 (a), Sp. 2014-2024

Nagel, P., Zielformulierung, Techniken der, in: Frese, E., Hrsg., Handwörterbuch der Organisation, 3. Aufl., Stuttgart 1992 (b), Sp. 2626-2634

Naschold, F., Den Wandel organisieren, Berlin 1992

Naumann J.-P., Die Führungsorganisation der strategischen Holding, München, Wien 1994

Osburg, M., Einkaufsorganisation, Bergisch Gladbach, Köln, 1994

Pausenberger, E., Internationale(n) Unternehmung, Organisation der, in: Frese, E., Hrsg., Handwörterbuch der Organisation, 3. Aufl., Stuttgart 1992, Sp. 640-655

Perin, S., Synergien bei Unternehmensakquisitionen, Wiesbaden 1996

Pfohl, H.-C., Logistik, Organisation der, in: Frese, E., Hrsg., Handwörterbuch der Organisation, 3. Aufl., Stuttgart 1992, Sp. 1255-1270

Pfützer, S., Strategische Allianzen in der Elektronikindustrie, Münster 1995

Picot, A., Dietl, H., Franck, E., Organisation: eine ökonomische Perspektive, Stuttgart 1997

Reichwald, R., Höfer, C., Weichselbaumer, J., Erfolg von Reorganisationsprozessen, Stuttgart 1996

Reichwald, R., Nippa, M., Informations- und Kommunikationsanalyse, in: Frese, E., Hrsg., Handwörterbuch der Organisation, 3. Aufl., Stuttgart 1992, Sp. 855-872

Reiß, M., Spezialisierung, in: Frese, E., Hrsg., Handwörterbuch der Organisation, 3. Aufl., Stuttgart 1992, Sp. 2287-2297

Remitschka, R., Erhebungstechniken, in: Frese, E., Hrsg., Handwörterbuch der Organisation, 3. Aufl., Stuttgart 1992, Sp. 2626-2634

Rieder, H.P., Organisation des Zentralbereichs „Finanz & Controlling" in einem Industriekonzern, Bern, Stuttgart, Wien 1996

Ringlstetter, M., Konzernentwicklung, Herrsching 1995

Roos, A., Verfahren und Werkzeuge zur Modellierung von Geschäftsprozessen, in: Bullinger, H.-J., Warnecke H.J., Hrsg., Neue Organisationsformen im Unternehmen, Berlin, Heidelberg, New York 1996, S. 667-679

Rotering, J., Zwischenbetriebliche Kooperation als alternative Organisationsform, Stuttgart 1993

Roth, A., Behme, W., Hrsg., Organisation und Steuerung dezentraler Unternehmenseinheiten, Wiesbaden 1997

Rühli, E., Koordination, in: Frese, E., Hrsg., Handwörterbuch der Organisation, 3. Aufl., Stuttgart 1992, Sp. 1164-1175

Schanz, G., Organisation, in: Frese, E., Hrsg., Handwörterbuch der Organisation, 3. Aufl., Stuttgart 1992, Sp. 1459-1470

Schanz, G., Organisationsgestaltung, 2. Aufl., München 1994

Schatz, R., Hrsg., Netzwerke als Basis der lernenden Organisation, Bonn u.a., 1996

Scheffler, E., Konzernmanagement, München 1992

Schleiken, T., Organisatorische Implementierungsprojekte, Bergisch Gladbach, Köln 1995

Schmidt, G., Organisationstechniken, in: Frese, E., Hrsg., Handwörterbuch der Organisation, 3. Aufl., Stuttgart 1992, Sp. 1688-1706

Schmidt, G., Organisation im Bankbetrieb, Giessen 1993

Schmidt, G., Methode und Techniken der Organisation, 11. Aufl., Gießen 1997

Schmidt, M., Widerstände bei organisatorischem Wandel, Frankfurt a.M. u.a. 1996

Schnabel, U.G., Roos, A.W., Business Reengineering in mittelständischen Unternehmen, 2. Aufl., Frankfurt a.M. u.a. 1998

Schnetzer, R., Business Process Reengineering (BPR) und Workflow-Management-Systeme (WFMS), Aachen 1997

Scholz, C., Effektivität und Effizienz, organisatorische, in: Frese, E., Hrsg., Handwörterbuch der Organisation, 3. Aufl., Stuttgart 1992 (a), Sp. 533-552

Scholz, C., Matrix-Organisation, in: Frese, E., Hrsg., Handwörterbuch der Organisation, 3. Aufl., Stuttgart 1992 (b), Sp. 1302-1315

Scholz, C., Strategische Organisation, Landsberg/Lech 1997

Scholz, J.M., Hrsg., Internationales Change-Management, Stuttgart 1995

Scholz, R., Geschäftsprozessoptimierung, 2. Aufl., Bergisch Gladbach, Köln 1995

Schräder, A., Management virtueller Unternehmungen, Frankfurt a.M., New York 1996

Schreyögg, G., Umwelt, Technologie und Organisationsstruktur, 3. Aufl., Bern, Stuttgart, Wien 1995

Schreyögg, G., Organisation, 3. Aufl., Wiesbaden 1999

Schubert, M., Funktionsausgliederung unter risikopolitischen Gesichtspunkten, Frankfurt a.M. u.a. 1999

Siemens AG, Hrsg., Organisationsplanung, Berlin, München 1992

Skirl, S., Schwalb, U., Hrsg., Das Ende der Hierarchien, Wiesbaden 1994

Spickers, J., Unternehmenskauf und Organisation, Bern, Stutgart, Wien 1995

Staerkle, R., Leitungssysteme, in: Frese, E., Hrsg., Handwörterbuch der Organisation, 3. Aufl., Stuttgart 1992, Sp. 1229-1239

Steinle, C., Delegation, in: Frese, E., Hrsg., Handwörterbuch der Organisation, 3. Aufl., Stuttgart 1992, Sp. 500-513

Stetter, T., Unternehmensentwicklung und strategische Unternehmensführung, Herrsching 1994

Strassmann, J., Entwicklungen von und in Organisationen und deren Bedeutung für eine Humanisierung der Arbeit durch Qualitätszirkel, Frankfurt a.M. u.a. 1995

Sydow, J., Strategische Netzwerke, 1. Aufl., Wiesbaden 1992

Teufel, P., Der Prozess der ständigen Verbesserung (KAIZEN) und dessen Einführung, in: Bullinger, H.-J., Warnecke H.J., Hrsg., Neue Organisationsformen im Unternehmen, Berlin, Heidelberg, New York 1996, S. 526-548

Theisen, M. R., Der Konzern, 2. Aufl., Stuttgart 2000

Thom, N., Stelle, Stellenbildung und -besetzung, in: Frese, E., Hrsg., Handwörterbuch der Organisation, 3. Aufl., Stuttgart 1992, Sp. 2322-2333

Thom, N., Wenger, A.P., Zaugg, R.J. (Hrsg.), Fälle zu Organisation und Personal, 2. Aufl., Bern, Stuttgart, Wien 1999

Tiemeyer, E., Orgtools Bd 1, 2 u. 3, Stuttgart 1996

Tietz, B., Produktmanagement, Organisation des, in: Frese, E., Hrsg., Handwörterbuch der Organisation, 3. Aufl., Stuttgart 1992, Sp. 2067-2077

Vajanos, K., Nach Lean Production: Die Prinzipien lebender Organismen, Frankfurt a.M. u.a. 1995

Vornhusen, K., Die Organisation von Unternehmenskooperationen, Frankfurt a.M. u.a. 1994

Vorwerk, K., Die Akzeptanz einer neuen Organisationsstruktur in Abhängigkeit von Implementierungsstrategien und Merkmalen der Arbeitsituation, Frankfurt a.M., u.a. 1994

Wahren, H.-K., Gruppen- und Teamarbeit in Unternehmen, Berlin, New York 1994

Warschat, J., Concurrent und Simultaneous Engineering, in: Bullinger, H.-J., Warnecke H.J., Hrsg., Neue Organisationsformen im Unternehmen, Berlin, Heidelberg, New York 1996, S. 549-564

Warschkow, K., Organisation und Budgetierung zentraler FuE-Bereiche, Stuttgart 1993

Watson, G. H., Benchmarking - vom Besten lernen, Landsberg am Lech, 1993

Weber, M., Nutzwertanalyse, in: Frese, E., Hrsg., Handwörterbuch der Organisation, 3. Aufl., Stuttgart 1992, Sp. 1435-1448

Wegge, M., Qualifizierungsnetzwerke, Opladen 1996

Werder, A., v., Risk Management(s), Organisation des, in: Frese, E. (Hrsg.), Handwörterbuch der Organisation, Stuttgart 1992, Sp. 2212 - 2224

Werkmann, G., Strategie und Organisationsgestaltung, Frankfurt a.M., New York 1989

Westerlund, G., Sjöstrand, S.-E., Organisationsmythen, Stuttgart 1981

Wildemann, H., Dezentralisierung von Kompetenz und Verantwortung, in: Bullinger, H.-J., Warnecke H.J., Hrsg., Neue Organisationsformen im Unternehmen, Berlin, Heidelberg, New York 1996, S. 360-378

Witthaus, U., Wittwer, W., Hrsg., Vision einer lernenden Organisation, Bielefeld 1997

Wolff, B., Organisation durch Verträge, Wiesbaden 1995

Stichwortverzeichnis

ABC-Analyse 134

Ablauforganisation 90

Abteilungsbildung 17

Akquisitionsgespräch 172

Aktenmäßigkeit 47

Alternativenauswahl 146

Alternativenbeurteilung 141

Alternativensuche 137

Analyse 130

Anwaltsplaner 171

Arbeitsablaufbeschreibung 152

Argumentationstabellen 142

Assistentenstellen 17

Aufbauorganisation 51

Ausführungsstellen 17

Balkendiagramm 176

Befragung 116
mündliche 118
schriftliche 116

Begehung 120

Benchmarking 132

Beobachtung 119

Bombenwurfstrategie 156

Business-Reengineering 162

Case-Studies 183

Dauerbeobachtung 120

Delegation 32

Delegationsumfang 33

Differenzierter Konzern 84

Disposition 5

Divisionale Organisation 52

Dokumentenauswertung 115

Einführungsbereich 157

Eingliederung
dezentrale 69
gemischte 70
zentrale 70

Einheitsgesellschaft 79, 85

Einliniensystem 26

Entscheidungsbefugnis 32

Erhebung 115

Erstellung von Angeboten 172

Fayolsche Brücke 27

Feedbackkoordination 39

Finanzholding 83

Fokales Netzwerk 88

Formalisierung 45

Freies Interview 118

Funktionale Gliederung 72

Funktionale Organisation 51

Funktionendiagramme 150

Funktionsbereiche 67

Ganzheitlichkeit 101

Gebietsdivisionen 78

Gesamteinführung 157

Geschäftsordnungen 152

Gestaltungsbedingungen
institutionelle 8

Gestaltungsprozess 8

Gestaltungsträger 170

Gleichberechtigte Matrix 59

Gliederung
funktionale 72

Gliederungstiefe 25

Graphische Darstellungen von Arbeitsabläufen 152

Grundeinheiten 81

Hauptstudie 104

Holding
Finanzholding 83
Operative Holding 83
Reine Holding 83
Strategische Holding 83

Implementierung 155

Improvisation 5

Incident-Method 184

Influence-Management 59

Instanzen 17

Institutionalisierte Selbstabstimmung 40

Institutionelle Gestaltungsbedingungen 8

Integrierte internationale Organisation 76

Integrierter Konzern 82

Interdependenzen 38

International-Division 76

Internationale Organisation
integrierte 76

Kernkompetenzen 85

Kombination von Erhebungstechniken 126

Konfiguration 24

Kongruenzprinzip 33

Kontrollphase 103, 162

Kontrollspanne 25

Konzern
differenzierter 84
faktischer 79
integrierter 82
segregierter 81
Vertragskonzern 79

Konzernorganisation 79

Kooperationen 87

Koordination 37

Koordination durch Selbstabstimmung 40

Koordinationsinstrumente 38

Kosten-Nutzen-Analyse 144

Kreativitätstechniken 137

Laufzettelverfahren 123

Leitungshilfsstellen 17

Leitungsstellen 17

Leitungssysteme 26

Linieninstanzen 57

Linien-Produktmanagement 61

Linien-Projektorganisation 167

Mandatsprinzip 69

Matrix
gleichberechtigte 59
Influence-Management 59
Task-Force 59

Matrixgliederung 75

Matrixinstanzen 57

Matrixmodus 59

Matrixorganisation 56

Matrixpathologien 60

Matrix-Produkt-Management 61

Matrix-Projektorganisation 167

Stichwortverzeichnis

Matrixzellen 60

Mehrfachunterstellung 30

Mehrliniensystem 28

Modell der organisatorischen Gestaltung 8

Morphologischer Kasten 138

Multimomentverfahren 120

Netzplantechnik 176

Netzwerk
 fokales 88

Nicht-strukturelle Koordinationsinstrumente 38

Nutzwertanalyse 143

Objektgliederung 74

Operative Holding 83

Organisation 6

Organisation internationaler Unternehmen 75

Organisationsentwicklung 171

Organisationsgrad 7

Organisationsmethodik 99

Organisationsprozess 102

Organisationsvariablen 8, 10

Parallelbetrieb 158

Partizipative Projektarbeit 171

Personale Koordinationsinstrumente 38

Persönliche Weisungen 39

Piloteinführung 157

Pläne 42

Planungsphase 102

Portfolio-Analyse 136

Problemanalyse 133

Produktdivisionen 77

Produktmanagement 60
 bereichsgebundenes 62
 bereichsungebundenes 62
 Linien-Produktmanagement 61
 Matrix-Produktmanagement 61
 Stabs-Produktmanagement 61

Programme 40

Programmtyp 85

Projektmarketing 178

Projektorganisation 167

Projektplanung 176

Projektsteuerung 177

Prototyping 108

Prozessorganisation 92

Prozessorientierung 95

Prozesstyp 84

Prüffragenkataloge 131

Prüfmatrizes 132

Punktebewertungsverfahren 143

Punkt-Intervall-Methode 124

Qualitätsmanagement 41

Rationalisierung 41

Realisationsphase 103, 147

Reine Holding 83

Reine Projektorganisation 169

Rollen 43

Sachstrategien 157

Schlagartige Einführung 158

Segregierter Konzern 81

Selbstabstimmung 40
  institutionalisierte 40
  nach eigenem Ermessen 40
  themenspezifische 40

Selbstaufschreibung 125

Simulationsverfahren 145

Situationsvariablen 8, 9

Spartenorganisation 52

Spezialisierung 13

Spezialisierungsgrad 15

Spitzeneinheit 81

Stäbe 17

Stab-Liniensystem 28

Stabs-Produktmanagement 61

Stabs-Projektorganisation 167

Standardisierung 40

Stellenarten 17

Stellenbeschreibungen 148

Stellenbildung 16

Strategische Allianzen 87

Strategische Holding 83

Strukturformalisierung 45

Strukturthesaurus 137

Stufenweiser Übergang 158

Subsidiaritätsprinzip 33

Substitutionsprinzip 7

Sukzessive Einführung 157

Systembau 147

Systemdenken 101

Task-Force 59

Technokratische Koordinationsinstrumente 38

Teilstudie 104

Teilzyklisches Vorgehensmodell 103

Tensororganisation 57, 79

Themenspezifische Selbstabstimmung 40

Übergang von der alten zur neuen Organisation 158

Unternehmensinterne Märkte 42

Unternehmenskultur 42

Unterschriftenregelungen 151

Verbale Bewertung 141

Verhaltensstrategien 156

Verringerung des Koordinationsbedarfes 38

Versionenkonzept 107

Vorauskoordination 39

Vorgehensmodelle 102

Vorstudie 104

Weisungsbefugnis 32

Wertbestimmung 178

Werterstellung 180

Wertvermittlung 179

Zeitstudien 120

Zielbaum 110

Zielbildung 109

Ziele 8, 9

Zwischeneinheiten 81